이 책에 나오는 동작 ▶ QR코드를 스캔하세요

골프 워밍업 동적 스트레칭

맨몸

골프채

밸러스트

골프 워밍업 정적 스트레칭

몸통 및 목 — 교재 54~81쪽

맨몸

매트

골프채

의자

폼롤러

봉

어깨 — 교재 84~97쪽

맨몸

골프채

봉

의자

상지 — 교재 100~117쪽

맨몸

골프채

봉(벽)

2인

※ 동적 스트레칭의 동영상은 소도구별로 동작을 분류하였습니다.

※ 정적 스트레칭의 동영상은 각 신체 부위별·소도구별로 동작을 분류하였습니다.

엉덩이 — 교재 120~131쪽

맨몸   골프채   폼롤러   의자

하지 — 교재 134~149쪽

맨몸   골프채   폼롤러   의자   밴드

스텝박스   골프공

Golf Anatomy Stretching

골프 아나토미

비거리 향상 | 파워 증가 | 부상 예방

DH미디어　Paidotribo

ANATOMÍA & 100 ESTIRAMIENTOS ESENCIALES PARA EL GOLF
© Copyright 2018 Editorial Paidotribo-World Rights
Published by Editorial Paidotribo, Spain
Text: Guillermo Seijas
illustrator: Myriam Ferrón
Photography: Nos i Soto
All rights reserved.

©Copyright of this korean edition: DH MEDIA Co., Ltd.
This korean translation edition arranged through THE AGENCY SOSA

면책 조항
이 책의 내용은 일반 대중에게 유익한 정보를 제공하고자 기획되었습니다. 본문, 사진을 포함한 모든 자료는 오직 정보 목적으로만 사용되어야 하며 특정 질환에 대한 의학적 진단이나 치료의 대안이 될 수 없습니다. 독자들은 운동을 시작하기에 앞서, 또는 일반적이거나 특수한 건강상 문제에 대해서는 전문가의 의학적 도움을 구하고 의사와 상담해야 합니다. 저자와 출판사는 이 책에 나오는 특정 치료법, 운동 절차, 조언이나 기타 정보를 추천하거나 지지하는 것이 아니며, 특히 이 출판물의 내용을 직간접적으로 사용하거나 적용한 결과로 유발된, 또는 개인적인 손해나 위험에 대해 책임을 지지 않습니다.

Golf Anatomy Stretching
골프 아나토미

저자 • Guillermo Seijas Albir
역자 • 2판 _ 김재환, 김정훈, 원진규, 박지윤, 손선화
　　　초판 _ 김재환, 김구선, 김정훈, 유재돈, 김량영, 원희영

2판 발행 • 2022년 10월 12일
초판 발행 • 2020년 9월 10일

발행인 • 양원석
발행처 • DH미디어
등록번호 • 288-58-00294
전화 • (02) 2267-9731
팩스 • (02) 2271-1469

ISBN 979-11-90021-41-8 93690

정가 27,000원

※ 이 책의 한국어판 저작권은 THE AGENCY SOSA를 통한 스페인 PAIDOTRIBO사와의 독점 계약으로 DH미디어가 소유합니다. 저작권법에 의하여 대한민국 내에서 보호받는 저작물이므로 DH미디어의 사전 서면 허가 없이 이 도서의 일부라도 전자, 기계, 복사, 촬영, 기록 또는 다른 방법으로 복사하거나 전송할 수 없습니다.
※ DH미디어는 대한미디어의 취미, 실용, 스포츠 전문 브랜드입니다.
※ 잘못 만들어진 책은 구입처 및 DH미디어 본사에서 교환해 드립니다.

서문

역자의 도서 소개 영상
QR코드를 스캔하세요

오늘날의 골프는 매우 각광받는 스포츠가 되었다. 제대로 관리되지 않은 거친 모래 표면이었던 초기의 골프장은 비가 많이 내려도 쉽게 훼손되지 않는 최첨단 골프장으로 변화되었고, 이러한 변화의 역사는 골프를 국제적 명성을 누리는 스포츠로 성장시켰다. 지금은 골프를 즐기는 사람들이 골프 노하우를 최대한 활용할 수 있도록 최고의 기술을 들여 골프장비를 제작하고 골프장을 디자인하고 있다. 골퍼의 능력은 스윙 실력뿐만 아니라 상대를 이기기 위한 경기전략을 짜는 능력에 따라서도 결정되므로 경기를 이기기 위해서는 물리적이고 지적인 요건들 및 능력이 필요하다.

그러나 골프는 그보다 더 많은 것을 포함한다. 골프의 경기정신은 골퍼들에게 함축적이고 분명한 에티켓과 행동규범들을 요구한다. 골퍼들에게는 예의와 교육이 중요한데 무엇보다 규정, 상대 골퍼, 다른 골퍼들 및 경기장을 존중해야 한다. 다른 스포츠에서는 상대 선수의 집중력을 떨어뜨리는 것과 같은 일상적으로 일어나는 행동들이 골프에서는 허용되지 않는다. 골프는 열정을 불러일으키며, 그 참여 인구는 지속적으로 증가했으며, 마침내 2016년 리우올림픽경기에 포함됨으로써 그 최종적인 목표를 달성했다.

골프에서 요구되는 모든 신체활동을 하는 이들에게는 경기를 하기 전에 적절한 준비가 요구된다. 최근 몇십 년 동안 골퍼들에게서 공통적으로 발생하는 부상에 대한 데이터 수집이 가능해짐과 함께 과학기술의 발전으로 최고의 경기도구들을 이용할 수 있게 되었고, 선수육성을 위한 최고의 프로그램이 마련되었다. 스윙기술은 힘, 속도와 함께 광범위한 움직임이 요구되며, 운동선수들의 건강 및 경기력을 개선하기 위해 기본적으로 규칙적인 스트레칭이 요구되고 있다.

이 책에서는 우선 모든 골퍼들이 알아야 할 골프의 역사, 규범 및 장비에 대한 기본적인 사항들에 주의를 집중함으로써 경기에 대한 일반적인 관점을 제공하게 되며, 그 외에도 골퍼가 직면해 있는 물리적인 도전 및 잠재적인 부상에 대한 지식, 그리고 어떻게 위험성을 줄여가면서 골프 규칙에 따라 경기를 치를지에 대한 지식을 넓힐 수 있기를 기대한다. 이 책에서 소개한 100가지 스트레칭은 골프의 경기력을 개선시키고자 하는 모든 이들에게 많은 도움이 될 것이다.

차례

동작 QR코드 모음	
이 책의 사용방법	6
근육 해부도	8
운동면	10
골프의 역사	12
스윙의 생체역학	18
부상	28

골프 워밍업 · 동적 스트레칭 ... 33

동적 스트레칭의 기본 ... 34
1. 목 원회전 ... 36
2. 몸통 스윙 회전 ... 37
3. 몸통 회전 ... 38
4. 밸러스트 잡고 팔 흔들기 ... 39
5. 양팔 뒤로 젖히기 ... 40
6. 측면 기울이기 ... 41
7. 손목 원회전 ... 42
8. 엉덩이 회전 ... 43
9. 좌우로 다리 흔들기 ... 44
10. 활강(슬랄롬) ... 45
11. 골반 원회전 ... 46
12. 다리 올리기 ... 47
13. 무릎 원형으로 돌리기 ... 48
14. 발목 원회전 ... 49

골프 워밍업 · 정적 스트레칭 ... 51

정적 스트레칭의 기본 ... 52
몸통 및 목 스트레칭 ... 54

어깨올림근
15. 목 굽히기와 돌리기 ... 56

앞톱니근
16. 클럽 잡고 몸통 지탱하기 ... 57
17. 뒤로 팔목 잡아당기기 ... 58
18. 클럽 끼우고 어깨근 내전하기 ... 59

마름근
19. 양팔 앞으로 뻗어 클럽 잡기 ... 60
20. 봉 잡아당기기 ... 61
21. 앞팔 교차하기 ... 62

등세모근
22. 목 당겨 기울이기 ... 63
23. 목 기울여 돌리기 ... 64
24. 양팔 포옹하기 ... 65

경추신근
25. 목 굽히기 ... 66
26. 양손으로 목 굽히기 ... 67

흉추신근
27. 고양이 자세로 허리 굽히기 ... 68
28. 의자에 앉아 몸통 굽히기 ... 69

요추신근
29. 누워서 무릎 당기기 ... 70
30. 마호메트 자세 ... 71
31. 양손 모아 허리 굽히기 ... 72

배곧은근
32. 무릎을 지면에 대고 측면으로 기울이기 ... 73
33. 코브라 자세 ... 74
34. 활 자세 ... 75
35. 폼롤러 위에 누워 몸통 뒤로 펴기 ... 76

빗근
36. 클럽으로 지탱하며 몸통 회전 ... 77
37. 양손으로 클럽 잡고 몸통 회전 ... 78
38. 누워서 몸통 회전 ... 79
39. 몸통을 측면으로 기울이기 ... 80
40. 앉아서 몸통 회전시키기 ... 81

어깨 스트레칭 ... 82

어깨세모근
41. 어깨 뒷면 스트레칭 ❶ ... 84
42. 어깨 뒷면 스트레칭 ❷ ... 85
43. 양팔 뒤로 잡아당기기 ... 86
44. 양팔 뒤로 잡고 일어서기 ... 87

가쪽돌림근
45. 팔 등 뒤로 내회전 ... 88
46. 팔 굽혀 내회전 ... 89

안쪽돌림근
47. 클럽 잡고 팔 뒤로 꺾기 ... 90
48. 봉 잡고 외회전 ... 91

큰가슴근
49. 양팔 위로 클럽 잡기 ... 92
50. 양팔 뒤로 클럽 잡기 ... 93
51. 봉 잡고 버티기 ... 94

넓은등근
52. 양손 올려 허리 굽히기 ... 95
53. 팔꿈치 잡아 몸통 기울이기 ... 96

54. 클럽 잡고 측면 기울이기		97

상지 스트레칭 98

위팔두갈래근
55. 클럽 뒤로 잡고 팔 꺾기 100
56. 도움 받아 팔 뒤로 꺾기 101

위팔세갈래근
57. 팔꿈치 뒤로 당기기 102
58. 클럽 뒤로 잡아당기기 103
59. 팔꿈치 대고 누르기 104

활차상주근
60. 손목 펴서 당기기 105
61. 손목 뒤로 굽히기 106
62. 손목 뒤로 잡아당기기 107

상과근
63. 손목 굽혀 당기기 108
64. 손목 돌려 팔꿈치 비틀기 109
65. 손목 펴서 팔꿈치 비틀기 110

손목 및 손가락폄근
66. 기도 자세 111
67. 손목 꺾어 교차하기 112

엄지굽힘근과 모음근
68. 엄지로 클럽 지탱하기 113

엄지벌림근
69. 엄지 잡아당기기 114

손목 및 손가락폄근
70. 손목과 손가락 굽히기 115
71. 주먹 마주 대기 116

엄지폄근
72. 클럽 쥐고 엄지 구부리기 117

엉덩이 스트레칭 118

큰허리근 및 엉덩근
73. 기마 자세 120
74. 클럽에 기대어 몸통 기울이기 121
75. 폼롤러로 엉덩이 근육 펴기 122

볼기근
76. 클럽으로 지탱하며 무릎 당기기 123
77. 누워서 무릎 당기기 124
78. 무릎 안쪽으로 당기기 125

모음근
79. 나비 자세 126
80. 씨름 자세 127

넙다리근막긴장근
81. 클럽 대고 다리 교차하기 128
82. 폼롤러 위에서 다리 뒤로 꺾기 129

궁둥구멍근
83. 다리 올려 상체 굽히기 130
84. 다리 굽혀 상체 기울이기 131

하지 스트레칭 132

넙다리네갈래근
85. 플라멩코 자세 134
86. 폼롤러 위에서 다리 접기 135
87. 탄력밴드로 발끝 잡아당기기 136

햄스트링
88. 양손으로 클럽 잡고 아래로 내리기 137
89. 폼롤러에 발 올리고 허리 굽혔다 펴기 138
90. 걸터앉아 다리 뻗기 139

장딴지근
91. 스텝박스에서 발목 꺾기 140
92. 폼롤러 대고 발목 꺾기 141
93. 탄력밴드로 발 잡아당기기 142

가자미근
94. 클럽 잡고 무릎 굽히기 143

앞정강근
95. 앉아서 허벅지 위에 다리 올리기 144
96. 서서 양쪽 다리 교차하기 145

종아리근
97. 의자에 앉아 무릎 위에 다리 올리기 146
98. 클럽 잡고 발목 꺾기 147

발바닥근막
99. 무릎 굽혀 발바닥 펴기 148
100. 발바닥으로 공 굴리기 149

근육 찾아보기 150
참고문헌 152
역자 소개 153
역자 추천 실전 꿀팁 영상 154

이 책의 사용방법

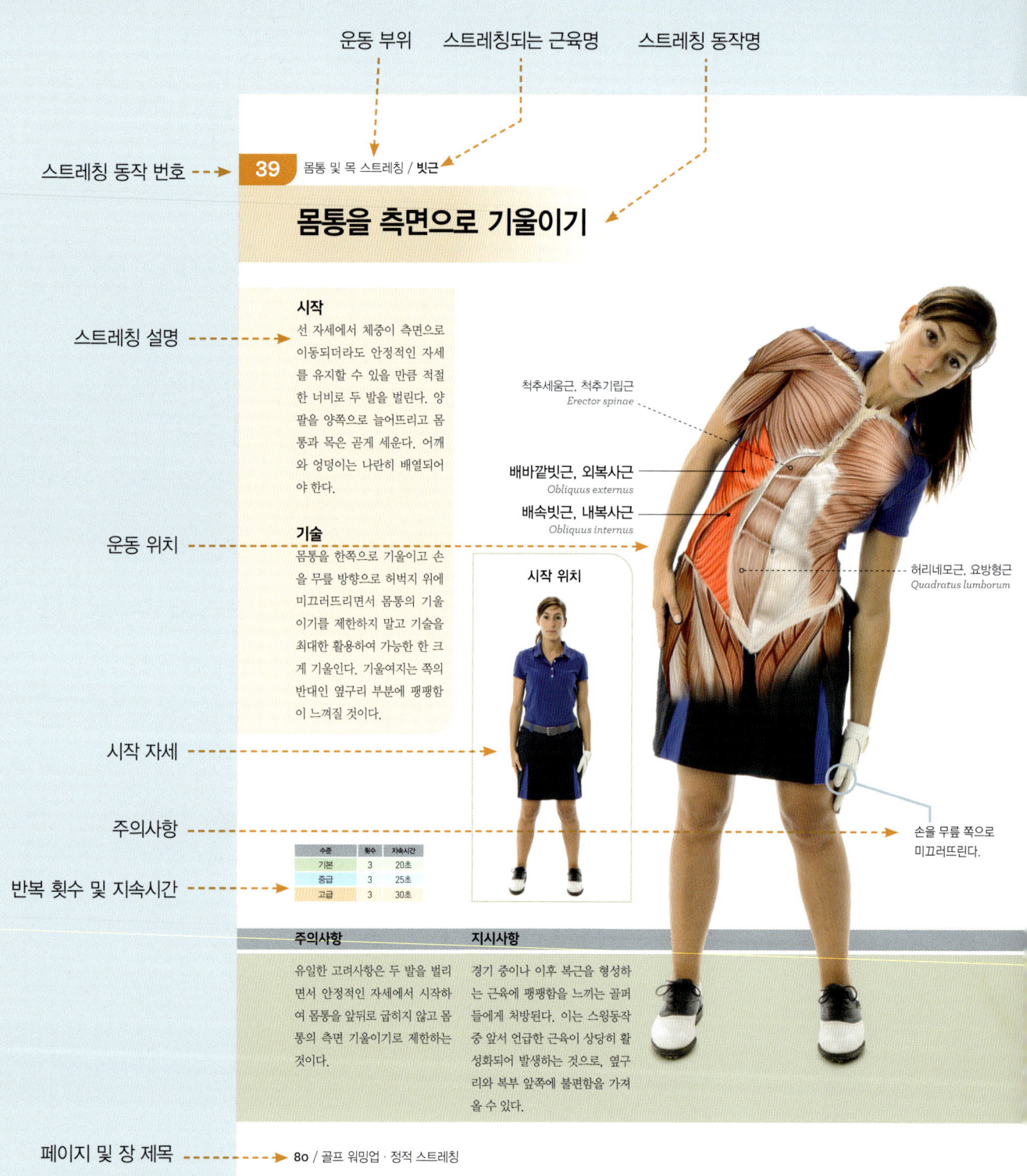

- 스트레칭 동작 번호
- 운동 부위
- 스트레칭되는 근육명
- 스트레칭 동작명
- 스트레칭 설명
- 운동 위치
- 시작 자세
- 주의사항
- 반복 횟수 및 지속시간
- 페이지 및 장 제목

● ——— 바깥 근육
○ - - - - 안쪽 근육

빗근 / 몸통 및 목 스트레칭 **40**

앉아서 몸통 회전시키기

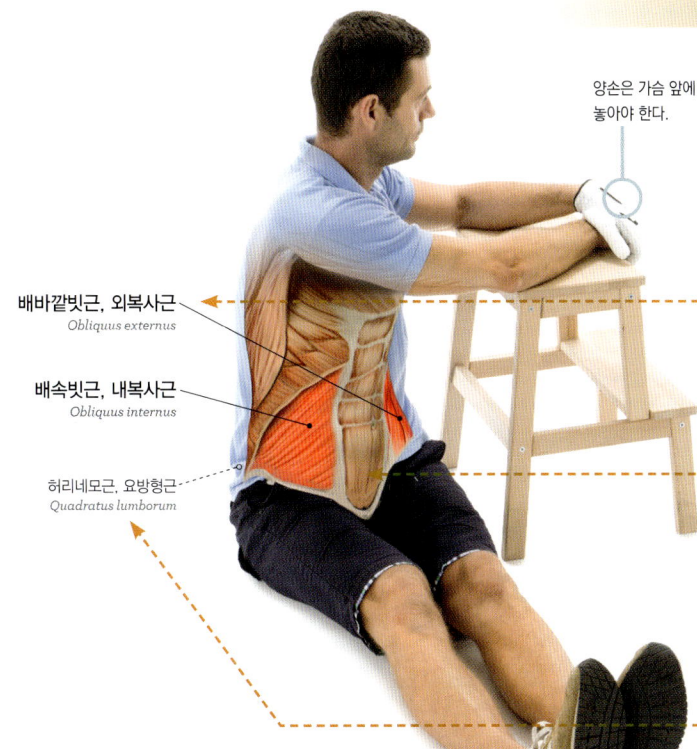

양손은 가슴 앞에 놓아야 한다.

배바깥빗근, 외복사근
Obliquus externus

배속빗근, 내복사근
Obliquus internus

허리네모근, 요방형근
Quadratus lumborum

시작
걸상이나 붙잡을 수 있는 다른 수직 지지대의 한쪽 옆에 앉는다. 지지대와 일정 거리를 유지하고 양쪽 무릎을 신장시킨다. 이 지점에서 어깨와 엉덩이는 나란해야 한다. 몸통과 목을 곧게 세우고 양팔은 이완시킨다.

기술
지지대를 볼 수 있을 때까지 몸통을 회전시키고, 엉덩이나 다리는 시작 위치를 유지한 채 양손으로 지지대를 붙잡는다. 엉덩이와 어깨 사이에 있는 축이 직각이 되게 하고 양손은 가슴 앞을 향해 있어야 한다.

——— 스트레칭되는 주요 근육

- - - 스트레칭되는 주요 근육 일러스트

- - - 관련 근육

시작 위치

수준	횟수	지속시간
기본	2	20초
중급	2	25초
고급	3	25초

주의사항
빗근의 스트레칭 시 그 어떤 강도도 부여하지 않기 때문에 어깨나 팔의 다른 움직임보다 몸통 회전을 우선시하는 것을 잊지 않는다.

지시사항
이 운동은 경기 중이나 후에 옆구리나 복부에 긴장감을 느끼는 골퍼들에게 처방된다. 이 긴장감은 스윙동작 중 특히 속도가 빠르고 방향 변경이 급격한 롱 드라이브 시 매우 활성화되는 근육에 나타나는 일상적인 현상이다.

- - - 추가 정보

근육 해부도

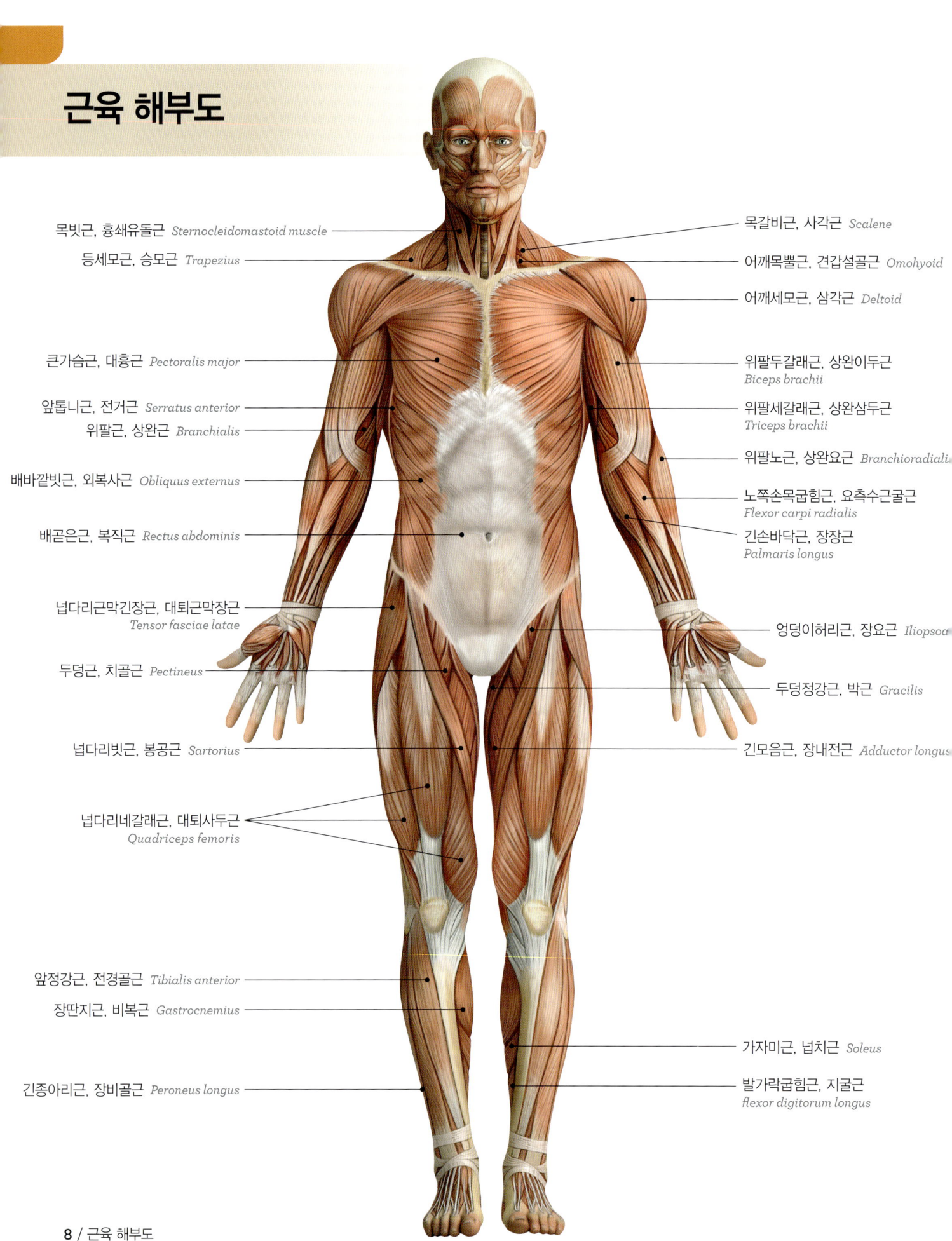

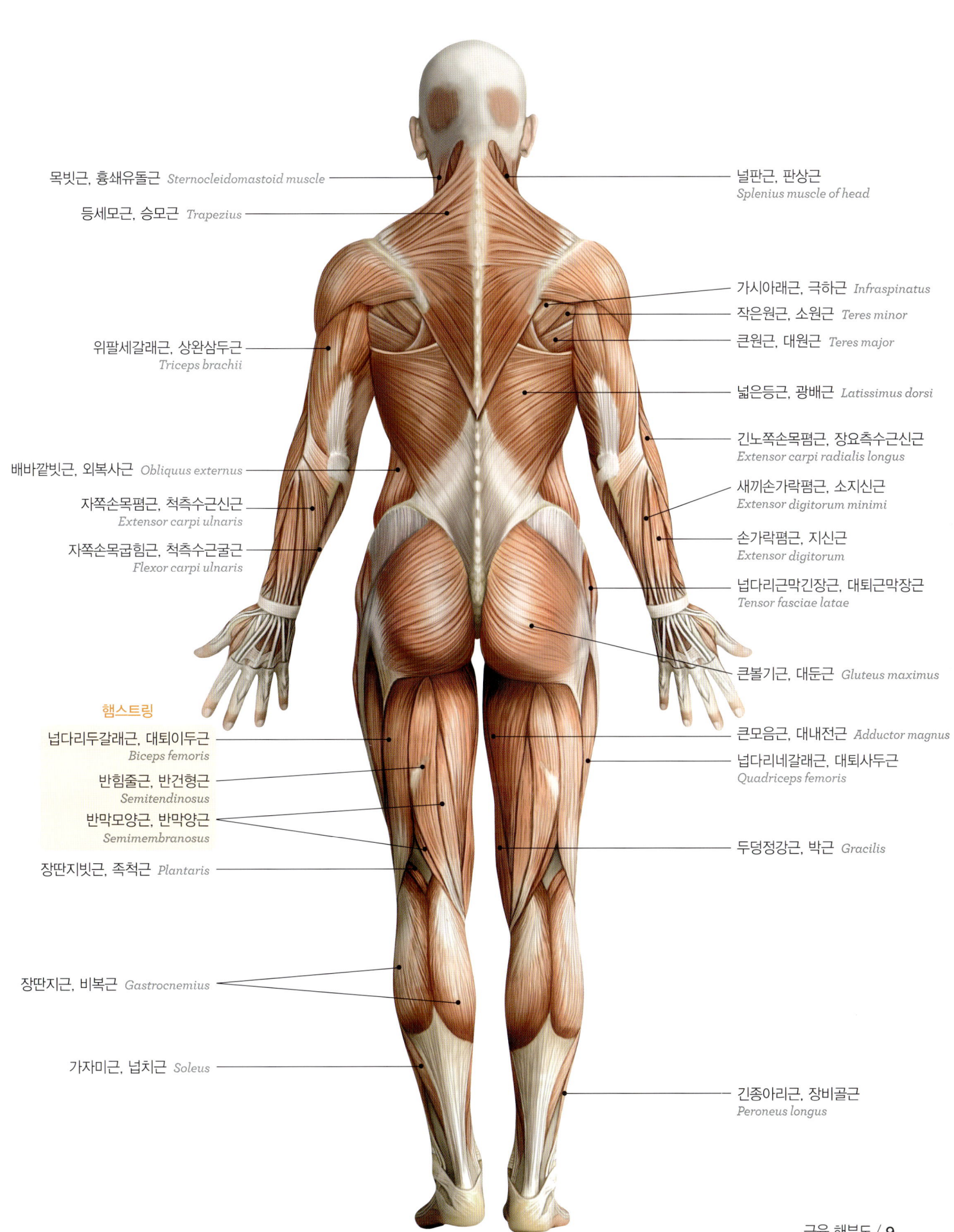

운동면

근육에 대해 알아보기 전에 이 책 전체에서 반복적으로 나타나는 신체의 움직임과 관련된 일련의 용어들에 대해 분명히 알아보는 것이 좋을 것 같다. 기본적인 명칭을 알지 못하면 움직임에 대한 상세한 설명을 이해하기 어려울 것이다.

예를 들어, 굽힘(flexion)과 폄(extension) 같은 용어들은 일반적으로 사용되고 있지만 내번(inversion), 외번(eversion), 내전(adduction), 외전(abduction) 등의 용어들은 좀 더 전문적인 분야에서 사용되므로 그 의미에 대해 알아두는 것이 도움이 될 것이다.

우선 알아야 하는 몸의 움직임은 3개의 면에서 이루어지며, 이를 '운동면'이라고 한다. 운동면은 관상면(frontal plane), 수평면(transverse plane) 그리고 시상면(sagittal plane)이다. 각 면은 일련의 특정 움직임들을 포함한다. 아래 그림과 같이 해부학적인 기본자세들을 살펴보자.

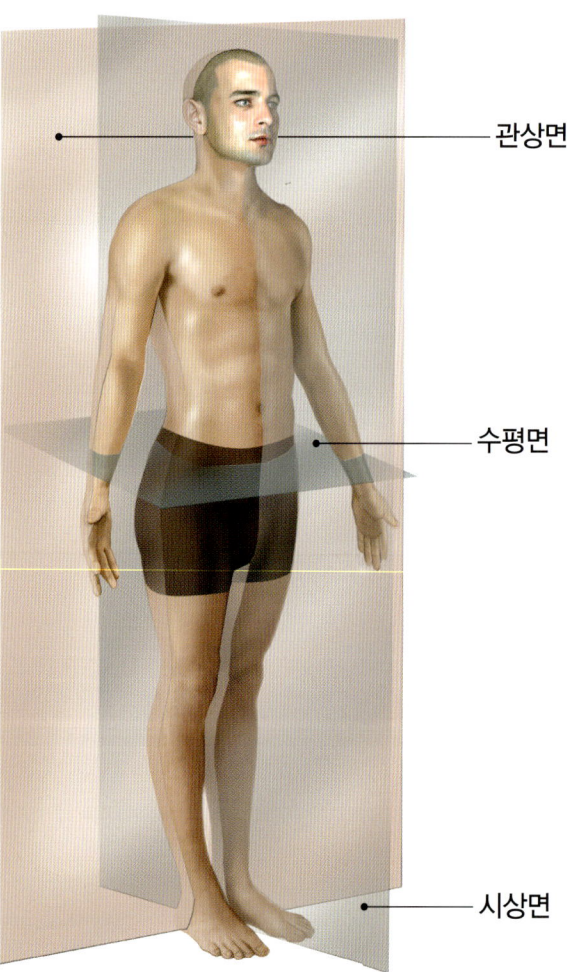

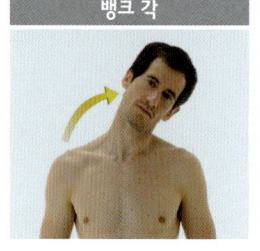
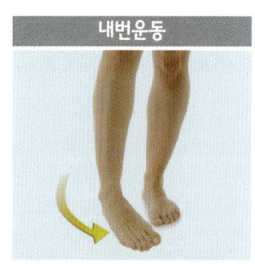
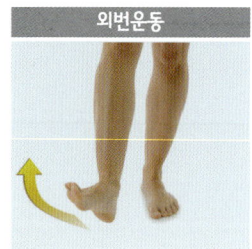

관상면
몸을 전방–후방, 즉 앞뒤로 나눈다. 흉부와 복부는 전방에 해당하고 윗몸, 등 그리고 엉덩이는 후방에 해당한다. 관상면에 해당하는 움직임은 다음과 같다.

외전운동 *abduction*
몸의 중심축에서 멀어지는 동작이다. 사람을 앞면과 뒷면에서 보면 실루엣의 변화가 크므로 명확하게 인지할 수 있다. 팔을 십자가 형태로 만들려면 어깨의 외전이 필요하다.

내전운동 *adduction*
외전의 반대 개념으로, 몸의 중심축으로 가까워지는 동작을 말한다. 십자가 자세에서 팔을 내리면서 몸통에 멈추면 어깨 내전운동을 한 것이다.

뱅크 각 *bank angle*
머리, 목이나 몸통을 옆으로 숙일 때 나오는 움직임이다. 만약 앉아서 잘 경우, 머리와 목이 뱅크 각만큼 한쪽으로 기울어지게 된다.

내번운동 *inversion*
이 움직임이 관상면에만 해당하는 것은 아니지만, 주로 그 안에서 일어난다. 팔의 내번운동은 발끝과 발바닥이 안쪽에 위치해 있을 때 일어나며, 그와 동시에 발바닥쪽굽힘(plantar flexion) 현상이 일어난다.

외번운동 *eversion*
안쪽에서 바깥으로의 움직임을 말하며, 예를 들어 발끝과 발바닥이 밖을 향해 있게 됨과 동시에 발등쪽굽힘(dorsiflexion) 현상이 일어난다.

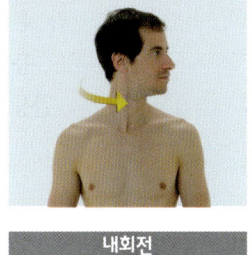

외회전

내회전

회내

회외

수평면

몸통을 위와 아래로 나눈다. 이 도면의 움직임은 윗부분이나 아랫부분으로부터 좀 더 잘 인식되기는 하지만, 어떤 면에서도 쉽게 인식된다. 그리고 그 유형은 다음과 같다.

외회전 *extenral rotation*

바깥쪽으로, 그리고 몸통의 고유축으로 회전할 때 나오는 움직임이다. 만약 의자에 앉아 있고 다른 사람이 옆에 있을 경우 이 용어를 사용하게 되는데, 말하는 동안 쳐다보기 위해 목의 외회전을 하게 된다.

내회전 *internal rotation*

외회전과 반대되는 움직임으로, 그 이유는 몸통의 일부를 안쪽과 그 축 위로 회전시킬 때를 의미하기 때문이다. 옆에 앉아 있는 사람과 대화가 끝났을 때 자신의 시선을 다시 한번 앞으로 향하기 위해 목의 내회전을 하게 된다.

회내 *pronation*

앞팔의 회전운동으로, 이 운동을 통해 손등을 위로 손바닥을 아래로 두게 된다. 접시에 놓여 있는 음식을 집기 위해 젓가락이나 포크를 이용할 때, 우리의 손은 회내에 있게 된다.

회외 *supination*

앞팔 회전이 의미하는 안쪽으로의 반대 움직임으로, 이를 통해 손바닥을 위로 두게 된다. 만약 누군가가 어떤 물건을 한움큼 줄 경우, 손바닥을 위로 하게 되고 그 물건이 떨어지지 않게 하기 위해 작은 냄비를 잡듯이 회외를 하게 된다.

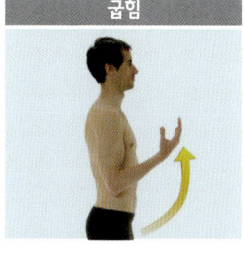

굽힘

펌

정진행

역진행

발등쪽굽힘

발바닥쪽굽힘

시상면

몸통을 두 부분, 즉 오른쪽과 왼쪽으로 나눈다. 이 도면의 움직임은 옆에서 봤을 때 한쪽으로부터 더 잘 인식된다. 이 도면에서는 다음과 같은 움직임이 나타난다.

굽힘 *flexion*

몸통의 일부를 중심축에 가까이 할 때 나오는 움직임이다. 만약 팔등을 굽히는 경우 앞팔을 중심축에 가까이 두게 된다. 이러한 정의에도 예외사항이 있는데, 예를 들어 무릎이나 발목의 발바닥쪽굽힘이 있다.

펌 *extension*

몸통의 일부를 중심축으로 지연시키거나 멀리함으로써 나오는 움직임이다. 만약 선 채로 하늘을 바라보면 경추를 펴야 한다. 단, 무릎의 경우는 예외다.

정진행 *antepulsion*

굽힘과 동일하지만, 어깨의 움직임에만 적용할 수 있다.

역진행 *retropulsion*

펌과 동일하지만, 어깨의 움직임에만 적용할 수 있다.

발등쪽굽힘 *dorsiflexion*

굽힘운동으로, 발목관절에만 적용할 수 있다.

발바닥쪽굽힘 *plantar flexion*

펌과 마찬가지로 발목의 움직임을 지시하는 용어이다.

골프의 역사

골프의 스포츠 철학과 진정한 정신을 포착하기 위해서는 역사적인 유래 및 진화에 대해 살펴볼 필요가 있다. 골프가 어디에서 생겨났고 어떤 사람들이 지금껏 골프를 성장시켰는지 알아봄으로써 오늘날에는 어떻게 변화했는지, 그리고 그러한 변화가 무엇을 의미하는지 이해할 수 있을 것이다.

골프의 유래

현재 다른 많은 스포츠와 마찬가지로 역사 전체에서, 그리고 전 세계적으로 골프와 유사한 다양한 종류의 경기 또는 신체활동이 존재한다. 설사 그중 일부만이 이 스포츠에서 진정한 유래를 찾을 수 있다고 해도 이 모든 경기들의 어떤 특정한 경기 방식은 골프의 조상뻘이 된다. 역사 전체를 통해 발명 및 개발된 다양한 스포츠들이 하나의 기본적인 사상에서 출발한다는 데는 의심의 여지가 없다. 그중 일부는 야구에서처럼 막대나 그와 유사한 도구로 움직이거나 멈춰 있는 물체를 가능한 한 멀리 보내기 위해 정해진 구역이나 지점으로 쳐낸다.

유럽에서는 골프와 유사한 특징을 가진 다양한 경기들이 있었다. 네덜란드에서는 '콜프(colf)'나 '콜프(kolf)'라고 알려진 것이 있었는데, 이 경기에서는 사전에 결정된 목적물을 맞히기 위해 작은 공을 막대로 쳤다. 야외에서, 때로는 얼음 위에서도 경기를 했다. 경기의 목적은 타수를 최대한 적게 하면서 목적물에 공을 근접시키는 것이었다. 거리는 따로 설정되지 않았고, 그로 인해 경기시간 동안 몇십 미터 또는 몇 킬로미터를 주파할 수 있었다. 13세기에 최초로 작성된 콜프(colf, club이라는 뜻의 네덜란드어)에 대한 참고문헌이 전해진다. 이 경기는 시간이 지남에 따라 진화되었으며, 두 가지 변수가 생겨났다. 그중 하나는 공을 길게 치는 것이었고, 다른 하나는 짧게 치는 것이었다. 후자의 경우에는 17세기부터 더욱 대중적으로 바뀌었는데, 몇 미터짜리 트랙이 이용되었으며, 마지막에 타구해야 할 골 포스트가 정해져 있었다. 벨기에와 프랑스에서는 클로이(chole)나 크로스 경기가 개최되었는데, 콜

크리켓은 막대, 배트 또는 그와 유사한 것으로 공을 치는 현대 스포츠 중 하나이다.

네덜란드 화가인 아베르캄프(Hendrick Avercamp)의 1625년 작품에는 겨울풍경 중 하나인 얼음 위에서 콜프(kolf, 골프채를 뜻하는 폴란드어)를 즐기는 모습이 묘사되어 있다.

라(kola)와 매우 유사한 경기였다. 다른 점은 두 팀이 똑같은 공을 가지고 전진 및 후진하면서 경기를 했다는 것이다.

이러한 경기들 중 좀 다른 것은 마요경기(게이트볼과 유사한 도구로 하는 경기)였는데, 13세기와 14세기에 유행한 것으로 보인다. 유럽 여러 나라에서 경기했으며 프랑스에서는 '파유마유(paille maille)'라는 이름으로, 이탈리아에서는 '팔람글리오(pa-llamglio)'라는 이름으로 불리었다. 이 게임은 손잡이가 긴 마요나 큰 망치로 작은 나무공을 쳐서 구멍에 넣는 것이다. 공은 몇 개의 작은 아치 아래를 쳐야 했으며, 가장 적은 타수로 주파하는 선수가 경기에서 승리했다.

크로케 경기는 오늘날에도 여러 국가에서 즐기고 있다.

중국에서 주로 귀족들이 즐긴 골프와 매우 유사한 츄이완 경기를 보여주는 그림

팀별로 경기하는 것과 좀 더 긴 막대로 경기하는 것 등의 다양한 경기방식이 존재했던 것으로 보이는데, 골프와 유사한 형태로 실시되었다.

크로케는 마요경기와 밀접한 관련이 있다. 이 경기에서는 공을 라운드에 있는 아치를 거쳐 지면에 단단히 고정된 작은 골 포스트까지 큰 망치로 쳐서 이동시켜야 했다. 일단 골 포스트에 도달하면, 출발점에 위치한 골 포스트에 도달할 때까지 역으로 타구된다. 각 선수들은 2개의 공을 가지고 경기하며, 상대팀의 공을 맞히면 상대팀의 공을 튕겨낼 타구를 할 수 있다. 크로케는 마요경기와 전형적인 공통점이 있긴 하지만, 현재는 그 특징이 매우 다르며 오늘날 매우 많은 인기를 누리고 있다.

시간을 좀 더 거슬러 올라가면 '츄이완(chuiwan)'이라는 것이 있었다. 이 경기는 10세기 중반부터 참고문헌들이 발견되는데, 크기가 작아진 공을 각기 다른 유형의 막대로 치면서 지면에 푹 꺼진 구멍이나 접시로 이동시키는 것이었다. 중국 송나라에서 처음 시작된 경기 중 하나였는데, 왕실 가족 및 고급관리들만 즐겼다. 15세기 명나라 때까지 츄이완을 묘사한 그림, 벽화 및 문서들이 존재한다.

역사가들이 발견한 유사성에도 불구하고 츄이완을 즐긴 지역과 골프의 첫 발견 장소 사이의 지리적 차이로 인해 골프의 기원이라고 볼 수는 없을 듯하다.

스코틀랜드의 제임스 4세와 영국의 헨리 7세 사이에 맺어진 영구적인 평화조약은 골프경기의 합법화를 가능하게 했다.

골프의 시작

골프에 대한 첫 번째 언급은 1457년 제임스 2세의 통치기간 동안 스코틀랜드 의회가 공포한 법에서 찾아볼 수 있다. 그 법에서는 전쟁기술을 훈련하기 위해 골프와 축구를 하는 것이 금지되어 있었는데, 그중 아치로 타구하는 것이 몇 년 동안 시행되었으며, 이 시기 스코틀랜드와 영국 사이에는 일상적으로 군사적 대립이 존재했다. 제임스 4세가 통치한 16세기가 되어서야 골프경기 금지가 풀렸는데, 이는 영국과 스코틀랜드가 오랫동안 하우스 오브 스튜어드(유럽 출신으로 잉글랜드와 스코틀랜드의 첫 통합 왕가)의 밀접한 관계를 유지하고 그 관계를 정상화시킴으로써 가능해졌다. 골프경기는 16세기와 17세기 동안 프랑스와 영국으로 퍼져나갔는데, 먼저 프랑스와 스코틀랜드 사이에 연맹이 체결되었고 이어서 스코틀랜드와 영국 사이에도 연맹을 맺었으며, 무엇보다 찰스 1세가 이 스포츠를 매우 좋아했다.

장로교회가 안식일 동안 골프경기와 다른 오락활동을 금지했기 때문에 애호가들은 숨어서 경기하거나 심지어 박해와 징벌을 피하기 위해 실내에서 경기를 해야 했지만, 그럼에도 불구하고 골프경기는 점차 확산되었다.

이 시기에는 골프 애호가였던 의대생 킨케드(Thomas Kincaid)가 언급되는데, 그는 처음으로 스윙훈련 및 기술에 대한 가이드라인을 작성했다. 그중 몇몇 권고사항은 오늘날 쓸모없어지기는 했지만, 당시에는 상당히 진보한 것이었다.

초창기의 골프경기는 귀족들과 일부 대중이 즐겼으며, 사용된 규범, 공간 및 재료와 관련하여 커다란 차이가 있었다. 넓은 외부 공간에서도 할 수 있었고, 폐쇄된 내부 공간에서도 할 수 있었다. 클럽 종류로는 가느다랗게 가공한 작대기부터 머리 부분에 더 큰 경도와 내구성을 가진 막대와 유연한 목재를 결합한 수공예 작품에 이르기까지 다양했다. 골프공 역시 다양했는데, 보잘것없지만 지속적인 경기를 가능하게 했던 단단한 나무공에서부터 압축한 깃털을 가죽으로 감싸서 더 정확한 경기를 가능케 했던 공까지 다양했다. 하지만 이런 가죽공은 빨리 마모되어 주머니가 두둑한 사람들만 사용할 수 있었다.

이 스포츠 경기를 위한 최고의 공간은 해안이나 강의 연안에 있는 땅이었다. 모래로 뒤덮인 땅의 가장자리가 선택되었는데, 해수욕장과 농경지 사이에 있었다. 해안을 따라 평행하게 조성되어 충분히 긴 라운드를 가능케 했으며 배수도 잘되었는데, 척박하고 염분이 많아 농축산업 같은 생산활동에는 적합하지 않은 토지들이었다. 또한 해안가 근처여서 바람이 거의 지속적으로 불어 짧은 풀들만 자라는 빈약한 식생으로 형성된 작은 모래언덕과 함께 적

압축한 깃털이나 가죽으로 만든 초기의 공, 기계로 수액을 말린 공들, 경기에서의 정확성을 높이기 위해 수액을 말려 손으로 만든 공들이다.

오늘날 몇몇 골프장은 '링크'라고 불리는 곳, 특히 골프경기를 하기에 적절한 곳에 위치해 있다.

절히 트인 공간은 적당한 난이도를 만들어서 경기가 별로 큰 어려움이 없으면서 재미있었다. 홀의 수는 규정되지 않았고 경기지역에 따라 달라졌다. '링크'라고 불린 이 지역들은 골퍼들이 선호했던 공간들이다.

초기의 골프경기는 귀족들뿐만 아니라 일반 대중도 즐겼다.

찰스 리(Charles Lees, 스코틀랜드 1800~1880)의 1847년대 골퍼 사진. 스코틀랜드 국립 초상화 갤러리.

골프의 역사 / 15

초기의 골프클럽에서 현재까지

골프가 점점 대중화되어감에 따라 17세기 중반에 이미 최초의 골프클럽과 협회가 생겨났다. 그 골프협회 중 하나가 에딘버러의 로열 버제스 골핑 소사이어티(Royal Burgess Golfing Society)였는데, 1735년에 이미 그 존재 여부에 대해 언급하는 기록이 남아 있다. 리스 신사 골퍼회(Gentlemen Golfers of Leith)는 그 시대에 가장 많이 알려진 클럽이자 현재까지도 가장 인정받는 클럽 중 하나인데, 이유는 회원들이 세계 최초로 13가지 규범으로 구성된 경기규정을 정했기 때문이다. 이 13가지 규정으로 에딘버러시에서 대규모 골프대회가 조직되었고, 은으로 된 골프채를 상으로 받았다. 그 이후 클럽에서는 '에딘버러 골퍼들의 영예로운 회합(Honourable Company of Edinburgh Golfers)'이라는 이름을 도입했다.

17세기에 생겨난 다른 클럽에서는 리스 신사 골퍼회의 규정을 준수하는 경기를 시작했다. 그렇게 리스(Leith)의 선구자들

오늘날 로열 버제스 골핑 소사이어티는 300여 년의 역사를 통해 계속해서 자신의 역할을 잘 수행하고 있다.

에 의해 설정된 13가지 규범을 따르기 시작했고 1754년 첫 번째 대회를 조직했는데, 여기서도 은으로 된 골프클럽을 상으로 받았다. 그 후 세인트앤드루 골퍼 소사이어티(St. Andrews Golfers Society)는 영국왕실 골프클럽(The Royal & Ancient Golf Club)이 되었다. 이 클럽은 19세기부터 이미 이러한 이름을 가지고 있었고, 골프경기에서 여전히 중요한 역할을 하고 있었기 때문에 전 세계의 골프 규범을 설정하는 역할을 담당하고 있다.

17세기 중반에는 스코틀랜드 밖에서 최초의 클럽이 생겨났다.

오늘날 골퍼들은 영국왕실 골프클럽이 규정하는 규범에 따라 골프경기를 계속 발전시켜나가고 있다.

현재의 골프 라운드에서는 원시적인 장소에서 발견되는 장애물들을 인공적인 방법으로 자연스럽게 재현해낸다.

영국에서는 로열 블랙히스 골프클럽(Royal Blackheath Golf Club)이 최초로 구성되었는데, 반세기 후인 1766년 맨체스터 골프클럽(Manchester Golf Club)이 되었다.

로열 콜카타(Royal Calcuta)나 로열 봄베이(Royal Bombay) 등 아시아에 있는 영국 식민지에도 클럽이 생겨났는데, 그 유래는 유럽의 19세기 중반에 두고 있다. 1856년에는 프랑스와 유럽 대륙 전체에서 처음으로 포우 골프클럽(Pau Golf Club)이 창설되었다. 미국대륙에서는 최초의 골프클럽인 로열 몬트리얼 클럽(The Royal Montreal Club)이 창설되기까지 거의 20년을 기다려야 했는데, 이 클럽은 캐나다에 소재해 있다.

14년 뒤에는 대양주에서 로열 아델레이드 골프클럽(Royal Adelaide Golf Club)이 첫 번째로 설립되었는데, 오래 지속되지 못하다가 1892년에 다시 설립되었다. 1986년에는 원래의 라운드로 인해 그 위치가 바뀌었고, 2년 뒤에는 홀의 수가 18개까지 확대되었다. 현재 로열 아델레이드 골프클럽은 여전히 고유의 기능을 수행하고 있다. 대양주에서 두 번째 클럽은 1871년 뉴질랜드 더니든에서 설립된 '오타고 골프클럽(Otago Golf Club)'이었다.

아프리카대륙에서 마지막으로 클럽이 생겨났는데, 첫 번째 골프클럽은 1886년에 설립되었다. 로열 케이프 골프클럽(Royal Cape Golf Club)은 와인버그 군부대(Wynberg Military Camp)에 위치해 있었다. 위치는 카보시 오터리에 있는 현재의 라운드로 변경되었다.

19세기 말과 20세기 초 그리고 최초의 국제대회를 계기로 첫 골프협회, 여성골프협회 및 출간물이 발행되었다. 골프는 점진적으로 대중성을 얻어왔는데, 대부분의 스포츠에서 제1차 세계대전과 제2차 세계대전으로 인해 그 성장에 굴곡이 있었다 하더라도 분명한 것은 장비 및 선수들의 수에 있어 성장이 중단되지 않았다는 점이다.

그 증거로 내셔널 골프 파운데이션(National Golf Fundation)에 따르면, 2014년 말 기준 206개 국가에 34,011개의 골프장이 있으며, 전 세계에서 6천만 명의 선수들이 골프경기에 참여한 것으로 추정되고 있다.

캘리포니아 사막의 골프장
현재 전 세계 어디에서도 골프장을 찾아볼 수 있는데, 매우 열악한 장소에서도 골프경기가 열린다.

스윙의 생체역학

슈팅 없는 축구, 드라이브 없는 테니스가 무의미한 것처럼 스윙은 골프의 핵심요소이며, 모든 경기가 이를 기반으로 하고 있다. 스윙을 잘하는 골퍼는 상대 골퍼나 동료보다 유리한 고지에 서게 된다. 그러므로 능숙한 스윙은 뛰어난 골퍼로 발전하는 데 없어서는 안 될 요소이다.

골프경기에 필요한 요소가 무엇인지를 이해하기 위해 어떤 근육들이 스윙 움직임을 만들어내고, 동작을 멈추거나 자세를 유지하기 위해 작용하는지 자세히 분석할 필요가 있다. 이 책에서는 맥하디(Andrew J. Mchardy)와 폴랜드(Henry Polland)가 스윙의 생체역학 및 관련 부상에 대한 연구에서 묘사한 8가지 단계로 스윙을 분석할 것이다. 이 단계들은 어드레스 포지션, 얼리 백스윙, 레이트 백스윙, 톱스윙, 포워드스윙, 가속, 얼리 폴로스루 및 레이트 폴로스루다. 이 연구에서는 스윙을

어드레스 포지션	얼리 백스윙	레이트 백스윙	톱스윙

하는 동안의 근육운동을 결정하기 위해 근전도검사를 이용한 각기 다른 연구자료들을 수집하고 있다. 그러나 근육운동에 대한 순수한 정보들 외에도 어떤 근육의 움직임이 활발해지는지, 그리고 안전하고 효율적인 스윙을 위해 이 움직임들이 어떻게 결합되는지를 살펴볼 것이다.

각 단계에 대한 묘사에서는 오른손잡이 골퍼들을 언급하고 있다. 만약 당신이 왼손잡이이고 경기를 그와 같은 방법으로 한다면, 최대한의 움직임이 만들어지는지를 알기 위해서는 활성화된 근육 측면을 다시 살펴보아야 한다.

걸어서 이동하거나 공을 운반하는 것과 같이 이 항목에서는 다뤄지지 않지만, 다음 장에서 언급된 골퍼의 스포츠건강에 영향을 미치게 될 골프를 치는 데 개입하는 다른 요인들을 잊지 말아야 한다.

스윙의 8단계
손선화 프로의 스윙 시범 영상
▶ QR코드를 스캔하세요

포워드스윙	가속	얼리 폴로스루	레이트 폴로스루

어드레스 포지션

맥하디와 폴랜드의 연구에서 자세히 나와 있지 않은 이 첫 번째 스윙동작에서는 근력이 감소되므로 관성의 움직임을 만들어낼 필요가 없으며, 스윙을 적절히 할 수 있게 해주는 시작 위치를 유지하는 것으로 구성되어 있다.

그럼에도 불구하고 어드레스 포지션을 유지하는 데는 다양한 근육군을 활성화시키는 것이 필요하다. 무릎과 엉덩이를 가볍게 펴주는 데는 허벅지 근육(Quadriceps femoris, 사두근), 엉덩이근(Gluteus muscles, 둔근) 및 오금줄(Hamstring, 햄스트링) 등의 정적 수축기능이 필요하다. 한편, 일단 몸통이 앞으로 기울어지면 척추가 굽혀지지 않도록 기립근을 수축시키는 것이 필요하다. 이때 큰가슴근(Pectoralis major, 대흉근)과 앞톱니근(Serratus anterior, 전거근)의 활동이 시작되며, 견갑골이 신장된다. 또한 골프채를 잡기 위해 손가락굽힘근(Flexor digitorum, 지굴근)이 수축된다.

설사 어드레스 포지션이 나머지 단계에서처럼 갑작스러운 움직임을 필요로 하지는 않는다고 해도 이보다 많은 시간 동안 유지되므로 부적절한 방법으로 등에 영향을 미치는 스윙을 하는 부정적인 결과를 과소평가하거나 경시하지 말아야 한다.

그러므로 흉추와 요추 높이에서 척추세움근에 유의해야 하는데, 타구를 준비할 때 이것을 적절히 활성화시킴으로써 자세를 수정할지의 여부를 결정하고 등통, 특히 요추 부분에 영향을 미칠 수 있기 때문이다.

얼리 백스윙

얼리 백스윙에서는 실제로 움직임을 만들어내며, 골프채가 공과 반대 방향으로 움직이는 동안 근육의 움직임에 대한 요구가 증가할 것이다. 이 단계 및 다음 단계에서는 그 위치를 유지하기 위해 사용되는 근육에 대해서는 다루지 않고 그 움직임으로 인해 더 많은 활동을 만들어내는 근육들만을 언급할 것이다.

상체부터 시작하는 경우, 움직임이 진행됨에 따라 견갑골을 올리거나 내리기 위해 오른쪽 등세모근(Trapezius, 승모근), 특히 윗부분과 중간 아랫부분에 활동이 많이 일어난다.

왼쪽 부분에서는 어깨밑근(Subscapularis, 견갑하근)에서 활동이 많이 일어나는 것을 보게 되는데, 같은 쪽 어깨에 내회전을 일으키기 시작하면서 오른쪽은 외부로 회전한다. 앞톱니근 역시 활동적이며 측면과 정면으로 어깨근을 이동시키는데, 이러한 움직임을 '전인(protraction)'이라고도 한다. 또한, 왼쪽 배바깥빗근(Obliquus externus, 외복사근)은 몸통의 회전을 돕는다. 이러한 움직임 역시 같은 쪽 척추세움근(Erector spinae, 척추기립근)의 작용에 영향을 받는다.

다리에서는 움직임의 한계로 인해 몸통과 상체에서보다 움직임이 적은 근육을 보게 된다. 그럼에도 불구하고 햄스트링(Hamstring), 특히 오른쪽 다리의 반막모양근(Semimembranosus, 반막양근)과 넙다리두갈래근(Biceps femoris, 대퇴이두근)이 매우 활성화되면서 엉덩이 근육을 약간 펴게 된다.

레이트 백스윙

얼리 백스윙에서 레이트 백스윙까지는 골프채가 지면과 평행이 되는 지점을 넘어서게 된다. 레이트 백스윙은 이전 단계의 자연스러운 연장으로, 동일한 궤도의 움직임을 유지하면서 각기 다른 근육군들의 운동속도 및 강도에 작은 변화를 일으킨다. 움직임을 시작한 얼리 백스윙은 결국 레이트 백스윙을 지나 톱스윙에서 움직임이 멈춘다.

위 사진에서 레이트 백스윙 동작에 가장 강하게 작용하는 근육들을 살펴볼 수 있다.

상체의 움직임은 이전 단계의 근육운동과 유사하며, 오른쪽 등세모근(Trapezius, 승모근)이 가장 활성화된다.

왼쪽 어깨밑근(Subscapularis, 견갑하근)은 어깨를 내회전시키고 근육의 움직임을 상승시키는 데 반해, 같은 쪽 앞톱니근은 계속해서 어깨근을 앞쪽으로 견인시킨다. 척추세움근(Erector spinae, 척추기립근)과 마찬가지로 왼쪽 배바깥빗근(Obliquus externus, 외복사근) 역시 몸통의 회전 움직임을 만들기 위해 각각의 단계에서 한 방향 또는 다른 방향으로 작용한다.

아래쪽으로 라운드를 그리는 움직임을 통해 넙다리두갈래근(Biceps femoris, 대퇴이두근)과 반막모양근(Semimembranosus, 반막양근)이 햄스트링(Hamstring)과 같이 더욱 활성화되어 오른쪽 엉덩이 근육이 살짝 펴진다.

톱스윙

톱스윙은 백스윙과 다운스윙 사이의 움직임이다. 그렇기 때문에 백스윙의 움직임을 만들어내는 데 관여하는 거의 모든 근육이 포워드스윙(다운스윙의 첫 번째 부분) 움직임을 만들어내는 다른 근육군의 움직에 관여한다.

레이트 백스윙에 관여하던 근육들은 그래픽상에서 희미하게 보일 것이며, 그와는 반대로 움직임을 일으키는 근육들은 진한 색으로 표시되어 있다. 이 근육들은 포워드스윙에서 움직임에 관여하기 때문에 잘 살펴볼 필요가 있다.

스윙에서 가장 높은 모멘트인 톱스윙과 레이트 폴로스루는 등의 아랫부분과 어깨에 부상 위험성이 큰 모멘트라는 점이 고려된다. 2006년 스포츠 매거진에서 출간한『Golf Injuries』라는 골프 상해조항에 따르면, 이 마지막 부분이 골퍼들 사이에서 발생하는 모든 부상 중 그 비율이 각각 23.7%와 34.5% 사이에 있다. 과도한 몸통 회전이 주로 부상을 일으키며, 스트레칭이나 수축에 필요한 복부 근육이 요구된다. 기억할 점은 몸통의 움직임을 최소화하는 골퍼들이 부족한 움직임을 만회하기 위해 어깨의 움직임 범위를 증가시킨다는 것인데, 이것이 주로 어깨 부상의 빈도를 증가시키는 경향이 있다는 것이다.

포워드스윙에 관여하는 근육군

- 큰가슴근, 대흉근 *Pectoralis major*
- 앞톱니근, 전거근 *Serratus anterior*
- 큰모음근, 대내전근 *Adductor magnus*
- 넙다리네갈래근(대퇴사두근)의 가쪽넓은근(외측광근) *Vastus lateralis of Quadriceps femoris*
- 등세모근, 승모근 *Trapezius*
- 마름근, 능형근 *Rhomboideus*
- 큰볼기근, 대둔근 *Gluteus maximus*
- 넙다리두갈래근, 대퇴이두근 *Biceps femoris*

포워드스윙

포워드스윙이나 얼리 다운스윙에서 일단 골프채가 수평상태가 되면 백스윙에서와는 반대의 움직임이 시작된다.

이 단계에서 골프채는 관성을 만들어내면서 공에 접근하기 시작한다.

왼쪽 마름근(Rhomboid, 능형근)에서는 백스윙으로 인해 물러난 어깨근을 앞으로 원위치시키기 위해 움직임을 만들어낸다. 등세모근(Trapezius, 승모근)의 움직임 역시 많이 요구되는데, 마름근과 함께 시너지 작용을 일으킨다. 오른쪽에서 어깨의 내전운동 또는 몸통으로 팔이 접근하여 큰가슴근(Pectoralis major, 대흉근)의 수축이 일어나야 하며, 동시에 앞톱니근(Serratus anterior, 전거근)이 어깨근의 전인이나 외전을 용이하게 한다.

한편, 아랫부분에서는 오른쪽 큰볼기근(Gluteus maximus, 대둔근)에서 커다란 움직임을 찾아볼 수 있는데, 이것이 서서히 엉덩이 근육을 신장시킨다. 비록 이 움직임이 그다지 강하지는 않더라도 방향의 변화와 하중은 큰볼기근에 상당한 부하를 요구한다.

마지막으로, 오른쪽 측면에서는 넙다리두갈래근(Biceps femoris, 대퇴이두근)이 큰볼기근(Gluteus maximus, 대둔근)으로 하여금 엉덩이 근육을 신장시키게 한다.

이 양갈래 근육의 길이는 약간의 변화만 일어나는데, 이는 엉덩이 근육을 신장시키기 위해 확장되는 동시에 무릎이 확장하여 단축을 보상하기 때문이다.

가속

이 단계는 공을 칠 때까지 연장되며, 그 이름에서 알 수 있듯 포워드스윙으로 앞서 지시된 움직임에 속력을 가하게 하여 임팩트 순간에 골프채를 빠른 속도로 이동시킨다. 골프채가 따라가는 추의 움직임은 몸통을 회전시키며, 이로써 어깨와 하체가 몸통의 회전에 관여한다.

어깨의 움직임은 양쪽 큰가슴근의 작용에 자극을 받으며, 그와 동시에 앞톱니근은 오른쪽 어깨의 전인이나 외전을 일으킨다. 왼쪽 어깨는 어깨근의 상승작용으로 인해 올라간다. 또한 빗근(Obliquus abs, 복사근), 특히 오른쪽 배바깥빗근(Obliquus externus, 외복사근)은 어깨의 움직임을 수반한다. 아래쪽으로 내려가면서 스윙을 최적화하기 위해 엉덩이와 무릎 근육이 몸통 전체의 움직임에 관여하며 회전운동을 돕는다. 이 경우, 왼쪽 큰볼기근(Gluteus major, 대둔근)은 넙다리두갈래근(Biceps femoris, 대퇴이두근)의 도움을 받아 같은 쪽의 엉덩이 근육을 신장시키는 데 관여하며, 그와 동시에 오른쪽 중간볼기근(Gluteus medius, 중둔근)은 그 반대쪽의 외전을 돕는다.

아래로 내려옴에 따라 오른쪽 넙다리네갈래근(Quadriceps femoris, 대퇴사두근)의 가쪽넓은근(Vastus lateralis, 외측광근)이 활성화되어 앞쪽 무릎의 신장을 일으킨다.

이 단계에서는 손목굽힘근이 가장 많이 사용되며, 때로는 골프채가 지면이나 다른 요소들과 접촉할 때 일어나는 거친 저항성 변화로 인해 부상을 자주 당한다는 점을 잊지 말아야 한다.

얼리 폴로스루

얼리 폴로스루가 가속 단계 뒤에 오고, 이 경우 움직임이 지속되기 때문에 활성화된 것처럼 보이는 다양한 근육이 계속 그 상태를 유지하고 있지만, 회전의 관성이 지속되더라도 이미 각기 다른 근육에서 스윙동작이 이루어져 다른 근육이 활동성을 나타내는 것을 보게 된다.

양쪽 큰가슴근은 어깨를 계속 내전상태에 두기 위해 활성화되어 있으며, 그와 동시에 어깨의 회전이 일어나기 시작한다. 백스윙에서 오른쪽 어깨는 외회전을 하고 왼쪽 어깨는 내회전을 하는 데 반해, 이 단계에서 어깨밑근(Subscapularis, 견갑하근)은 오른쪽 어깨를 내회전하게 하고 반대쪽 가시아래근(Infraspinatus, 극하근)은 왼쪽 어깨를 외회전하게 한다.

계속 아래로 내려가면, 오른쪽 배바깥빗근(Obliquus externus, 외복사근)에서 움직임이 많아지는 것을 보게 되는데, 여기서는 톱스윙 이후에 시작된 몸통의 회전을 계속하면서 레이트 폴로스루를 끝으로 종료된다.

오른쪽 중간볼기근(Gluteus medius, 중둔근)은 가속 단계 동안 시작된 엉덩이 근육의 외전을 계속한다.

이제 왼쪽 허벅지에서 넙다리네갈래근의 가쪽넓은근이 중간볼기근과 마찬가지로 이전 단계(무릎과 엉덩이 근육의 신장)에서 시작된 움직임을 연장시키기 위해 매우 활성화되어 있는 것을 볼 수 있다.

레이트 폴로스루

얼리 폴로스루와 이 마지막 단계 사이의 변화는 골프채가 수평해질 때 일어난다. 클럽헤드가 손잡이보다 높은 위치에서부터 마지막 움직임까지가 레이트 폴로스루 단계다. 이 단계는 톱스윙으로 시작되는 움직임의 마지막 부분이기 때문에 움직임을 멈추는 시점에서만 근육의 움직임을 볼 수 있다.

그렇게 왼쪽 가시아래근(Infraspinatus, 극하근)과 오른쪽 어깨밑근(Subscapularis, 견갑하근)이 계속해서 활성화되며, 동작이 멈출 때까지 왼쪽 어깨와 오른쪽 어깨의 움직임이 지속된다. 오른쪽 앞톱니근(Serratus anterior, 전거근)은 어깨근의 전인이나 외전을 일으키기 위해 수축된다.

이 단계의 마지막까지 왼쪽 큰가슴근이 활성화되며, 이 경우 움직임을 만들어내기 위함이 아니라 이전 단계에서 시작된 어깨의 외전 및 외회전을 점진적으로 멈추게 하기 위함이다.

양쪽 근육에서 넙다리네갈래근의 가쪽넓은근은 왼쪽 무릎의 완전한 신장을 위해 수축되며, 좀 더 적게는 오른쪽 무릎의 신장을 위해 수축된다.

마지막으로, 왼쪽의 반막모양근(Semimembranosus, 반막양근)이 이전 단계에서 가장 활성화된 넙다리두갈래근(Bicrps femoris, 대퇴이두근)에 초점을 맞추면서 엉덩이 근육을 신장시키기 위해 계속해서 활성화되어 있다.

부상

골프가 중간 또는 낮은 강도의 스포츠로 보일 수 있다고 해도 이전 항목에서 살펴본 바와 같이 부상이 발생하기도 한다. 스윙은 강한 근육의 빠른 움직임을 필요로 하는데, 특히 큰 타구에서 매우 공격적이 될 수 있다. 기술적 동작이 언제나 동일한 방향으로 이루어진다는 사실은 발생 가능성이 있는 부상 유형에도 영향을 미친다. 이것은 우리 몸의 한쪽과 다른 쪽에 당연히 각기 다른 영향을 미친다. 이 항목에서는 일반적인 외상증후군에 의한 부상들에 대해서는 다루지 않을 것인데, 그 이유는 골프공이나 골프채에 의한 타격이 주요 부상 원인 중 하나이기 때문이다.

어깨

양쪽 어깨는 골퍼들에게 내회전이나 외회전과 결합되어 있는 외전운동과 내전운동에 노출되어 있다. 고속으로 이루어지는 이 움직임들은 부상을 일으킬 수 있는데, 특히 회전근개에서 흔하다.

회전근개의 건염

회전근개(rotator cuff)의 인대는 어깨가 외전을 하는 움직임, 특히 만약 외전이 90°를 넘는 경우 팔꿈치를 어깨 위에 둘 때 영향을 받는 것으로 보인다. 이러한 이유로 인해 스윙, 톱스윙 및 레이트 폴로스루에서 가장 높은 모멘트는 어깨에 잠재적으로 부상을 일으킬 우려가 있다. 경기 중 동작을 반복함으로써 그 동작을 덮고, 심지어는 그 구조를 퇴화시키는 활액낭(sinovial)의 가시위근(Supraspinatus, 극상근)과 가시아래근(Infraspinatus, 극하근)에 염증을 유발하면서 인대에 영향을 미칠 수 있다.

관절와 수차의 퇴화

관절와 수차(rodete glonoideo) 또는 관절순(glenoid labrum)은 더 나은 안정성을 부여하기 위해 어깨관절(상박골 – 어깨근)을 둘러싸고 있는 섬유연골구조이다. 어깨의 반복적인 움직임이나 골프에서와 같이 매우 확대된 움직임이 일어나는 경우 이러한 구조를 퇴화시킬 수 있다. 어깨의 이전 탈구(luxation) 및 아탈구(subluxation)와 해당 관절의 외회전을 통한 수평신장 또는 외전을 할 필요가 있는 움직임들은 방카르트(Bankart, 전하방관절와순파열. 관절와순의 아래쪽과 앞쪽이 손상되는 병변) 또는 슬랩(SLAP, Superior Labrum Anterior Posterior의 약자. 상전후관절와순의 파열 혹은 퇴행성 손상) 유형의 부상을 일으킬 수 있으며, 두 경우 모두 관절와 수차에 영향을 미친다.

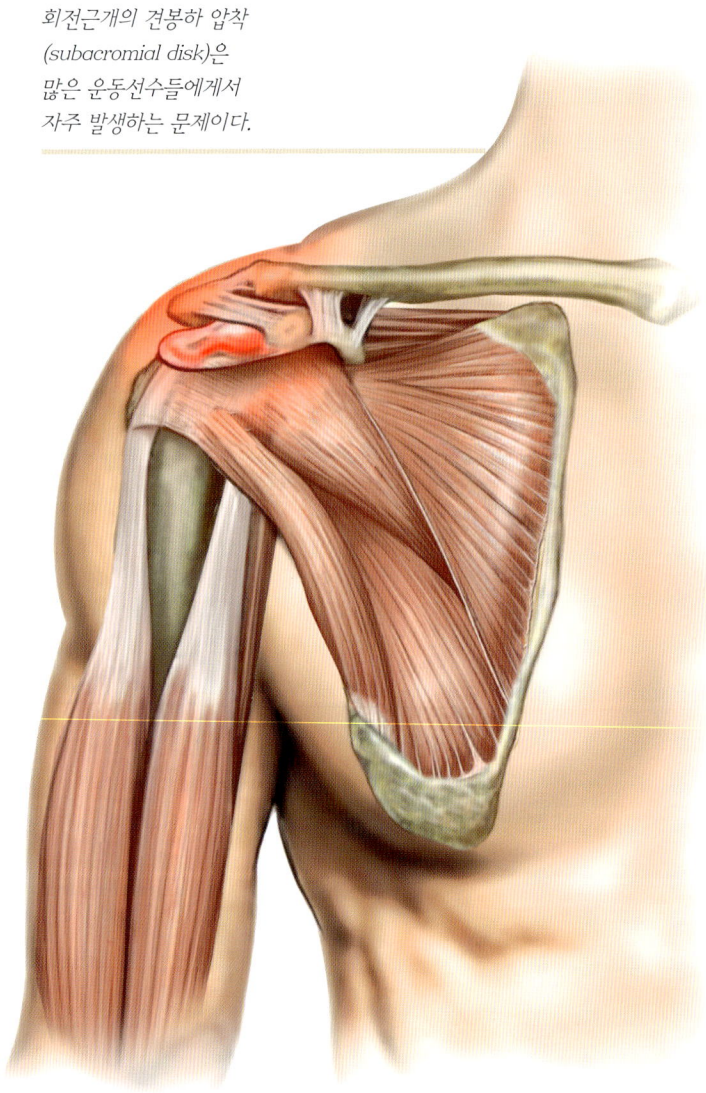

회전근개의 견봉하 압착(subacromial disk)은 많은 운동선수들에게서 자주 발생하는 문제이다.

골퍼들 사이에서는 '골프엘보'보다 '테니스엘보'라고 불리는 것이 더욱 일상적이다.

팔꿈치

팔꿈치는 골프에서 빈번한 부상을 일으키는 부위 중 하나이며, 매우 다른 이유들로 인한 것이기는 하지만 얼굴 안쪽과 바깥쪽의 통증을 유발한다. 양쪽 위관절융기(epicondyle)는 골프를 치는 동안 통증이 있을 수 있다. '골프엘보'라고 부르는 것이 이 부위에서 가장 일상적인 부상으로 보일 수 있다고는 하지만, 분명한 것은 테니스엘보가 훨씬 더 흔하다.

외측 상과염

이 통증은 '테니스엘보'라고도 알려져 있으며, 2006년『스포츠의학(Sports Medicine)』잡지에 실린 연구에 따르면, 외측 상과염(epicondylitis)으로 인해 유발된 문제들과 함께 골프엘보 부상 중 85%를 차지한다. 손목을 반복적으로 신장시킬 때 발생하며, 골퍼들의 앞팔꿈치에 영향을 미친다. 일반적으로 오른손잡이 골퍼의 경우 왼쪽 팔꿈치에, 왼손잡이 골퍼의 경우에는 오른쪽 팔꿈치에 통증을 유발하는데, 손목을 펴고 굽힐 때 악화될 수 있다.

내측 상과염

골퍼의 내측 상과(medial epicondyle) 또는 팔꿈치 상과라고도 알려져 있는 내측 상과염은 골프엘보 부상 중 15%를 차지한다. 주요 부상 원인은 손목의 굽힘근을 과도하게 사용해서가 아니라 스윙 움직임의 속도를 과도하게 감소시켜서 발생한다. 이것은 골프채로 지면이나 골프공이 아닌 다른 요소를 칠 때 갑작스럽게 급브레이크가 걸리면서 상활차(epitrochlea) 근육을 강제로 신장시킴으로써 발생한다. 그렇기 때문에 이 문제는 정제된 기술이 없는 골퍼, 특히 오른손잡이의 경우 오른쪽 팔꿈치에 그리고 왼손잡이의 경우 왼쪽 팔꿈치에 영향을 미치는 경향이 있다.

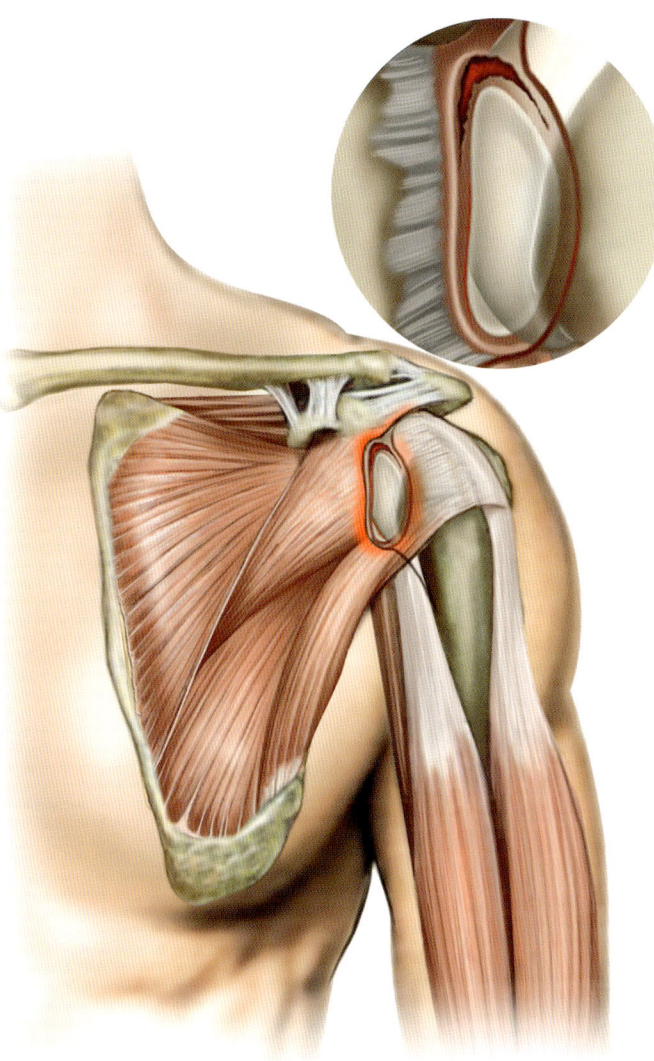

관절순을 퇴화시킴으로써 어깨관절에 불안정성을 일으킨다.

골프엘보는 초보 스포츠선수들에게서 가장 흔히 발생하는 공통적인 문제이다.

부상 / 29

손목 및 손

허리와 함께 손목과 손은 골프를 치는 동안 부상에 가장 취약한 부분 중 하나이다. 손목은 골프채를 잡을 때 사용하는 첫 번째 관절이다. 그에 따라 많든 적든 간에 골프채가 전달하는 모든 힘을 흡수해야 하며, 그와 동시에 골퍼가 원하는 움직임을 전달해야 한다.

드퀘르뱅 건막염

엄지모음근(Adductor hallucis, 무지내전근)과 짧은엄지폄근(Extensor muscle of thumb, 단무지신근)의 근육막에서 마찰이 생겨 염증이 일어나는 증상이다. 염증난 상태로 계속 사용하면 통증을 일으킬 수 있으며, 그로 인해 손목과 엄지의 특정 움직임이 일어나지 않을 수 있다. 드퀘르뱅 건막염(De Quervain tenosynovitis)은 골퍼나 테니스선수 등과 같이 도구를 이용하여 공을 치는 선수들에게 일반적으로 나타난다.

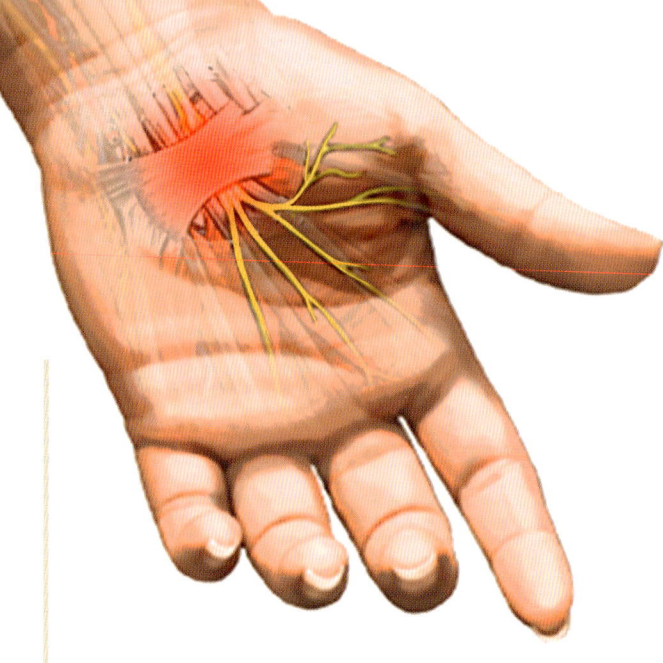

손목터널증후군은 골퍼, 테니스선수, 사이클선수와 같이 손잡이를 붙잡거나 다루는 선수들에게 영향을 미친다.

손목터널증후군

손목과 손 사이에 강제로 묶여 있는 중앙신경이 압박을 받아 발생한다. 이러한 통증 역시 도구를 이용하는 선수들 사이에서는 일반적인 것이며, 골프에서는 포워드스윙과 가속(acceleration) 단계에서 주로 발생한다. 손목터널증후군(carpal tunnel syndrome)의 가장 분명한 징후는 손에 이상한 느낌이 드는 것으로, 특히 중지, 검지 및 엄지에서 그런 느낌을 받게 된다. 이러한 느낌은 쥐남, 저림, 열, 간지러움 등과 같이 나타난다.

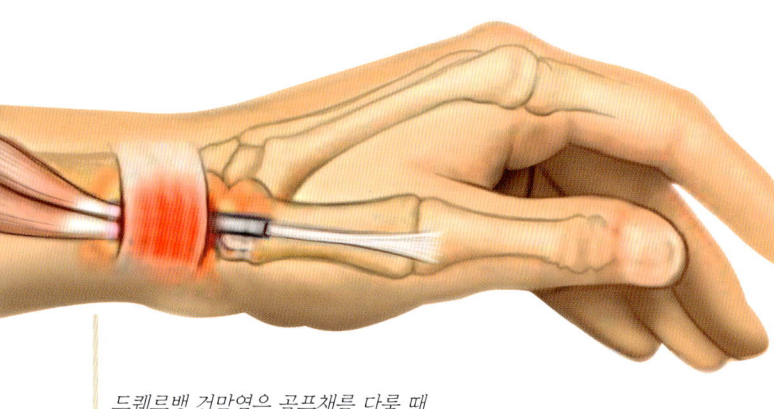

드퀘르뱅 건막염은 골프채를 다룰 때 발생하는 통증으로, 골퍼들에게 흔히 발생한다.

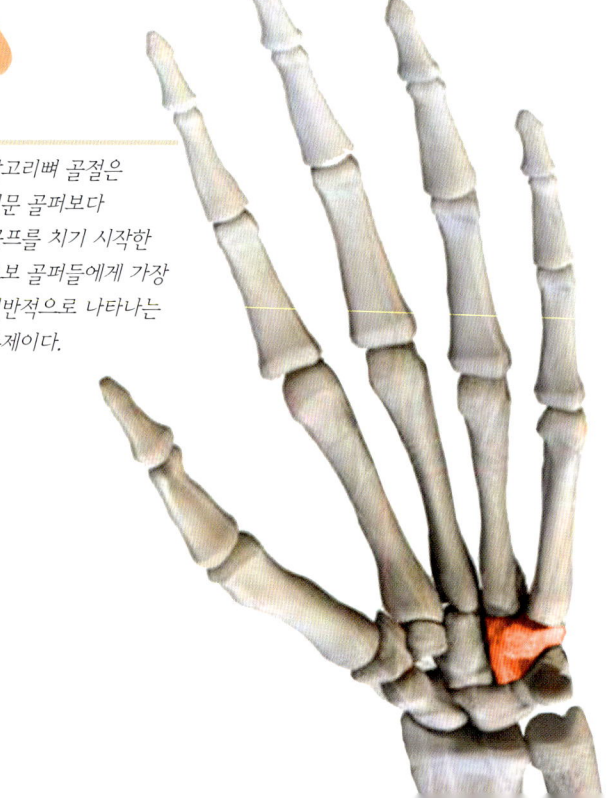

갈고리뼈 골절은 전문 골퍼보다 골프를 치기 시작한 초보 골퍼들에게 가장 일반적으로 나타나는 문제이다.

갈고리뼈 골절

갈고리뼈는 손목에 있으며, 일반사람들에게서는 이 부위의 골절이 그다지 흔하지 않지만 테니스, 골프, 야구, 하키와 같이 도구를 다루는 선수들에게서 자주 일어난다. 클럽헤드의 끝부분이 갈고리뼈를 치면서 골절을 일으킨다. 이러한 예상 밖의 타격들은 공이 아닌 다른 것을 칠 때 일어나며, 골프채의 속도를 급격히 감소시키고, 사용하지 않은 손에 영향을 미친다.

몸통과 하체

몸통은 외부 요인이 아닌 경기상의 요구로 인해 골퍼들에게 발생하는 모든 부상 중 3분의 1 이상이 일어난다. 그중 대부분은 허리 부분에서 나타난다. 한편, 하체의 부상들은 주로 무릎에 집중되어 있다. 두 경우 모두 각기 다른 구조에 작용하는 회전 움직임과 전단력(shearing forces)이 부상의 주요 원인이다.

요통

요추 부위에 통증을 일으키는 병리학은 그 메커니즘과 마찬가지로 매우 다양하다. 그렇기 때문에 이 책에서는 병리학에 대해서는 다루지 않고 단순히 요통에 대해서만 언급할 것이다. 맥하디 등에 따르면, 골퍼들에게서 발생하는 모든 부상의 23.7%와 34.5% 사이에는 요추 부위가 있다. 스윙은 힘과 속도가 실린 광범위한 움직임을 필

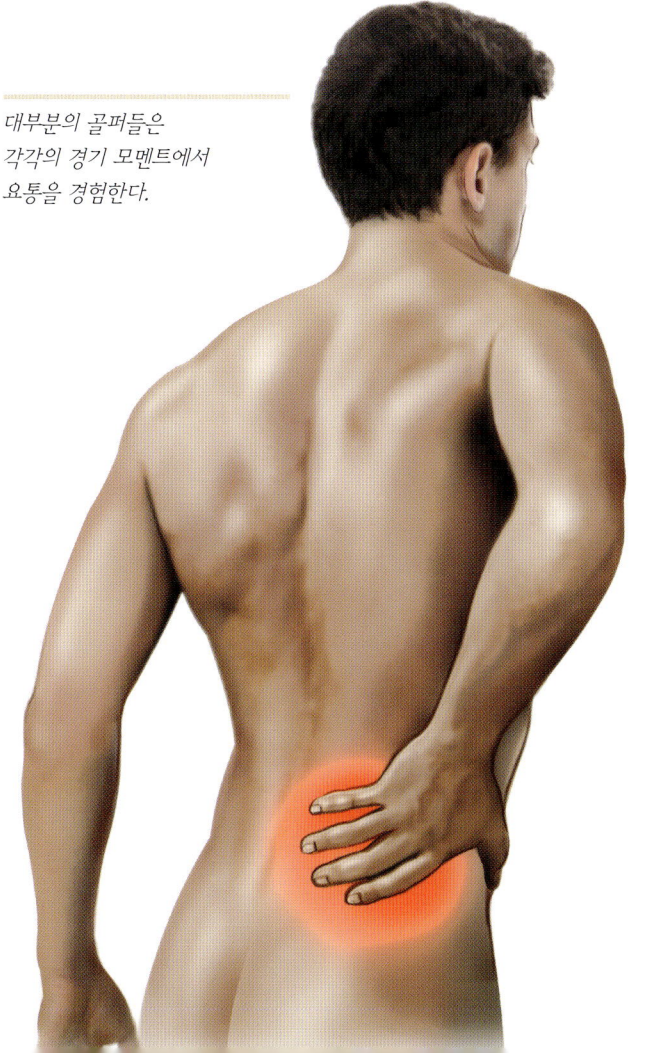

대부분의 골퍼들은 각각의 경기 모멘트에서 요통을 경험한다.

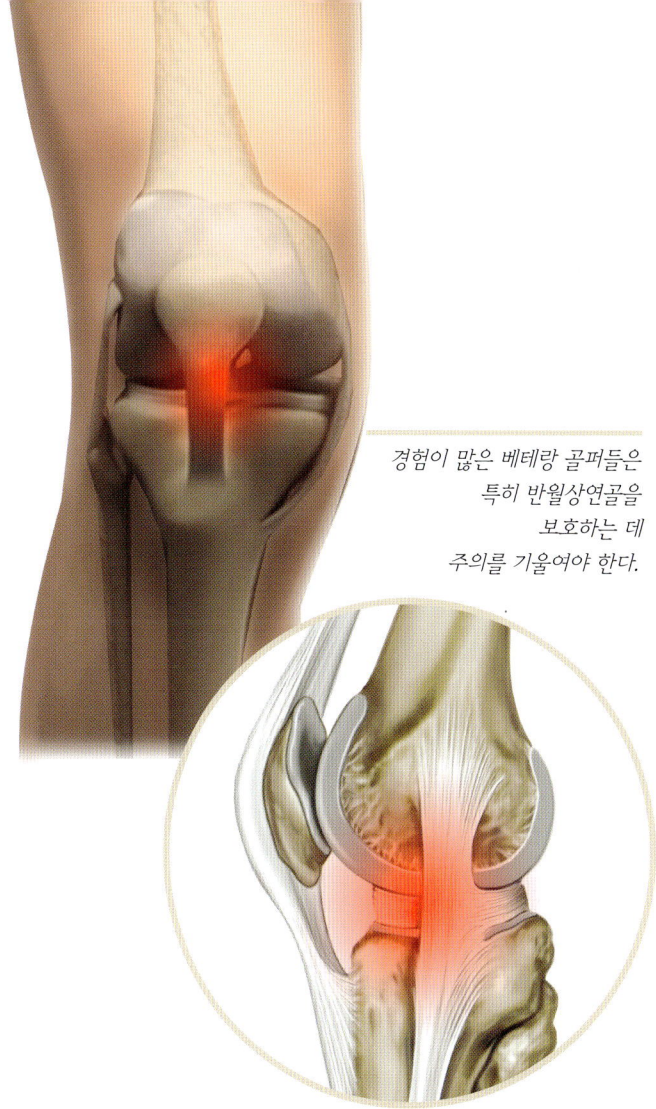

경험이 많은 베테랑 골퍼들은 특히 반월상연골을 보호하는 데 주의를 기울여야 한다.

요로 하기 때문에 그 주요 원인이 된다. 척추의 압축력(compressing force), 회전에 의한 몸통의 미끄러짐, 그리고 몸통의 굽힘과 폄에 의해 발생한 전단력이 세움근에 작용한다. 이 움직임들은 결국 추간판 헤르니아(slipped disc), 측면골관절염(facet osteophorosis), 신경근병증(radiculopathy) 등의 문제를 일으킬 수 있다. 이 모든 문제는 요통 외에도 다리에 방사통(radiating pain), 저림(numbness), 그리고 경우에 따라서는 하체의 간헐성파행증(intermittent claudication)을 일으킬 수 있다.

반월상연골 부상

스윙을 하기 위해 필요한 엉덩이의 회전은 무릎에 회전력의 일부를 전달하면서 반월상연골에 대한 압력 부분들을 다르게 보이게 한다. 반월상연골의 특정 부분에 대한 압력이 두 배로 늘어나는 동안 다른 지점에서는 압력이 완화된다. 반복적인 스윙으로 일어나는 이러한 과정은 결국 반월상연골의 여러 부분을 손상시킬 수 있다. 이러한 압력의 증가는 특히 앞무릎 내부를 공유할 때 발생하는데, 타구 모멘트부터 폴로스루의 마지막 모멘트까지 발생한다. 일반적으로, 반월상연골의 부상 중 가장 심각한 부상들로는 통증, 염증, 무릎을 완전히 펴기 힘들어짐, 쪼개지는 소리 등이 있다.

▶ **QR코드를 스캔하세요**
※동적 스트레칭의 동영상은 소도구별로 동작을 분류하였습니다.

맨몸 　　　　골프채 　　　　밸러스트

골프 워밍업
동적 스트레칭

동적 스트레칭의 기본

각기 다른 유형의 스트레칭을 어떻게 그리고 언제 해야 하는지와 관련하여 흔히 오해가 발생한다. 이 주제에 대해 다룰 때, 이러한 스트레칭 기술 대부분이 좋지도 그렇다고 나쁘지도 않으며, 단지 분명한 모멘트, 상황, 운동선수 또는 어떤 사람들에게 적합하다고 할 수 있을 것이다. 그렇기 때문에 동적 스트레칭 항목에서는 이러한 원칙을 고려해야 한다.

워밍업(준비운동)

어떤 스포츠 훈련이든 간에 강도 높은 훈련을 하기 전에 몸통이 활동 중이거나 이후에 적절한 능률을 달성하고 부상이나 불편함을 느낄 위험성을 감소시키기 위한 최소한의 보장을 통해 강도 높은 운동에 필요한 활성화 및 능률 수준을 점진적으로 증가시키도록 하는 적절한 워밍업이 필요하다.

워밍업은 스포츠 훈련에 신속하게 적응하기 위한 신체 및 정신적인 변화를 얻도록 도와준다. 사실, '워밍업'이란 움직임을 일으키는 근육의 잇따른 수축을 통해 근육에 발생하는 체온의 상승을 말한다. 이러한 체온의 상승에는 활성화된 근육이 더 활발히 순환 및 산소 공급이 되고, 근육에 영양분이 골고루 배분되도록 심혈관과 호흡기관의 리듬을 증가시키는 것과 같은 현상들이 동반된다. 그와 동시에 체온을 상승시킴으로써 근육의 점성(viscosity)을 감소시키는데, 이로써 섬유 간에 기름칠을 해주고 움직임을 원활하게 할 수 있다.

근육조직의 워밍업 및 활동의 점진적인 증가에 대한 또 다른 긍정적인 점은 이것이 근육을 더 흥분시켜 선수를 주의 깊고 깨어 있는 상태에 두므로 경기나 스포츠의 다양한 상황에서 더 빠르게 반응할 수 있게 해준다.

워밍업은 두 부분으로 나눌 수 있다.

■ **일반적인 워밍업**

이는 많은 수의 근육을 포함하고 있어야 하며, 여러 다른 스포츠 훈련과 동일하거나 유사할 수 있다. 몇 분 동안의 종종걸음이나 타원형 자전거운동이 맥박수를 증가시키고, 근육의 순환을 개선하며, 체온을 크게 상승시킨다.

■ **특정 워밍업**

이 경우 스포츠 훈련 특유의 동작과 기술을 구사할 것이다. 특히 적절한 근육의 활성화와 최적의 움직임 범위를 달성하기 위해 그 안에 더욱 많이 함축된 근육 및 관절을 동원할 것이며, 가장 많이 필요로 하는 범위에 영향을 미칠 것이다.

동적 스트레칭은 경기 전의 워밍업과 경기 중 쉬는 시간 동안 하기에 이상적이다.
사진은 순서를 기다리면서 발목의 순환운동을 하는 골퍼의 모습이다.

움직임 요인

특정 워밍업에서는 동적 스트레칭이 휴식이나 셋업 자세를 도입하지 않고도 움직임을 유도하기 때문에 특히 중요하다. 이러한 스트레칭은 연속적 또는 주기적 움직임을 통해 이루어진다.

■ 이 운동들은 흔들림, 선회, 순환, 회전 및 추의 움직임으로 구성될 수 있으며, '동적 스트레칭'이라는 용어와 이 운동들이 연관되어 있지 않은 것처럼 보일 수 있다. 높이뛰기나 뒤로 뛰기 같은 운동들은 특정 워밍업과 동적 스트레칭이므로 동작의 잇따른 반복에서 상당한 양의 스트레칭으로 굽힘근과 폄근을 이끌어낸다. 이러한 유형의 스트레칭은 몸통과 근육들의 움직임을 더 많이 일으키므로 워밍업을 하는 데 가장 적절하며, 그 결과 주어진 모든 혜택을 활용하면서 워밍업 과정을 멈추지 않은 채 스트레칭을 할 수 있다는 것이 입증되어왔다. 유연성을 절대적으로 증가시키는 스트레칭이 존재한다고 해도 워밍업은 반드시 해야 한다.

■ 앞서 언급된 내용에도 불구하고 다수의 스포츠 열혈팬들은 스포츠를 시작하기 전에 정적 스트레칭을 계속하고 있다. 정적 스트레칭에서는 스트레칭 위치에 도달할 때까지 계속해서 움직임이 진행되며, 이후에는 정해진 시간 동안 '움직임이 결여'되어 유지된다. 즉, 운동을 하기 전 여러 가지 정적 스트레칭을 함께 모아서 할 경우 워밍업 과정이 강제로 종료되므로 근육의 이완에는 도움을 준다. 그러나 이는 근육의 흥분성이 손실되면서 근육 수축 속도와 강도가 감소되고 반응성, 정확성, 능률이 감소된다는 것을 의미한다.

2003년 「스트레칭이 민첩성에 미치는 영향」, 즉 다양한 스포츠선수들의 점프력을 측정한 연구에서 선수들은 정적 스트레칭이 포함된 워밍업을 한 뒤 최악의 결과를 얻었다는 것이 관찰되었다. 반면, 동적 스트레칭 워밍업 이후의 시험 결과는 개선되었다.

골프는 기술적인 동작인 스윙을 하는 스포츠이며 퍼트를 제외하고는 힘으로 하는데, 워밍업에 동적 스트레칭을 포함시키는 것이 가장 합리적인 듯하다. 골프를 칠 때 가장 이상적인 워밍업 중 일부를 살펴보자.

1 동적 스트레칭

목 원회전

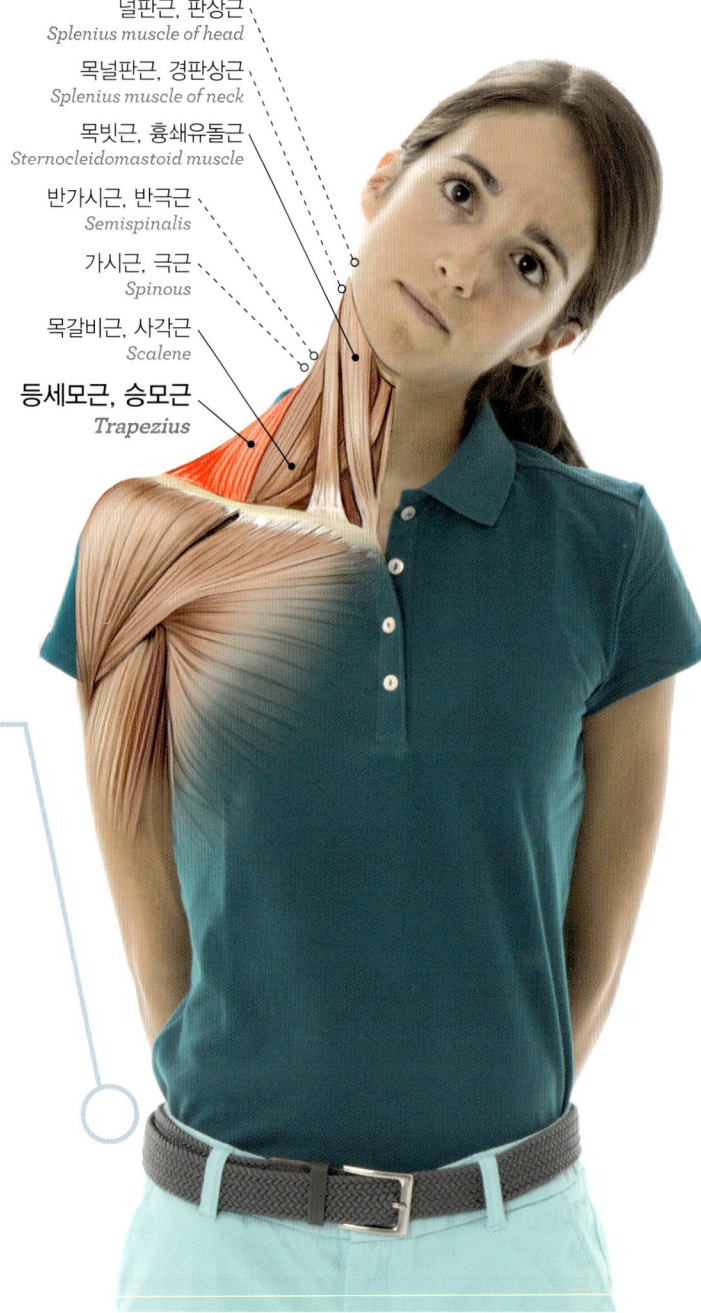

- 널판근, 판상근 / *Splenius muscle of head*
- 목널판근, 경판상근 / *Splenius muscle of neck*
- 목빗근, 흉쇄유돌근 / *Sternocleidomastoid muscle*
- 반가시근, 반극근 / *Semispinalis*
- 가시근, 극근 / *Spinous*
- 목갈비근, 사각근 / *Scalene*
- **등세모근, 승모근** / *Trapezius*

시작
선 자세에서 두 발을 어깨너비 정도로 벌린다. 양팔은 늘어뜨린 채 기립자세를 유지한다. 양팔을 늘어뜨리거나 손등을 볼기근(Gluteus, 둔근) 위에 둠으로써 등세모근(Trapezius, 승모근)에 더 큰 스트레칭을 유도할 수 있다. 머리와 경추를 펴면서 고개를 가볍게 뒤로 젖힌다.

기술
목과 머리를 잇따라 원회전을 한다. 회전 경로의 모든 부분이 동일한 경로를 그릴 수는 없으므로 완벽한 원을 그리지는 말아야 하며, 처음에는 한쪽으로 하고 이후에는 반대쪽으로 해야 한다.

수준	횟수	지속시간
기본	1	10초
중급	2	10초
고급	2	15초

손등을 볼기근 위에 둠으로써 등세모근의 스트레칭을 개선시킨다.

연속 동작

주의사항
이러한 운동을 할 때는 다양한 측면을 고려해야 한다. 우선, 급하거나 과도한 움직임을 피하면서 서서히 통제된 형태로 해야 한다. 억지로 목을 움직이지 말아야 하는데, 특히 경추의 신장이 중요하다. 또한 운동의 지속시간을 연장하지 않는다. 현기증이나 어지럼증이 느껴지면 스트레칭을 멈춘다.

지시사항
과도한 사용으로 인한 목 근육의 통증은 매우 자주 또는 오랜 시간 동안 경기를 하거나 양쪽의 조건이 동시발생적으로 주어질 때, 특히 베테랑 골퍼들에게 영향을 미친다. 또한 신인 골퍼들이 약간 부정확한 자세를 취할 때도 영향을 미치며, 두개골 아래에서부터 어깨근 위쪽 가장자리까지 신장되는 부분에 나타나는 경향이 있다.

몸통 스윙 회전

동적 스트레칭 2

마름근, 능형근 *Rhomboideus*
작은가슴근, 소흉근 *Pectoralis minor*
큰가슴근, 대흉근 *Pectoralis major*
앞톱니근, 전거근 *Serratus anterior*
어깨세모근, 삼각근 *Deltoid*
배바깥빗근, 외복사근 *Obliquus externus*
배속빗근, 내복사근 *Obliquus internus*
허리네모근, 요방형근 *Quadratus lumborum*

안정적인 자세를 위해 두 발을 벌리고 무릎을 굽힌다.

시작
선 채로 안정적인 자세를 위해 두 발을 벌리고 무릎을 가볍게 굽힌다. 등을 곧게 펴면서 몸통을 앞으로 가볍게 기울인다. 한 손은 골프채의 손잡이 위에, 그리고 다른 손은 클럽헤드에 올려놓는다. 골프채가 엉덩이 앞, 그리고 지면과 수평상태를 유지하도록 양쪽 팔꿈치를 신장시킨다.

기술
몸을 지탱하면서 정확한 자세를 유지하며, 골프채를 꽉 붙잡고 어깨선이 두 발 사이에 있는 선과 수직이 되도록 몸통을 옆으로 회전시킨다. 경로의 끝에 도달하면, 움직임 방향을 반대쪽 면의 동일한 자세에 도달할 때까지 바꾼다. 여러 주기 동안 움직임을 반복한다.

수준	횟수	지속시간
기본	2	20초
중급	2	25초
고급	2	30초

연속 동작

주의사항
다른 모든 동적 스트레칭과 마찬가지로 통증이 일어나면 운동을 멈춰야 하므로 저속으로 회전해야 하며, 그와 동시에 회전이 움직임의 관성을 적절히 활용하기 위한 속도로 이루어져야 한다.

지시사항
이 운동을 통해 스윙과 관련된 여러 근육이 스트레칭되고 관절이 이동하므로 나이, 경력, 경기수준에 상관없이 워밍업이 중요하다.

3 동적 스트레칭

몸통 회전

목 위가 아닌 등 위쪽에
골프채를 놓는다.

짧은 돌림근(단회전근) 및
긴돌림근(장회전근)
Short rotator and Rotator longus

허리네모근, 요방형근
Quadratus lumborum

뭇갈래근, 다열근
Multifidus spinae

배바깥빗근, 외복사근
Obliquus externus

배속빗근, 내복사근
Obliquus internus

시작
두 발을 어깨너비와 비슷하게, 또는 그보다 좀 더 넓게 벌리고 선다. 무릎을 가볍게 굽히고 몸통을 곧게 세운다. 골프채 양쪽 끝을 붙잡는다. 골프채를 머리 뒤에 두고 어깨 윗부분에 얹는다. 이때 골프채, 어깨, 엉덩이 및 다리가 일렬로 나란해야 한다.

기술
골프채와 어깨선이 두 발의 선과 수직을 이루고 엉덩이 선이 다리 선에 가까운 중간 위치에 놓일 때까지 몸통을 한쪽으로 돌린다. 끝까지 돌려서 두 발과 직각이 되면 반대쪽으로 움직임을 시작하고, 이후에는 멈추지 말고 여러 번 반복한다.

수준	횟수	지속시간
기본	2	20초
중급	2	25초
고급	2	30초

연속 동작

주의사항
동적 스트레칭에서는 속도가 특정 관성을 부여해야 하지만, 움직임이 갑작스럽게 중단될 때 스퍼트나 통제력 그리고 올바른 운동실행능력을 잃지 않도록 속도를 너무 많이 높이지는 말아야 한다는 점에 유의한다.

지시사항
스윙동작에서는 몸통을 회전시키는 근육의 많아서 전체 근육이 3분의 1 이상이 회전 움직임에 관여하므로 이 운동은 모든 골퍼들에게 추천 가능하다. 특히 골퍼가 경기 중이나 몇 시간 뒤 복부나 허리 부분 근육에 팽팽함을 느낄 경우 처방된다.

동적 스트레칭

밸러스트 잡고 팔 흔들기

수준	횟수	지속시간
기본	2	20초
중급	2	25초
고급	3	25초

어깨세모근, 삼각근 — *Deltoid*
큰가슴근, 대흉근 — *Pectoralis major*
위팔두갈래근, 상완이두근 — *Biceps brachii*
작은가슴근, 소흉근 — *Pectoralis minor*
앞톱니근, 전거근 — *Serratus anterior*
마름근, 능형근 — *Rhomboid*

허벅지에 손을 올려놓고 허리의 긴장을 풀어준다.

시작
선 자세에서 시작하여 두 발을 어깨너비보다 조금 넓게 벌리고, 무릎을 가볍게 구부리면서 척추를 편 채로 몸통을 기울인다. 척추를 신장시키는 근육의 부하를 감소시키기 위해 허벅지에 한 손을 올려놓고 다른 손으로는 밸러스트(ballast)를 잡고 지면과 수직으로 팔을 편다.

기술
추 형태로 밸러스트를 잡고 있는 팔을 펴서 외전 단계에는 지면과 평행이 되게 하고, 어깨와 나란히 또는 그 위에 배열한다. 내전 단계에서 밸러스트를 잡고 있는 팔은 다른 팔 앞으로 나오게 하고, 이전 단계의 마지막 단계와는 반대로 팔꿈치를 가볍게 굽힌다. 다양한 움직임의 코스를 연관시키고 양팔을 교차시킨다.

연속 동작

주의사항
이 스트레칭에서는 어깨나 근절와상완 관절의 흔들림 등의 움직임, 밸러스트와 섬세한 근육이 사용되므로 부주의하게 스트레칭이 이루어질 경우 상당히 위험하다. 따라서 지나치게 빠르거나 공격적인 형태, 또는 기술적인 움직임 범위를 넘어서지 않도록 한다.

지시사항
스윙은 양쪽 어깨의 이동 가능성을 요구하는데, 설사 양어깨가 각기 다른 동기로 인해 이동한다고 해도 이러한 스트레칭은 어깨 회전 근육 강화를 목적으로 하는 모든 유형의 골퍼에게 적합하다.

5 동적 스트레칭

양팔 뒤로 젖히기

시작
선 자세에서 두 발을 양팔과 함께 나란히 배열되도록 벌리고, 무릎을 가볍게 굽히며, 몸통과 머리를 바짝 세운다. 양팔은 스트레칭을 시작하기 전에 풀려 있어야 한다.

기술
양손이 원형을 묘사하는 것처럼 양팔로 원회전 움직임을 시도한다. 이 움직임은 한 방향 또는 다른 방향으로 이루어지거나 양팔이 교차될 수 있다. 양 팔꿈치는 특히 회전 경로의 바깥쪽으로 뻗어준다.

어깨세모근, 삼각근
Deltoid

큰가슴근, 대흉근
Pectoralis major

등을 바짝 세운다.

위팔두갈래근, 상완이두근
Biceps brachii

작은가슴근, 소흉근
Pectoralis minor

앞톱니근, 전거근
Serratus anterior

넓은등근, 광배근
Latissimus dorsi

연속 동작

수준	횟수	지속시간
기본	2	30초
중급	3	30초
고급	3	30초

주의사항
앞서 언급한 바와 같이 어깨는 불안정한 관절이다. 그렇기 때문에 스트레칭을 최적화하기 위해 움직임의 관성을 활용하더라도 관절와상완관절(glenohumeral joint)의 온전성을 유지하기 위해서는 동작들이 거칠지 않아야 하고 통제되어 있어야 한다.

지시사항
스윙동작에 어깨의 움직임이 포함되어 있으므로 모든 골퍼들은 이 운동을 워밍업에 포함시켜야 한다. 이는 큰 동작의 스윙을 하고 그와 관련된 근육을 준비시키도록 도울 것이다.

측면 기울이기

양손을 가능한 한 멀리 뻗친다.

- 어깨세모근, 삼각근 *Deltoid*
- 큰원근, 대원근 *Teres major*
- **넓은등근, 광배근** *Latissimus dorsi*
- 배바깥빗근, 외복사근 *Obliquus externus*
- 허리네모근, 요방형근 *Quadratus lumborum*
- 중간볼기근, 중둔근 *Gluteus medius*
- 작은볼기근, 소둔근 *Gluteus minimus*
- 넙다리근막긴장근, 대퇴근막장근 *Tensor fasciae latae*

기술
몸통을 한쪽으로 기울임과 동시에 엉덩이를 다른 한쪽으로 움직이며, 이와 같은 방법으로 한쪽 다리를 비스듬히 기울이고 다른 쪽 다리를 지면과 수직이 되게 기울인다. 위에 있는 앞팔이 지면과 평행해질 때까지 몸통을 계속 기울이거나 적어도 그 지점까지 몸통을 기울인다. 2회 혹은 3회의 되튀기를 하고 다른 쪽 옆구리로도 동일한 동작을 취한다. 이 주기를 여러 번 반복한다.

시작
선 채로 두 발을 어깨너비로 벌린다. 어깨의 압출(antepulsion)이나 외전(adduction)을 통해 양손을 올려 머리 위로 모은 뒤 손가락을 깍지끼고 손바닥을 위로 향한다. 팔꿈치와 무릎은 신장되어 있어야 한다.

수준	횟수	지속시간
기본	3	25초
중급	3	30초
고급	3	35초

연속 동작

주의사항
적절한 지지를 받기 위해서는 두 발을 벌려야 운동을 하는 동안 균형을 유지할 수 있다. 되튀기 동작은 부드러워야 하며 속도가 조절되어야 한다는 것을 기억한다.

지시사항
모든 골퍼들, 특히 베테랑들이나 몸통, 등, 어깨가 뻣뻣하다고 느끼는 골퍼들은 워밍업 시 이 운동을 꼭 포함시키는데, 그 이유는 이 운동이 광범위한 움직임으로 경기력 향상에 큰 도움이 되기 때문이다.

7 동적 스트레칭

손목 원회전

시작
이 스트레칭은 선 채로 또는 앉아서 할 수 있는데, 등을 항상 곧게 세운다. 양손을 가슴 앞에 모아 양쪽 손바닥을 기도하는 자세의 높이와 유사하게 놓고 양쪽 팔꿈치를 굽힌 뒤 손목을 신장시킨다. 손가락을 깍지끼고 교차시킨다.

기술
손바닥을 붙인 채 양손으로 원회전을 하면서 한쪽 손목이 굽힘 위치에 있을 때 다른 쪽 손목은 신장시킨다. 그 주기를 여러 번 반복하고 나중에 운동이 더욱 완전한 상태가 되도록 움직임의 방향을 바꾼다. 가능한 한 원회전 움직임이 완전한 상태로 이루어지게 한다.

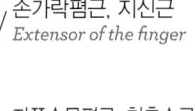

손가락을 폄근에서 교차시켜 폄근 근육에 영향을 주거나 굽힘근 위에 손가락을 신장시키면서 운동을 할 수 있다.

수준	횟수	지속시간
기본	2	20초
중급	2	25초
고급	3	25초

손가락폄근, 지신근
Extensor of the finger

자쪽손목폄근, 척측수근신근
Extensor carpi ulnaris

자쪽손목굽힘근, 척측수근굴근
Flexor carpi ulnaris

긴손바닥근, 장장근
Palmaris longus

노쪽손목굽힘근, 요측수근굴근
Flexor carpi radialis

손가락굽힘근, 지굴근
Flexor of fingers

연속 동작

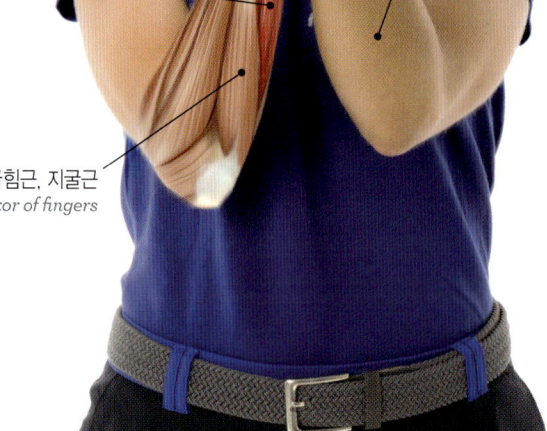

주의사항
이 운동에서는 근육 스트레칭을 많이 해야 하지만, 대부분 다관절이므로 어떤 방법으로도 지치게 하지 말아야 하며 일반적인 스트레칭이 이루어져야 한다는 점을 기억한다. 그리고 이 운동을 할 때 적절한 힘을 초과하면 근육보다는 관절의 불편함을 느끼게 되므로 운동 강도를 조절해야 한다.

지시사항
이 운동은 워밍업 과정뿐만 아니라 움직임이 많은 손목과 허벅지에 자주 발생하는 부상과 불편함이 느껴지면 경기 중에도 할 수 있다. 이는 초보 골퍼들이나 섬세함이 부족한 골퍼들에게 특히 효과적이다.

동적 스트레칭 8

엉덩이 회전

수준	횟수	지속시간
기본	2	30초
중급	2	35초
고급	3	35초

측면에서 최대한 큰 폭으로 회전한다.

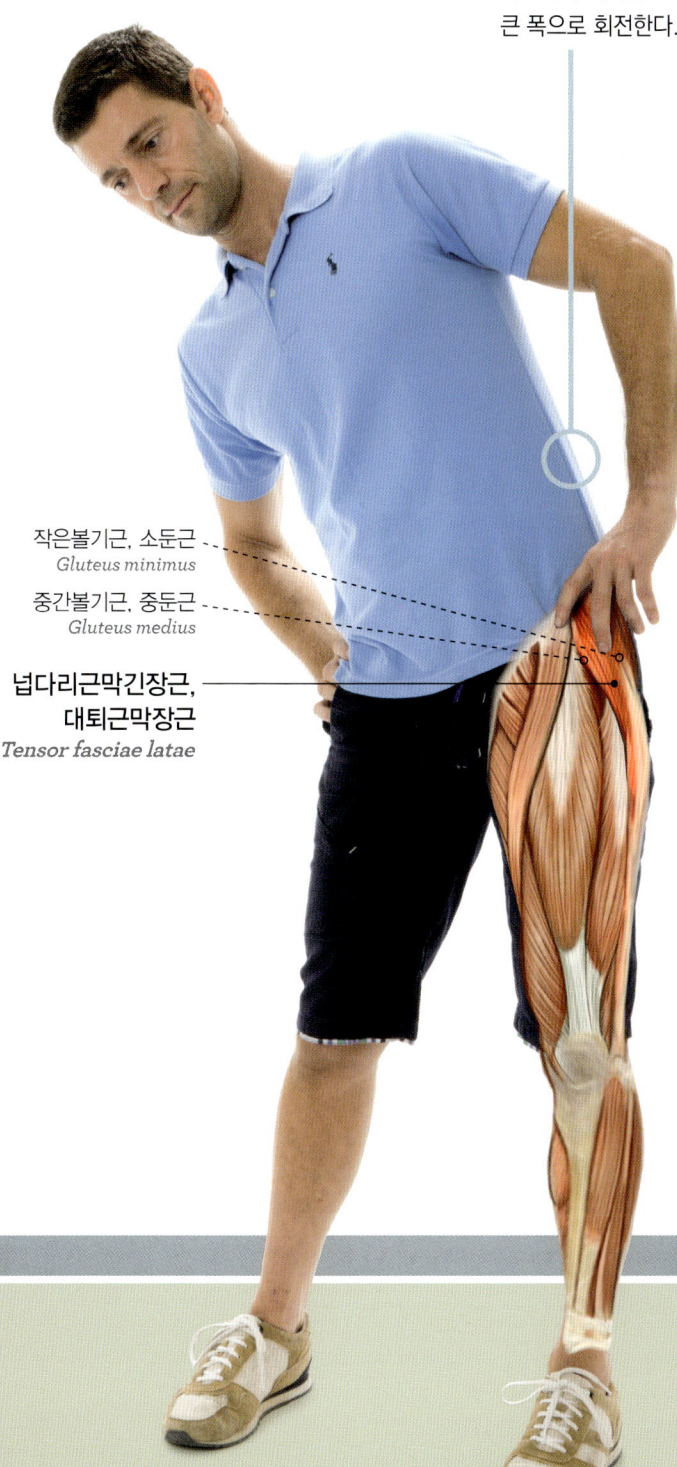

작은볼기근, 소둔근
Gluteus minimus

중간볼기근, 중둔근
Gluteus medius

넙다리근막긴장근,
대퇴근막장근
Tensor fasciae latae

시작
선 채로 두 발을 벌리고 양쪽 무릎을 신장시킨다. 발을 어깨너비만큼 벌리면 엉덩이의 벌림근에 더욱 많은 영향을 주지만, 크게 벌리면 엉덩이의 모음근에 더욱 많은 영향을 준다. 몸통을 곧게 하고 양손은 허리에 둔다.

기술
링이나 훌라후프를 돌리는 것처럼 하다가 속도를 늦추면서 엉덩이를 회전시키기 시작한다. 이러한 회전은 가능한 한 광범위하게 이루어져야 하며, 엉덩이로 원회전을 할 때 체중은 그 경로에 있는 다리로 지지한다. 이러한 회전을 양쪽 방향으로 한다.

연속 동작

주의사항
양쪽에 지탱하는 지점 사이의 균형이 유동적이므로 속도를 늦춘다. 만약 돌리는 도중 일부에서 불편함이 느껴지면, 운동을 멈추고 엉덩이를 양쪽으로 움직이면서 다시 시도해본다.

지시사항
이 운동은 스윙을 한 근육, 특히 벌림근이 크게 관련되어 있어 모든 골퍼들에게 적용할 수 있다. 또한, 골프 코스별로 걸어서 이동하는 골퍼들에게 효과적이기도 하다.

9 동적 스트레칭

좌우로 다리 흔들기

시작
선 자세에서 한쪽 발이 지면 위에서 몇 센티미터 정도 떨어져 있도록 엉덩이 한쪽을 가볍게 들어 올린다. 온몸의 무게가 한쪽 발로만 이동되므로 보조도구로 골프채를 이용하는 것이 유용하다. 멈춰 있는 발을 가볍게 앞으로 내디딘다.

기술
무릎을 신장시킨 채로 엉덩이의 잇따른 내전(adduction)과 외전(abduction)을 통해 멈춰 있는 다리를 한쪽에서 다른 쪽으로 흔든다. 어느 정도 시간이 경과되면, 반대쪽 다리로 반복한다.

연속 동작

작은볼기근(소둔근) 및 중간볼기근(중둔근)
Gluteus minimus and medius

넙다리근막긴장근, 대퇴근막장근
Tensor fasciae latae

두덩근, 치골근
Pectineus

긴모음근, 장내전근
Adductor longus

큰모음근, 대내전근
Adductor magnus

두덩정강근, 박근
Gracilis

짧은모음근, 단내전근
Adductor brevis

정지해 있는 발은 다른 발의 앞에 있어야 한다.

수준	횟수	지속시간
기본	2	20초
중급	2	25초
고급	2	30초

주의사항
운동을 하는 동안 발이 지면에 부딪치지 않도록 한쪽 엉덩이를 다른 쪽 엉덩이보다 높게 유지한다. 한쪽 방향에서 다른 방향에 도달할 때 적당한 속도를 유지하고 갑작스럽게 움직임을 멈추지 말아야 한다.

지시사항
이 운동은 모든 골퍼들의 워밍업 과정에 항상 포함되어 있어야 하며, 스윙을 할 때 영향을 미치는 다리 근육에 문제가 발생하면 라운드 중 휴식시간에도 할 수 있다. 골프 코스별로 걸어서 이동하는 골퍼들에게 적절하다.

동적 스트레칭 10

활강(슬랄롬)

짧은모음근, 단내전근
Adductor brevis

두덩근, 치골근
Pectineus

긴모음근, 장내전근
Adductor longus

큰모음근, 대내전근
Adductor magnus

두덩정강근, 박근
Gracilis

시작
선 자세에서 두 발을 어깨너비보다 넓게 벌린다. 몸통을 곧게 세우고 무릎을 신장시킨다. 양손으로 골프채를 잡고 지면에서 클럽헤드 위로 지탱하며, 클럽헤드를 앞과 각 발의 등거리에 둔다. 위팔두갈래근(Biceps brachii, 상완이두근)은 두개골 축과 평행하게 둔다.

기술
원래 지탱하던 두 발을 움직이지 않은 채 한쪽 무릎을 조금씩 천천히 굽히면서 그 무게를 같은 쪽으로 이동시키며, 그와 동시에 균형 유지를 위해 골프채의 도움을 받는다. 자세가 내려가고 스트레칭하는 엉덩이 부분이 외전운동을 증가시키면서 허벅지 아랫부분 근육의 팽팽함이 증가한다. 경로의 끝에 도달하면 반대 방향으로 움직임을 시작하고, 그 주기를 여러 번 반복한다.

스트레칭을 하는 다리의 무릎이 신장되어 있어야 한다.

수준	횟수	지속시간
기본	2	20초
중급	2	25초
고급	2	30초

연속 동작

주의사항
각 경로 끝에서는 가벼운 되튀기를 할 수 있지만 급격하게 실행하지는 않는다. 각 동작 시 운동을 제어하거나 필요할 경우 중단할 수 있도록 적절한 속도로 실행한다.

지시사항
골프 코스를 걸어서 이동하는 선수들에게 처방한다. 백스윙과 폴로스루 시 스윙이 각각 한쪽 엉덩이와 다른 쪽 엉덩이의 외전을 필요로 한다는 점을 고려한다.

11 동적 스트레칭

골반 원회전

시작
선 자세에서 두 발을 어깨너비로 벌린다. 스트레칭할 쪽의 팔은 손을 허리에 두어야 하며, 다른 쪽 손은 지지대나 골프채를 잡을 수 있는데, 이를 통해 운동 시 균형을 유지하는 데 도움이 된다.

기술
스트레칭할 엉덩이 쪽의 무릎을 굽혀서 다리가 매달려 있게 하고 그 무게는 반대쪽 다리와 지지대로 지지한다. 스트레칭된 다리 쪽의 엉덩이와 함께 수평외전을 하고, 곧바로 출발점을 향해 원형으로 이동하면서 원래 경로를 계속 따라가지만 지면에는 닿지 않게 한다. 다리를 바꾸기 전에 한쪽 방향에서 다른 방향으로 다양한 코스를 시도한다.

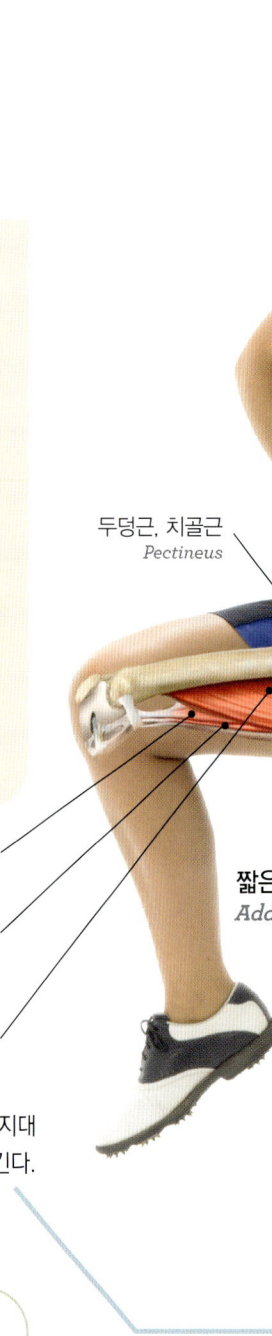

두덩근, 치골근
Pectineus

큰모음근, 대내전근
Adductor magnus

두덩정강근, 박근
Gracilis

긴모음근, 장내전근
Adductor longus

짧은모음근, 단내전근
Adductor brevis

지탱하고 있는 발과 보조 지지대 쪽으로 무게를 이동시킨다.

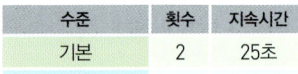

수준	횟수	지속시간
기본	2	25초
중급	3	25초
고급	3	30초

연속 동작

주의사항
보통 속도로 운동하며 골프채나 수직 지지대, 함께 경기하는 동료의 도움을 받아 그 위치에서 안정성을 유지한다.

지시사항
이 운동은 모든 라운드를 걸어서 이동하거나 경기를 자주 하는 골퍼들에게 처방한다. 스윙을 하는 동안 엉덩이의 모음근을 자주 사용하기 때문에 모든 골퍼들에게 공통적으로 적용할 수 있다.

동적 스트레칭 **12**

다리 올리기

넙다리곧은근, 대퇴직근
Rectus femoris

이전 단계의 끝에 무릎을 뻗고 이후 단계의 끝에서는 무릎을 굽힌다.

가쪽넓은근, 외측광근
Vastus lateralis

큰허리근, 대요근
Psoas major

엉덩근, 장골근
Iliac muscle

간볼기근, 중둔근
Gluteus medius

큰볼기근, 대둔근
Gluteus maximus

반힘줄근, 반건형근
Semitendinosus

반막모양근, 반막양근
Semimembranosus

넙다리두갈래근, 대퇴이두근
Biceps femoris

안쪽넓은근(내측광근) 및 중간넓은근(중간광근)
Vastus medialis and intermedius

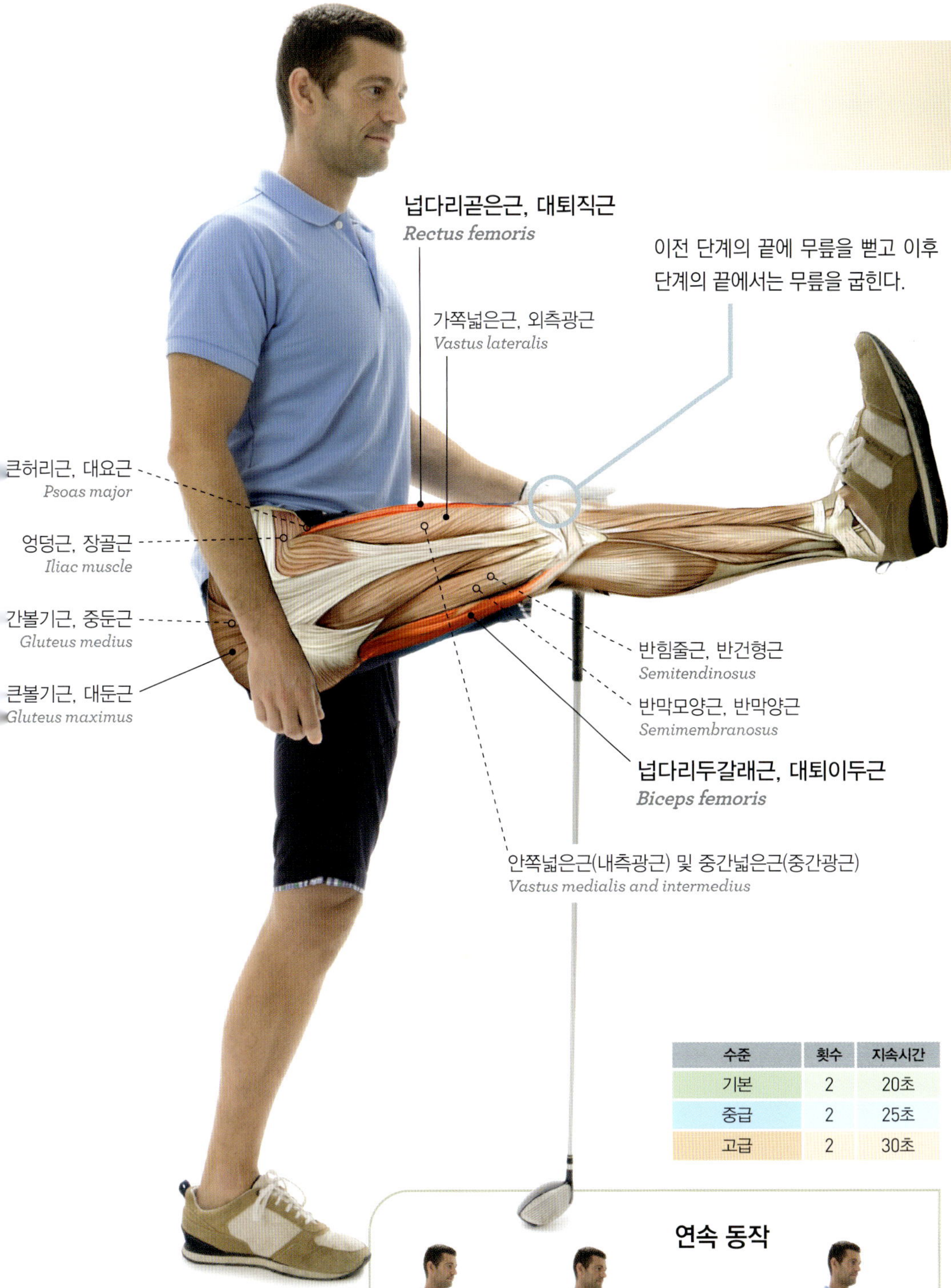

시작
선 자세에서 두 발을 한뼘 거리로 벌린다. 스트레칭할 사지의 무릎을 가볍게 굽히고, 이런 방식으로 발을 지면에서 몇 센티미터 띄운다. 스트레칭하는 쪽의 손으로 골프채를 잡고 클럽헤드는 막대 형태로 지지대가 되도록 지면에 지탱한다.

기술
무릎을 굽히고 발뒤꿈치를 볼기근에 접근시키는 동시에 엉덩이 근육을 신장시켜 스트레칭할 다리를 뒤쪽으로 뻗는다. 경로의 끝에서는 움직임의 방향을 바꿔 엉덩이를 구부리고 다리를 앞쪽으로 가도록 한다. 다리가 시계추라고 상상한다.

수준	횟수	지속시간
기본	2	20초
중급	2	25초
고급	2	30초

연속 동작

주의사항
특히 급하게 동작을 멈추지 말아야 한다. 발이 지면과 부딪히지 않도록 경로의 맨 아랫부분에서는 무릎을 굽힌다.

지시사항
이 운동을 모든 골퍼들. 특히 경기를 매주 하고 모든 코스를 걸어서 이동하는 베테랑 골퍼들의 워밍업 과정에 포함하기를 권장한다.

13 동적 스트레칭

무릎 원형으로 돌리기

시작
이 운동은 근육을 단련하기 위한 스트레칭은 아니지만, 골프를 치는 데 도움이 되도록 무릎을 단련시켜줄 것이다. 선 자세로 두 발을 모으고 양 무릎을 굽힌다. 양손을 허벅지의 아랫부분에 놓고, 그 자세를 유지하기 위해 몸통을 앞으로 가볍게 기울인다.

기술
무릎을 모은 채로 원을 그리면서 회전시킨다. 한쪽 방향으로 다양한 회전을 하고, 이후 다른 방향으로 회전한다. 이전의 다른 운동에서처럼 근육의 긴장을 느끼지는 않을 것이다. 근육과 관절이 함께 움직인다고 하더라도 무릎관절과 운동을 위해 무릎을 안정화시키는 요소들을 준비하는 데 초점을 맞춘다.

안정성을 개선하고 요추 부위의 긴장을 풀기 위해 양손을 허벅지 위에 둔다.

무릎관절
Knee joint

연속 동작

수준	횟수	지속시간
기본	2	20초
중급	2	25초
고급	2	30초

주의사항
스트레칭 도중 보호해야 할 요소들(주로 반월상연골, 연골과 인대)이 손상되지 않도록 지속적이고 유동적으로 움직인다. 운동각을 강요하거나 동작의 어느 부분에서도 반복되는 통증을 느끼지 않아야 한다는 점을 기억한다.

지시사항
무릎의 움직임, 특히 전단력(shearing force)이 적용되는 백스윙과 폴로스루에서의 움직임으로 인해 모든 골퍼들, 특히 초보수준이나 중급수준의 골퍼들이 훈련과정 중에 이 운동을 포함할 필요가 있다.

동적 스트레칭 14

발목 원회전

시작
선 자세에서 두 발을 한뼘보다 넓게 벌린다. 한쪽 발은 발끝을 지면에 닿게 하고, 그쪽 무릎을 가볍게 굽히면서 발뒤꿈치를 올린다. 체중은 다른 쪽 발 위에 둔다. 안정성을 유지하기 위해 양팔을 허리에 둔다.

기술
원을 그리면서 발목을 원회전하고, 발끝은 지면에서 떨어지지 않게 한다. 이 과정에서는 내번(inversion)과 함께 다시 결합되도록 내번, 발바닥쪽굽힘(plantar flexion), 발목의 외번(eversion)이 일어난다. 일단 다양한 원회전을 연결시켰다면 움직임의 방향을 바꾸어 다른 움직임을 시도한다.

수준	횟수	지속시간
기본	2	20초
중급	3	20초
고급	3	25초

앞정강근, 전경골근
Tibialis anterior

긴발가락폄근, 장지신근
Extensor digitorum longus

긴종아리근, 장비골근
Peroneus longus

셋째종아리근, 제3비골근
Third peroneal muscle

짧은종아리근, 단비골근
Short peroneus

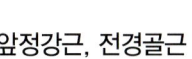
전체 운동 중 발끝은 지면에 붙인다.

연속 동작

주의사항
스트레칭할 발을 지지하기 위해 골프채 또는 동료의 도움을 받을 수 있다. 이는 운동을 하는 동안 안정적인 자세를 유지하도록 돕는다.

지시사항
무릎의 경우에서처럼 발목관절과 발목을 이동시키는 근육은 스윙 중 심한 스트레스를 받는다. 특히 스타팅 블록이 달려 있는 신발은 지면 위에서 두 발의 이동을 어렵게 한다. 따라서 모든 골퍼들은 이 운동을 워밍업 과정과 경기 중 쉬는 시간에 포함해야 한다.

▶ **QR코드를 스캔하세요**

※ 정적 스트레칭의 동영상은 각 신체 부위별·소도구별로 동작을 분류하였습니다.

몸통 및 목 — 교재 54~81쪽

맨몸 / 매트 / 골프채 / 의자 / 폼롤러 / 봉

어깨 — 교재 84~97쪽

맨몸 / 골프채 / 봉 / 의자

상지 — 교재 100~117쪽

맨몸 / 골프채 / 봉(벽) / 2인

엉덩이 — 교재 120~131쪽

맨몸 / 골프채 / 폼롤러 / 의자

하지 — 교재 134~149쪽

맨몸 / 골프채 / 폼롤러 / 의자 / 밴드 / 스텝박스 / 골프공

골프 워밍업
정적 스트레칭

정적 스트레칭의 기본

정적(靜的) 스트레칭에 앞서 동적 스트레칭의 이점이 분석되고 골프를 치기 전에 워밍업 시 할 수 있는 스트레칭에 대한 간단한 레퍼토리를 제시하면, 정적 스트레칭의 이점이 무엇이고 언제 사용할 것인지 궁금할 것이다. 동적 스트레칭과 구별되는 정적 스트레칭은 어떤 이점이 있을까? 만약 그렇다면, 이전 항목에서 살펴본 것처럼 각 스트레칭 유형은 경기를 하는 동기와 목적에 대응하거나 나아가 각기 다른 경기를 위한 각기 다른 유형의 스트레칭이 필요하다고 할 수 있을 것이다.

냉각

설사 스포츠에서의 냉각(cooling)이 워밍업과는 관련이 없다고 하더라도 그 중요성과 기능을 경시하지는 말아야 한다. 스포츠를 할 때, 특히 거친 움직임 때문에 강도(强度)를 높일 필요가 있는 경우 점진적으로 높여야 한다는 것을 알고 있다. 생체조직에서는 활동량의 증가를 갑작스런 형태가 아닌 점진적으로 활성화시킬 필요가 있다. 2미터를 올라가기 위해 단번에 점프를 할 수도 있지만 계단을 올라가는 손쉬운 방법으로 2미터의 높이에 도달할 수 있다. 그러나 대부분의 선수들은 내려갈 때 사다리를 이용하는 대신 그냥 뛰어내리는 것을 선택한다.

물리적 원칙은 신체활동에도 적용된다. 만약 점진적인 형태로 들어가야 한다는 것을 이해한다면, 왜 같은 방식으로 나오지 않는가?

신체조직은 활동기간 동안 높은 활성화 수준에 도달해서 '경계' 모드에 있고, 적응력이 완벽하리만큼 최적화되어 있으며, 통증에 대한 반응능력도 최대화되어 있고, 긴장된 근육은 운동을 위해 사용한다. 운동을 종료할 때는 다시 이완된 안정상태를 추구한다. 이제는 경쟁하는 시간이 아니라 한숨을 돌리고 간식을 먹으며 경기에 대해 동료들과 대화를 나눌 시간이다.

활동을 시작하는 데 필요했던 동적 스트레칭들은 활동을 중단한 냉각 초기에는 버려질 이유까지는 없더라도 추천할 만한 스트레칭이 아니라는 것이 당연해 보인다. 근육이 긴장상태에서 완화상태로 넘어가면서 생기는 신체적 피해를 복구하는 것이 첫 번째 회복 과정이다.

이러한 점에서 정적 스트레칭은 3가지 형태로 냉각과 복구 과정에 기여한다.

■ 앞서 살펴본 바와 같이 정적 스트레칭은 기본적으로 스트레칭 위치에 도달한 후 정해진 시간(10초~1분) 동안 움직임의 정지상태를 유지하는 것으로 구성되어 있다. 이 코스는 스트레칭을 마무리하면서 짧은 휴식과 함께 여러 번 반복할 수 있다. 이 과정에서는 위치변화에 따른 움직임에 여러 가지 정적 자세가 있는데, 이는 모두 흥분과 긴장을 가라앉혀서 점진적인 안정상태로 돌아가게 한다.

■ 스트레칭은 근육의 긴장을 완화시켜주고 스포츠를 하는 동안 활성화된 근육의 강직성을 낮춰준다. 우리가 믿는 것과 달리 근육이 지속적인 활력상태를 나타내는 것은 좋지 않다. 활력 있는 근육은 긴장된 근육으로, 근육들은 우리가 어떤 활동에서 사용할 때만 팽팽한 상태여야 한다. 또한, 지속적으로 긴장이 필요하고 천으로 만든 인형을 맥없이 넘어지지 않게 하는 뼈대처럼 하루에 많은 시간 동안 활성화되어 있던 근육들은 밤의 휴식시간 동안 활동하지 않는 순간들이 필요하다. 지속적이거나 과도한 긴장상태에 있는 근육은 등에서 주로 겪는 통증과 마찬가지로 수축과 관련이 있다.

■ 근육의 정맥울혈(congestion)은 근육이 오랜 시간 동안 수축상태에 있거나 빈번한 수축-완화 주기를 오갈 때, 특히 웨이트닝에서 일어나는 것처럼 수축이 저항성을 갖는 경우에 일어난다. 이 경우, 근육들은 그 안에서 생성되는 혈액의 누적으로 굳어 있는 것처럼 보인다. 심장에 의해 내보내지고 산소와 영양물질로 채워진 이러한 혈액의 유입은 근육운동을 하는 데 도움이 되며, 이후에는 해당 활동에서 분비된 찌꺼기 산물과 함께 근육에서 배출해야 한다. 문제는 혈액이 심장으로 되돌아오는 동안 그것을 밀어내는 엔진이 존재하지 않으며, 해당 조직에 도착하는 것보다 늦게 배출되어 누적된다는 것이다. 이렇게 누적된 혈액은 근육 내의 압력을 증가시키며 속도를 늦추면서 배출시켜야 하는 혈관을 압박한다. 정적 스트레칭은 수행해야 할 근육운동이 없을 때 혈액의 추가 공급을 막고 누적된 혈액의 배출에 기여하면서 한편으로는 찌꺼기로 찬 혈액의 배출을 허용한다. 다른 한편으로는 근육의 회복에 도움이 되는 산소와 영양물질이 풍부한 새로운 혈액 공급을 도울 것이다. 운동 이후 몇 시간 또는 며칠 내에는 조직 내에 지속적으로 신선한 피가 공급되도록 활성적으로 유지할 필요가 있다.

마지막으로, 만약 우리의 관심사가 우리가 추구하는 다양한 운동목표와 더불어 절대적인 유연성 수준을 증가시키는 것이라면, 정적 스트레칭은 대부분의 경우에서 우리가 활용할 수 있는 바람직한 도구가 되어줄 것이다.

정적 스트레칭은 운동 후 완화상태로 근육의 회복을 도우며, 효과적인 방법으로 유연성을 개선시킨다.

몸통 및 목 스트레칭

골프에서는 스트레칭을 통한 유연한 동작뿐 아니라 피트니스 계획을 설계할 때 고려해야 할 중요한 3가지 요인이 있다.

■ **경기 지속시간**
경기 지속시간은 자세의 지속성, 특히 골퍼가 서 있거나 걷는 활동 중 그에 기여하는 근육군의 하중을 결정하는 데 매우 중요한 요인이다. 이 상황에서는 척추세움근(척추기립근)이 많이 사용된다.

■ **장비 싣기**
때로는 18개의 홀을 걸어서 이동하는 동안 무거운 골프가방을 짊어지거나 카트에 실어야 한다. 이 경우 등세모근(승모근)이나 빗근(복사근) 등과 같은 근육에 주목할 필요가 있다.

■ **스윙**
골프 동작은 반복적이고 폭발적인 몸통 회전과 어깨근의 움직임이 있으므로 빗근, 앞톱니근, 마름근 등의 근육들에 높은 활력이 요구된다.

어깨올림근 *Levator muscle of scapula*, 견갑거근
기시부는 척추 C1에서 C4까지의 횡단돌기에서 찾아볼 수 있으며, 정지부는 어깨근의 가장자리에 있다. 주요 기능은 어깨근에서 위쪽과 등 중심으로 당기는 것으로, 어깨근을 회전시키며, 고정된 어깨근을 통해 목을 기울이는 데 관여한다.

마름근 *Rhomboid*, 능형근
큰마름근(대능형근)과 작은마름근(소능형근)은 서로 가까워서 기능적으로 작용하므로 스트레칭은 동일한 방식으로 해야 한다.

큰마름근 *Rhomboid major*, 대능형근
기시부는 척추 T1에서 T4의 가시돌기에서 찾아볼 수 있으며, 정지부는 어깨근의 중간 가장자리에 있다.

작은마름근 *Rhomboid minor*, 소능형근
기시부는 척추 C6과 C7의 가시돌기에서 찾아볼 수 있으며, 정지부는 어깨근의 중간 가장자리의 큰마름근에 있다. 주요 기능은 어깨근을 움츠리거나 신장시키는 것이다.

등세모근 *Trapezius*, 승모근
기시부는 뒷머리뼈(후두골)의 위 목덜미 라인에서부터 목덜미 인대와 척추 C7에서 T12의 가시돌기까지 광범위하다. 정지부는 어깨근 쇄골, 어깨뼈봉우리, 척추의 측면 3분의 1에 있다. 이 근육의 아랫부분은 머리와 경추를 신장시키는 기능이 있기 때문에 주목해야 한다.

앞톱니근 *Serratus anterior*, 전거근
기시부는 갈비뼈 1~9번이며, 정지부는 어깨근의 중간 가장자리에 있다. 윗부분은 팔이 올려져 있을 때 팔을 내리는 역할을 한다. 중간 부분은 어깨근의 외전운동을 담당하며, 맨 아랫부분은 어깨근을 회전시킨다.

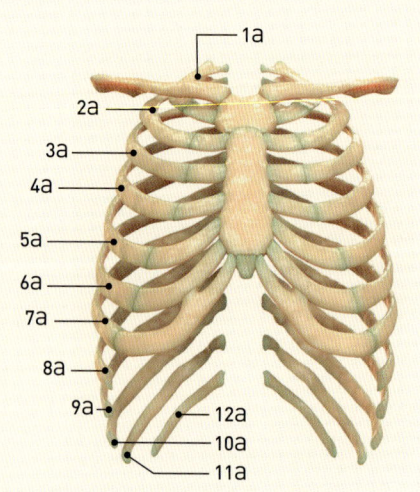

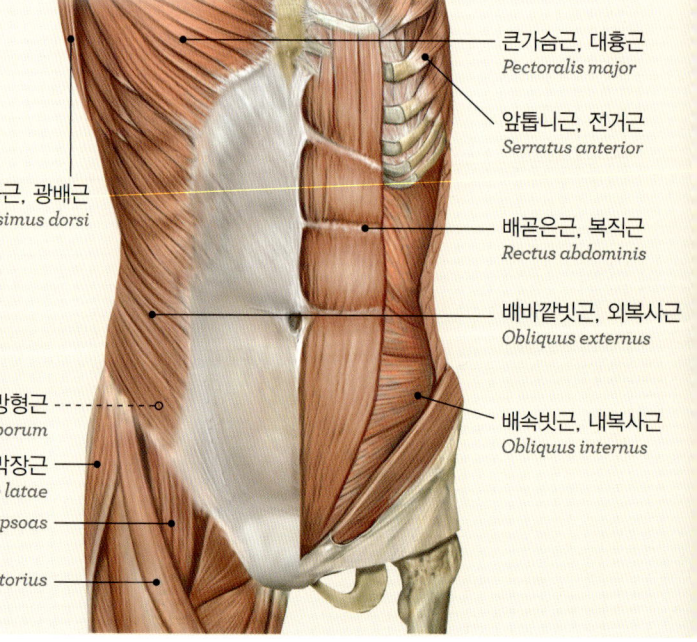

▶ 몸통 및 목 스트레칭

 맨몸　 매트　 골프채　 의자　 폼롤러　 봉

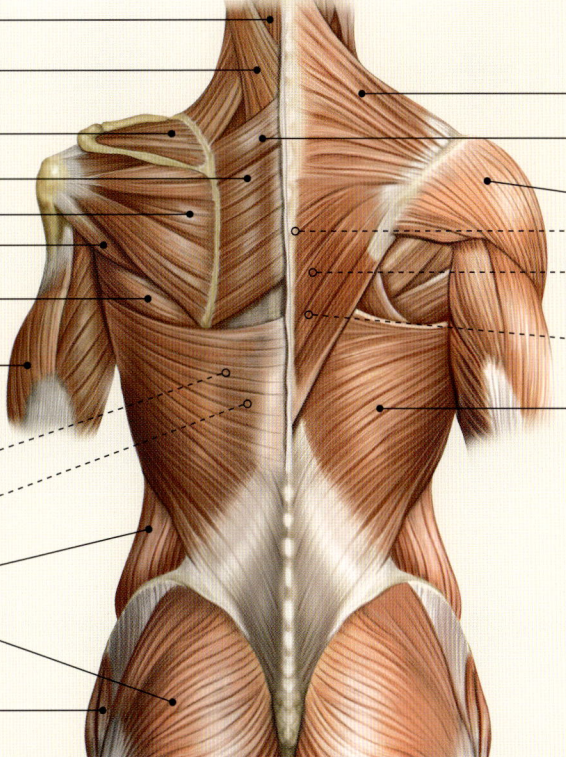

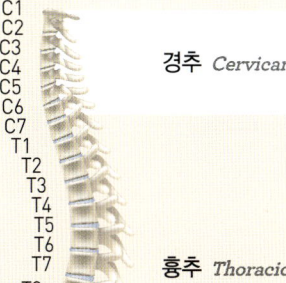

반가시근 Semispinalis, 반극근
뒷머리뼈에서 척추 T12 횡단돌기까지이며 세 부분으로 나뉜다.

머리반가시근 Semispinalis capitis, 두반극근
기시부는 척추 C4~T7까지의 횡단돌기에서 찾아볼 수 있으며, 정지부는 뒷머리뼈의 위아래 목덜미 사이에 있다.

경반가시근 Semispinalis cervicis, 경반극근
기시부는 척추 T1~T6까지의 횡단돌기에서 찾아볼 수 있으며, 정지부는 척추 C2~C5까지의 가시돌기에 있다.

가슴반가시근 Semispinalis thoracis, 흉반극근
기시부는 척추 T6~T12까지의 횡단돌기, 정지부는 척추 C6~T4까지의 가시돌기에 있다. 양면 수축으로 머리, 경추, 흉곽근이 신장되며, 한면 수축으로 머리, 경추, 흉곽근이 기울어지고 회전한다.

배곧은근 Rectus abdominis, 복직근
기시부는 두덩뼈 능선과 반관절에서 찾아볼 수 있으며, 정지부는 검살돌기와 갈비뼈 5~7번에 있다. 몸통을 굽히고 복부를 압축하는 기능을 한다.

배바깥빗근 Obliquus externus, 외복사근
기시부는 갈비뼈 5~12이며, 정지부는 엉덩근 능선에 있다. 주요 기능은 몸통을 굽히거나 기울이거나 회전시키며, 복부를 압축시킨다.

배속빗근 Obliquus internus, 내복사근
기시부는 등허리 근막, 엉덩근 능선, 샅고랑 인대에서 찾아볼 수 있으며, 정지부는 갈비뼈 10~12와 백선에 있다. 양쪽으로 수축이 일어날 때, 몸통의 굽힘과 회전에 작용한다.

15 몸통 및 목 스트레칭 / 어깨올림근

목 굽히기와 돌리기

시작
좀 더 편하게 스트레칭하기 위해 지지대가 없는 의자나 물건 위에 걸터앉는다. 한 손을 머리 위 정수리 부분에 올려놓고 다른 손으로는 좌석의 측면이나 뒷부분을 잡는다. 등과 목은 곧게 세우면서 팔을 좀 더 아래에 늘어뜨리고 팔꿈치를 가볍게 굽힌다.

기술
고개를 숙이고 팔이 올려져 있는 쪽으로 돌린다. 머리 위에 놓인 손을 살짝 당겨 긴장을 높인다. 다른 손은 계속 좌석을 붙잡아 목의 긴장이 유지되도록 한다.

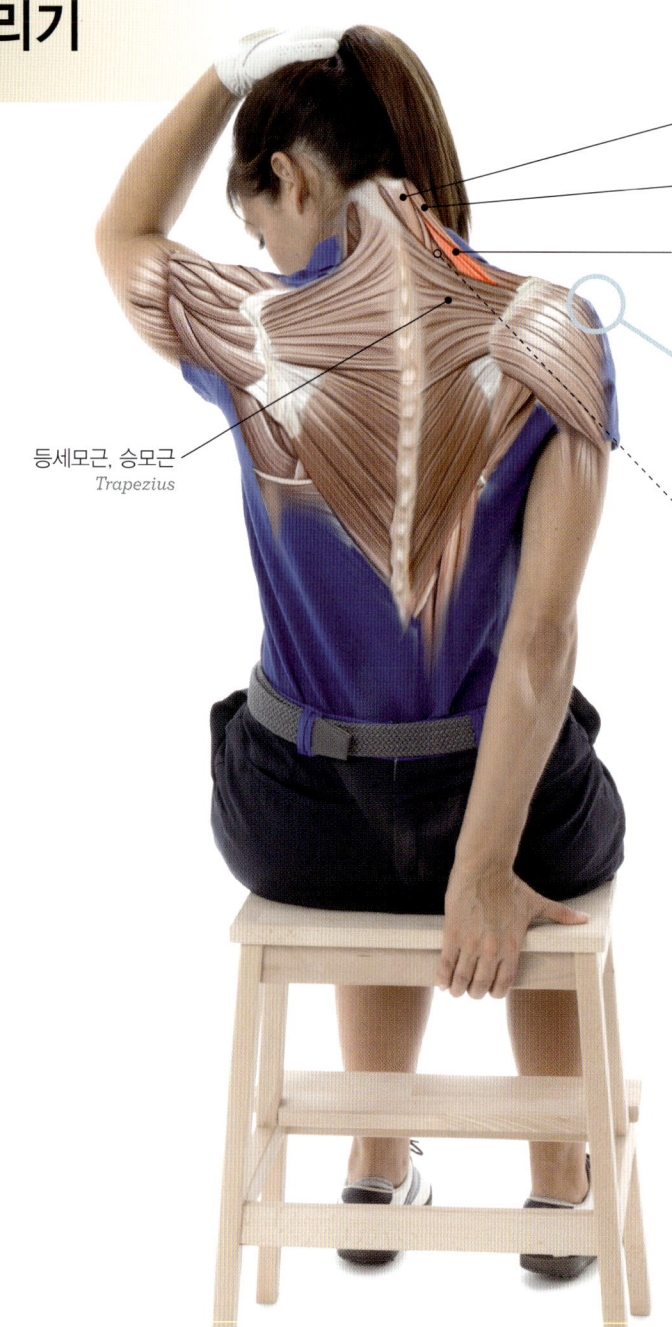

머리반가시근, 두반극근
Semispinalis capitalis

가장긴머리근, 두최장근
Longisimus capitis

어깨올림근, 견갑거근
Levator muscle of scapula

어깨를 아래로 내린다.

등세모근, 승모근
Trapezius

널판근, 판상근
splenius muscle of head

수준	횟수	지속시간
기본	2	20초
중급	2	25초
고급	2	30초

시작 위치

주의사항
경추가 다치지 않도록 머리를 과도하게 잡아당기지 말아야 하며, 정해진 시간을 초과하지 않는다.

지시사항
이 운동은 어깨올림근, 특히 다운스윙과 백스윙 시 주로 사용하지 않는 근육으로 인해 등 위쪽과 목 뒤쪽에 뻣뻣함을 느끼는 모든 골퍼들에게 효과적이다.

※ 영상의 동작시간은 10초를 기준으로 하였습니다.

※ 스트레칭 시에는 교재에 나온 횟수 및 시간대로 자신의 수준에 맞게 동작하시면 됩니다.

앞톱니근 / 몸통 및 목 스트레칭 | 16

클럽 잡고 몸통 지탱하기

양쪽 어깨근을 서로 접근시킨다.

어깨세모근, 삼각근 *Deltoid*
부리위팔근, 오훼완근 *Coracobrachialis*
위팔두갈래근, 상완이두근 *Biceps brachii*
앞톱니근, 전거근 *Serratus anterior*

큰가슴근, 대흉근 *Pectoralis major*

시작
한쪽 발을 앞에 놓고 무릎을 가볍게 굽힌다. 양손으로 등 뒤에서 골프채 또는 그와 유사한 도구를 잡는다. 클럽헤드는 지면에 지탱시켜야 한다. 몸통을 곧게 세우고, 어깨를 조금 뒤쪽으로 비틀고 팔꿈치를 가볍게 굽힌다.

기술
점진적인 방식으로 양 무릎을 굽히고, 어깨를 뒤로 빼면서 어깨근을 오므리거나 내전시키면서 몸통을 낮춘다. 등 중심 쪽으로 미끄러지면서 앞톱니근이 스트레칭되도록 한다.

시작 위치

수준	횟수	지속시간
기본	2	20초
중급	3	25초
고급	3	30초

주의사항
표면이 미끄러워 클럽헤드가 움직이면 운동효과를 떨어뜨리고 불안정한 상황에 놓일 수 있다.

지시사항
모든 스윙 단계에서, 특히 겨드랑이에서 젖꼭지까지 팽팽함 또는 불편함을 느끼거나 경기 후 몇 시간 또는 며칠 동안 심호흡을 하는 데 불편함이 있는 경우 앞톱니근을 발달시키므로 모든 골퍼들에게 적용된다.

골프 워밍업 · 정적 스트레칭 / 57

17 몸통 및 목 스트레칭 / **앞톱니근**

뒤로 팔목 잡아당기기

시작
선 자세에서 등을 곧게 세운다. 몸통 뒤로 팔을 천천히 내려 팔꿈치를 신장시킨 뒤 어깨를 조금 내전시킨다. 반대쪽 손으로는 스트레칭하는 팔목을 꽉 잡는다.

기술
몸통을 기울이지 않고 어깨의 내전운동에 관여하는 근육을 최대한 스트레칭할 수 있도록 움직임을 어깨에 집중시킨다.

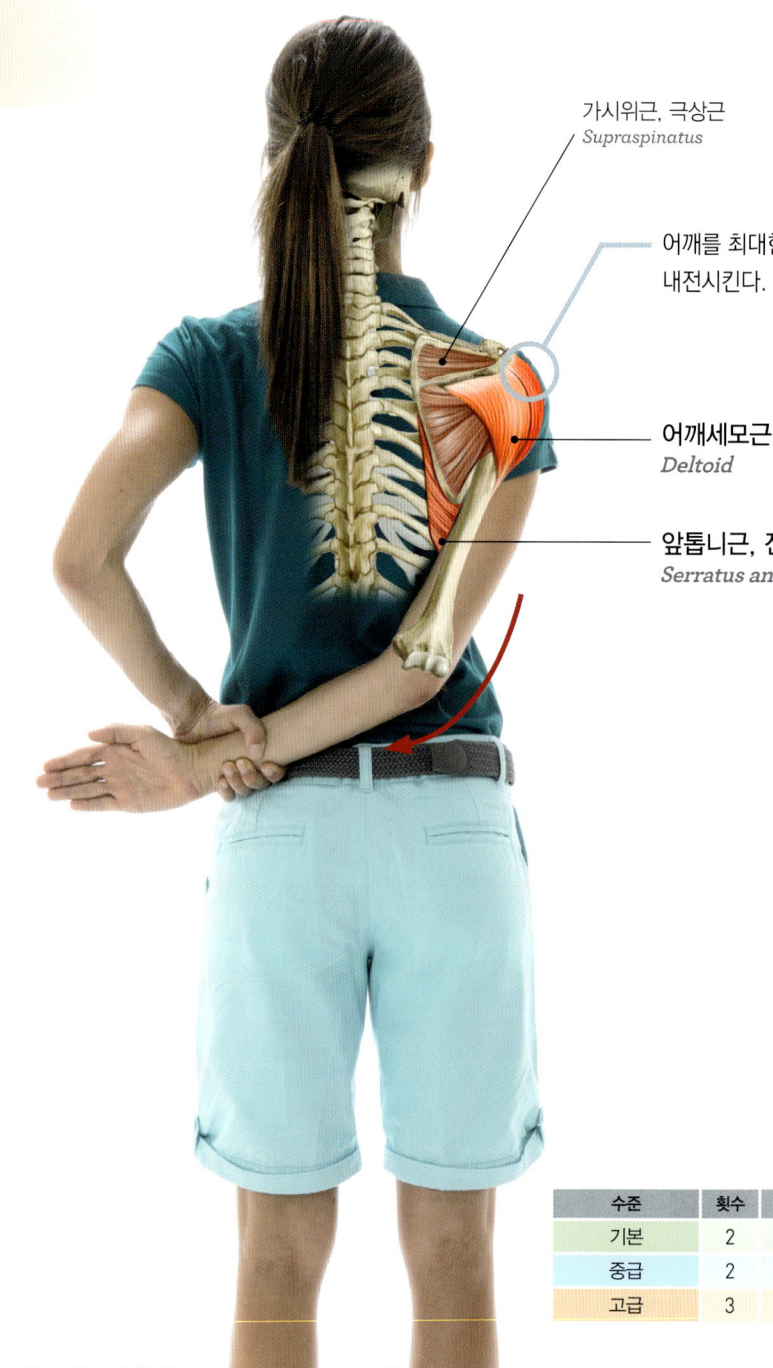

가시위근, 극상근
Supraspinatus

어깨를 최대한 내전시킨다.

어깨세모근, 삼각근
Deltoid

앞톱니근, 전거근
Serratus anterior

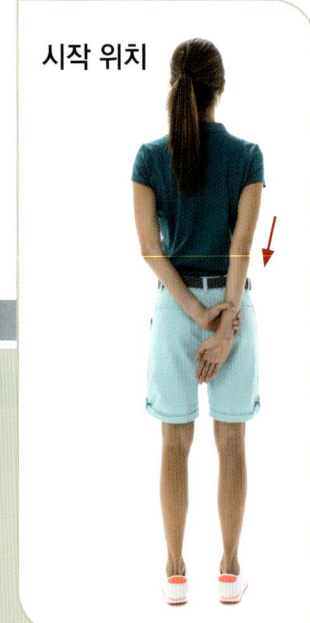

시작 위치

수준	횟수	지속시간
기본	2	20초
중급	2	25초
고급	3	30초

주의사항
설사 움직임을 둔하지 않게 하더라도 특정 굴신을 사지의 팔꿈치에 적용해야 하며, 운동효과가 떨어지지 않도록 굴신을 최소한으로 제한한다.

지시사항
스윙동작 시 어깨와 어깨근을 움직이는 모든 골퍼들, 특히 회전근개 문제를 가지고 있는 골퍼들에게 특히 효과적이다.

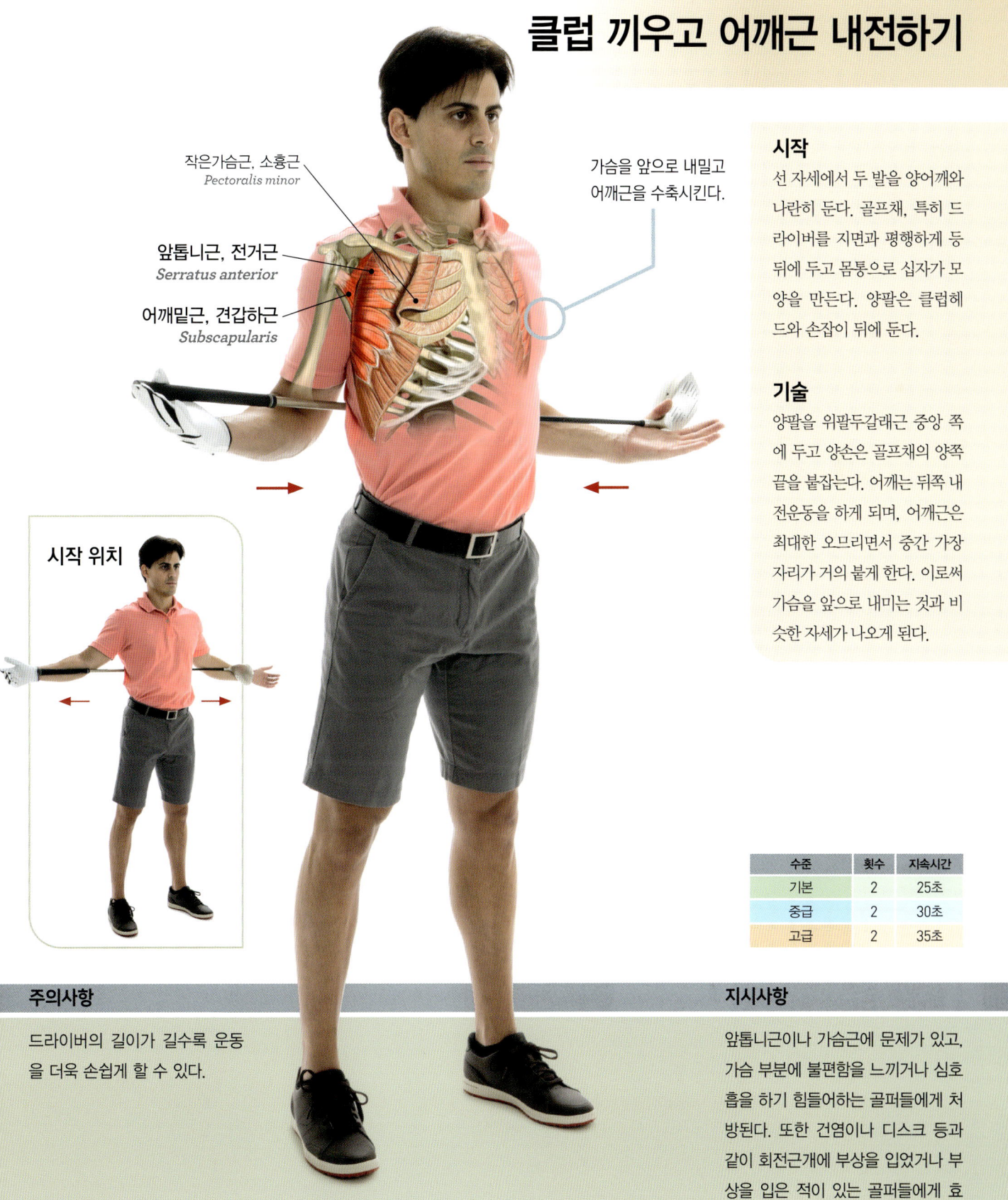

19 몸통 및 목 스트레칭 / 마름근

양팔 앞으로 뻗어 클럽 잡기

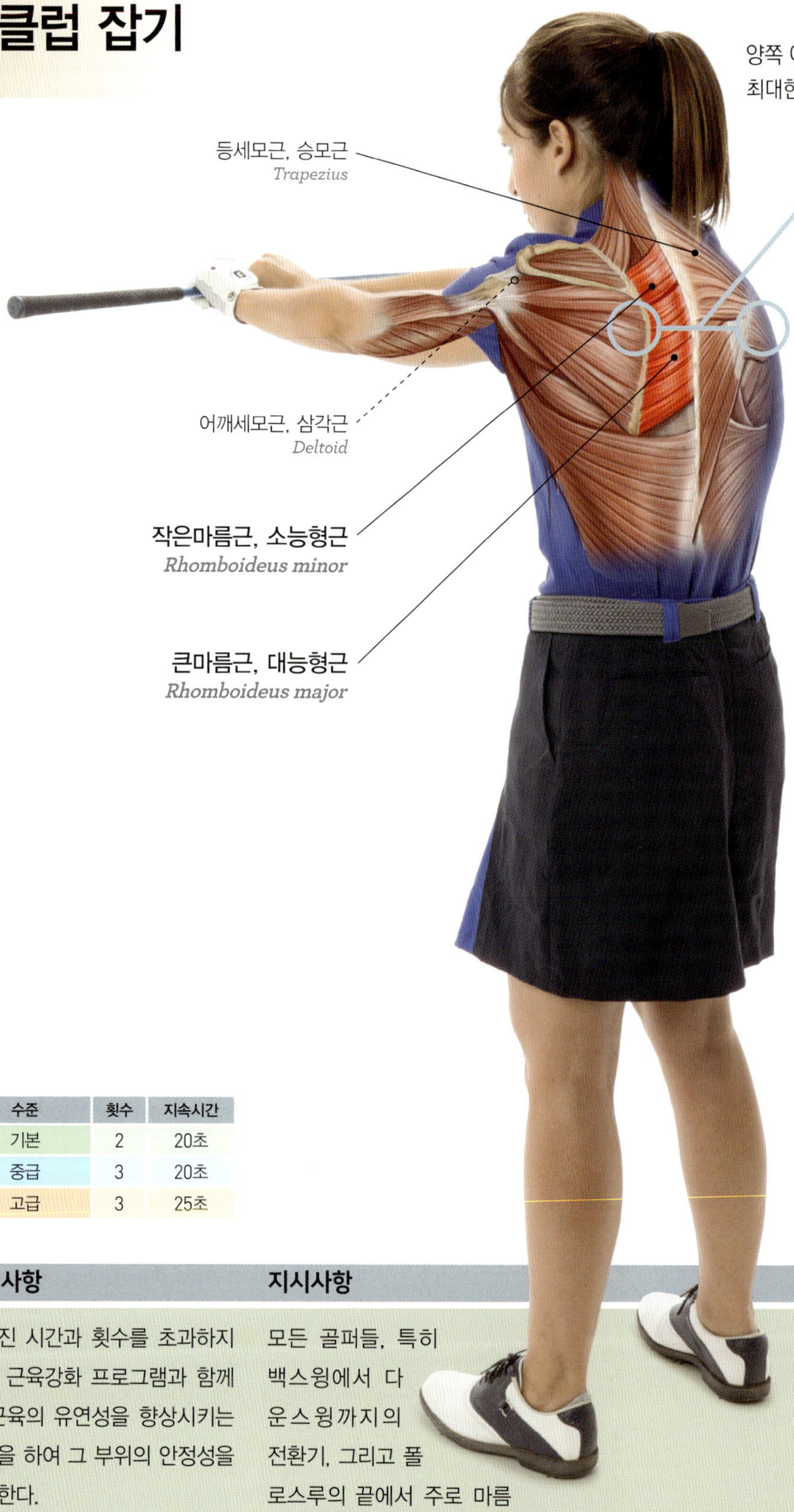

양쪽 어깨근 사이를 최대한 벌려준다.

등세모근, 승모근
Trapezius

어깨세모근, 삼각근
Deltoid

작은마름근, 소능형근
Rhomboideus minor

큰마름근, 대능형근
Rhomboideus major

시작

선 자세에서 등을 곧게 펴고 두 발은 어깨와 나란히 한다. 골프채, 특히 퍼터를 양손의 위팔두갈래근으로 붙잡고 지면과 가슴 높이와 수평이 되게 한다. 몸통과 관련해서는 어깨를 90° 정도 앞으로 잡아당기고 팔꿈치는 신장시킨다.

기술

골프채를 앞으로 밀어 등에서 멀어지게 한다. 가슴 부분을 내리고 등의 중심 부분을 뒤쪽으로 방출시켜 어깨근의 전인이나 외전이 일어나게 하며, 그 사이에 있는 근육을 최대한 긴장시킨다. 그 자세를 수준에 맞는 시간 동안 유지한다.

시작 위치

수준	횟수	지속시간
기본	2	20초
중급	3	20초
고급	3	25초

주의사항

정해진 시간과 횟수를 초과하지 않고 근육강화 프로그램과 함께 등 근육의 유연성을 향상시키는 운동을 하여 그 부위의 안정성을 유지한다.

지시사항

모든 골퍼들, 특히 백스윙에서 다운스윙까지의 전환기, 그리고 폴로스루의 끝에서 주로 마름근을 이용하는 베테랑 골퍼들에게 처방된다.

마름근 / 몸통 및 목 스트레칭 **20**

봉 잡아당기기

등세모근, 승모근
Trapezius

어깨올림근, 견갑거근
Levator muscle of scapula

작은마름근, 소능형근
Rhomboideus minor

어깨세모근, 삼각근
Deltoid

큰마름근, 대능형근
Rhomboideus major

등의 중심 부분을 뒤로 두고 어깨근을 벌린다.

시작
움직이지 않고 당기는 힘에 버틸 수 있으면서 단단히 붙잡을 수 있는 수직 지지대를 배치한다. 지지대를 양손으로 붙잡아 가슴 높이에 위치하게 한다. 양쪽 팔꿈치를 거의 완전하게 신장시킬 수 있게 지지대와 거리를 유지한다.

기술
지지대를 붙잡은 채 몸을 뒤로 젖힌다. 가슴 부분을 손쪽의 중심에서 최대한 멀어지게 하여 내린다. 등의 가장 윗부분은 뒤쪽으로 굽혀져 있어야 하고, 어깨근은 완전히 전인되어 있어야 하며, 등의 흉곽 근육에 팽팽함이 느껴지게 한다.

수준	횟수	지속시간
기본	2	20초
중급	2	20초
고급	2	25초

시작 위치

주의사항
단단하고 안전하게 붙잡을 수 있는 지지대를 사용하도록 한다. 양손이 미끄러질 우려가 있는 넓거나 매끄러운 요소들은 제거한다. 기울어진 자세를 취하게 되므로 안정되게 서 있기 위해서는 붙잡는 부분에 의존해야 한다는 점을 잊지 않는다.

지시사항
등의 흉곽 근육에 팽팽함을 느끼는 골퍼들 및 스윙동작 시 골프채를 높이 올려서 마름근을 자주 이용하는 골퍼들에게 처방된다.

21 몸통 및 목 스트레칭 / 마름근

앞팔 교차하기

시작
어깨를 앞으로 당겨 팔을 앞쪽으로 내밀고, 같은 쪽의 팔꿈치를 90° 정도로 굽힌 뒤 기도하는 자세가 되게 한다. 반대쪽 손을 다른 쪽 팔꿈치 아래에 두고 서로 밀어서 스트레칭이 되도록 손목을 신장시킨다.

기술
스트레칭되는 쪽의 어깨를 정면으로 내전하게 하여 막혀있는 손을 들어 올리고 그 팔이 가슴 앞에서 교차하게 한다. 같은 팔을 어깨근이 당겨질 때까지 잡아당기고, 점진적으로 세움근에서 벌어져야 한다. 어깨근과 세움근 사이, 어깨의 바깥쪽 부분 근육에 팽팽함이 느껴진다.

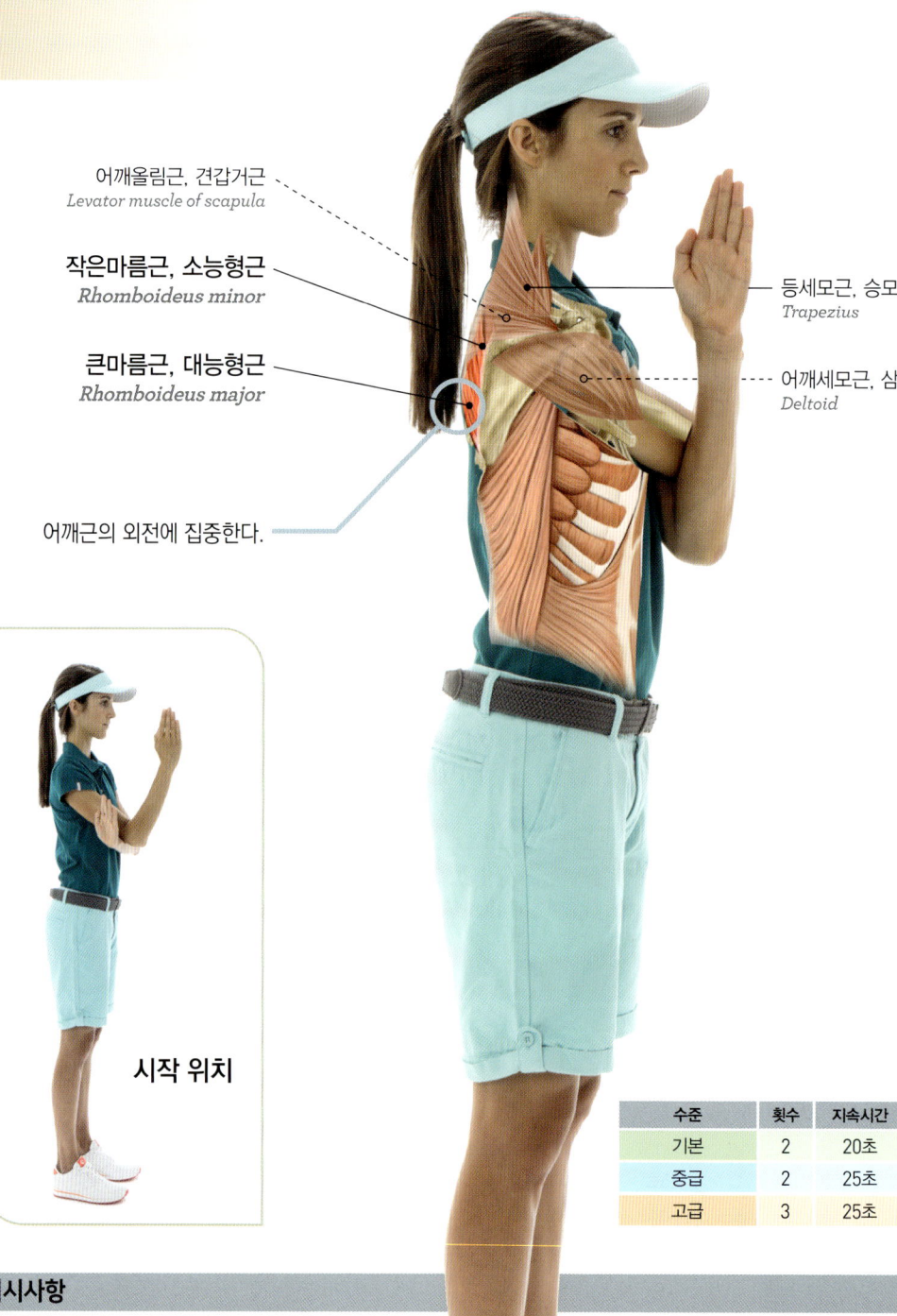

어깨올림근, 견갑거근
Levator muscle of scapula

작은마름근, 소능형근
Rhomboideus minor

큰마름근, 대능형근
Rhomboideus major

어깨근의 외전에 집중한다.

등세모근, 승모근
Trapezius

어깨세모근, 삼각근
Deltoid

시작 위치

수준	횟수	지속시간
기본	2	20초
중급	2	25초
고급	3	25초

주의사항
어깨의 긴장에 집중하지 말고 어깨근의 외전에 주의를 기울인다. 흉부 척추의 곡선 부분을 강조하면서 스트레칭을 최대화하기 위해 그 부분을 뒤쪽으로 견인시킨다.

지시사항
이 운동은 등 윗부분에 근육의 팽팽함을 느끼는 골퍼들 및 골프를 자주 하거나 오랫동안 해온 골퍼들에게 처방한다. 등세모근이나 마름근과 같이 스윙동작 시, 특히 백스윙과 폴로스루 시 매우 활동적인 근육들에 과도한 부담을 주지 않게 한다.

62 / 골프 워밍업 · 정적 스트레칭

등세모근 / 몸통 및 목 스트레칭 22

목 당겨 기울이기

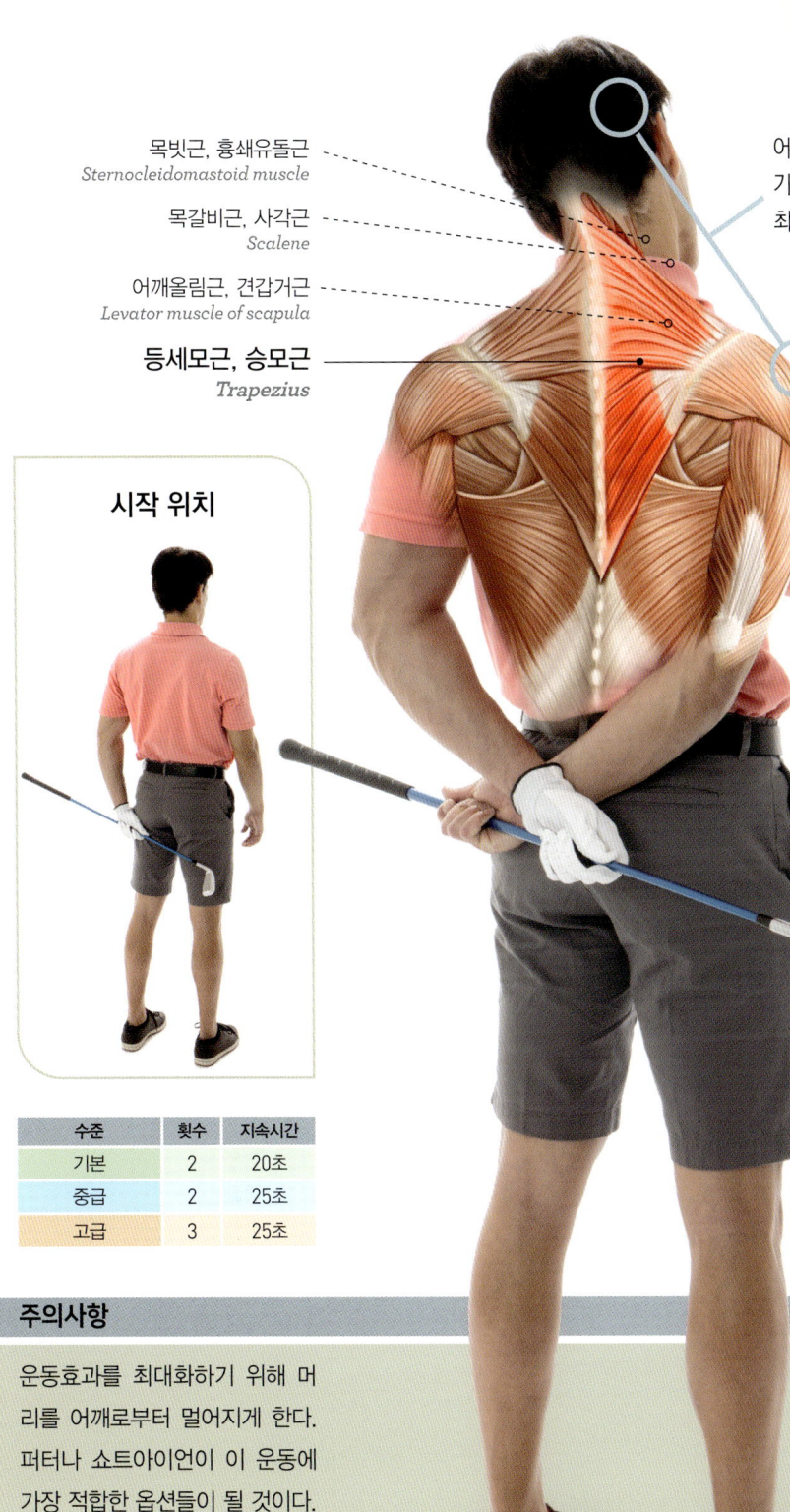

목빗근, 흉쇄유돌근
Sternocleidomastoid muscle

목갈비근, 사각근
Scalene

어깨올림근, 견갑거근
Levator muscle of scapula

등세모근, 승모근
Trapezius

어깨를 내리고 머리를 기울이면서 양쪽 사이의 최대 거리를 찾는다.

시작 위치

수준	횟수	지속시간
기본	2	20초
중급	2	25초
고급	3	25초

시작

선 자세에서 허벅지 뒤쪽의 위팔두갈래근 쪽으로 골프채를 붙잡고, 반대쪽 손으로는 스트레칭을 한다. 골프채는 위팔두갈래근 쪽으로 붙잡아야 하며, 손잡이까지는 자유로운 공간을 남겨둔다. 등과 목을 곧게 펴고 두 발은 어깨와 나란히 한다.

기술

손을 자유롭게 하여 위팔두갈래근 쪽으로 골프채를 붙잡고, 다른 손은 양팔이 서로 교차되게 하여 붙잡는다. 붙잡은 손으로 골프채를 잡아당기지만, 다른 쪽 손은 붙잡기를 계속한다. 스트레칭하는 쪽의 어깨를 내리고 뒤쪽으로 내전 운동의 횟수를 증가시키는 동시에 위쪽 등세모근의 스트레칭을 최대화하기 위해 목과 머리를 반대쪽으로 기울인다.

주의사항

운동효과를 최대화하기 위해 머리를 어깨로부터 멀어지게 한다. 퍼터나 쇼트아이언이 이 운동에 가장 적합한 옵션들이 될 것이다.

지시사항

라운드를 하는 동안 직접 가방을 짊어지고 다니는 골퍼들의 경우 등세모근에 가해지는 하중으로부터 자유롭기 위해 한 줄 또는 두 줄의 멜빵(strap)을 사용한다. 또한, 다른 골퍼들의 경우에도 스윙 동작에서 해당 근육에 무리한 부담을 주지 않기 위해 이 운동을 한다.

23 몸통 및 목 스트레칭 / 등세모근

목 기울여 돌리기

시작
선 자세에서 운동 시 안정성을 보장하는 너비로 두 발을 벌린다. 몸통과 목은 곧게 세운다. 이후 기술 구사에 도움이 되도록 양손을 뒤로 꽉 붙잡는다.

기술
머리와 목을 스트레칭하는 쪽의 반대 방향으로 기울이고, 머리를 어깨에서 멀어지게 한다. 그와 동시에 목을 스트레칭하는 쪽으로 회전시키면서 같은 쪽과 위를 바라본다. 등세모근의 위쪽에서 근육의 팽팽함을 느끼게 되면서 스트레칭이 효과를 낼 것이다.

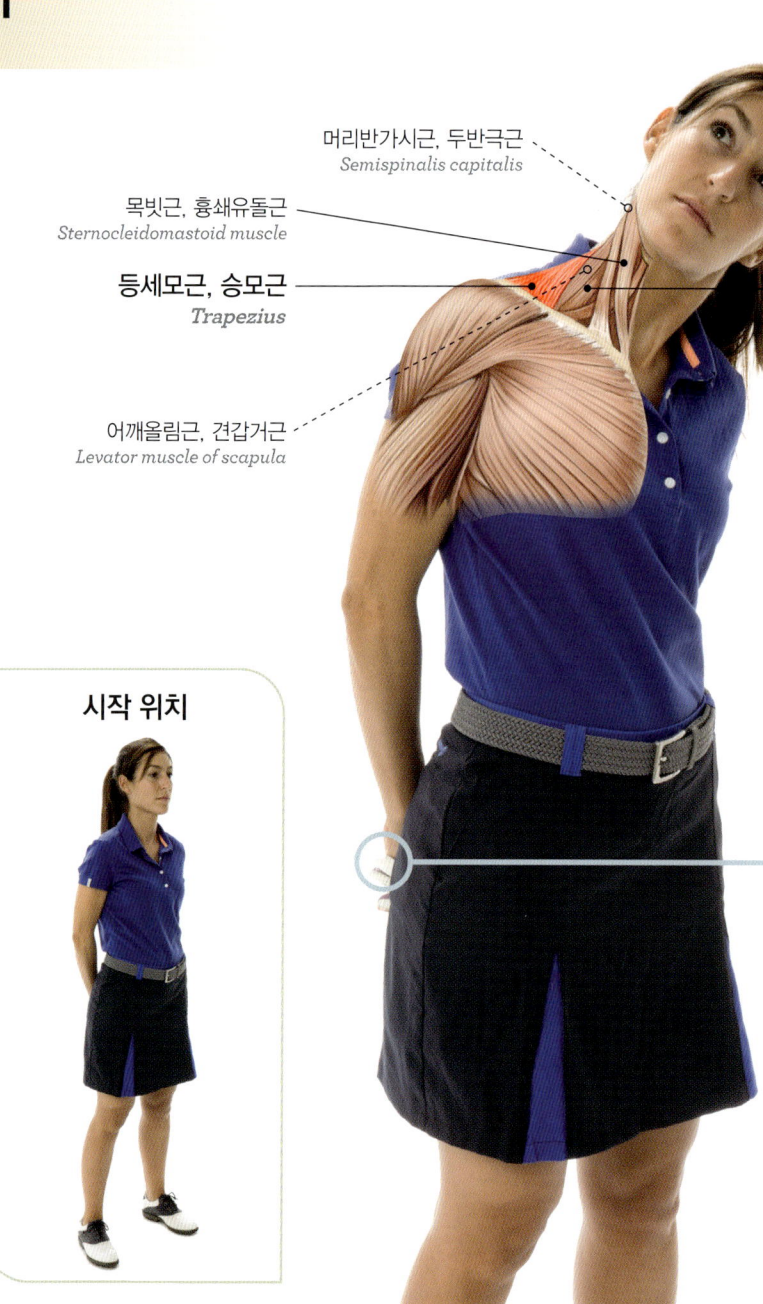

머리반가시근, 두반극근
Semispinalis capitalis

목빗근, 흉쇄유돌근
Sternocleidomastoid muscle

등세모근, 승모근
Trapezius

어깨올림근, 견갑거근
Levator muscle of scapula

목갈비근, 사각근
Scalene

어깨가 너무 과도하게 올라가지 않도록 스트레칭하는 손을 붙잡는다.

시작 위치
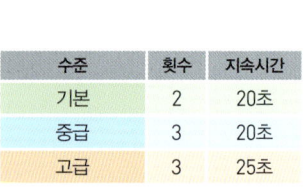

수준	횟수	지속시간
기본	2	20초
중급	3	20초
고급	3	25초

주의사항
경추에 불편함이 느껴지거나 어지러운 경우에는 운동을 멈춘다. 이런 증상이 보이면 그 부분에 문제가 있다는 것을 나타내며, 운동을 지속하는 것이 적절하지 않을 것이다.

지시사항
이 운동은 특히 라운드를 도는 동안 등에 짊어진 가방이 등세모근에 가하는 과부하로 인해 불편함을 느끼는 경우 처방되며, 스윙동작 시 이 근육이 적극적으로 관여한다.

등세모근 / 몸통 및 목 스트레칭 **24**

양팔 포옹하기

어깨를 내리고 머리를 기울이면서 양쪽 사이의 최대 거리를 찾는다.

등세모근, 승모근
Trapezius

작은마름근, 소능형근
Rhomboideus minor

큰마름근, 대능형근
Rhomboideus major

어깨세모근, 삼각근
Deltoid

시작
발을 나란히 두고 어깨는 몸통과 90° 각도가 될 때까지 굽힌다. 팔꿈치를 90° 이상 내전하여 굽히면서 양손을 등 뒤로 가깝게 가져간다. 이때 두 손이 부딪히지 않게 한다. 몸통을 곧게 세우고 두 발을 가볍게 벌린다.

기술
어깨의 정면 내전운동을 증가시키고 마치 포옹하듯이 손가락으로 어깨를 감싼다. 손가락 끝을 세움근에 접근시키고 그와 동시에 양쪽 어깨근을 앞쪽으로 당겨 서로 거리가 생기게 한다.

시작 위치

수준	횟수	지속시간
기본	3	15초
중급	3	20초
고급	3	25초

주의사항
이 경우, 다른 운동에서처럼 근육의 팽팽함이 두드러지지는 않을 것이다. 그렇지만 스트레칭되고 있지 않다는 것을 의미하지는 않는다. 마치 등의 중심을 뒤쪽에 두듯이 흉추근의 곡률을 증가시켜 긴장감을 높일 수 있다.

지시사항
흉추근 부근의 근육에 팽팽함을 느끼거나 등 윗부분이 수축되는 것을 막고자 하는 골퍼들, 특히 골프코스에서 등에 가방을 짊어지고 이동하는 골퍼들에게 처방된다.

25 몸통 및 목 스트레칭 / 경추신근

목 굽히기

시작

이 운동은 선 자세나 앉은 자세에서 할 수 있다. 중요한 것은 시작 위치에서 등이 지면과 수직상태에 있고, 양팔이 서로 떨어져 있으며, 몸통 옆에 늘어뜨리고 긴장이 풀린 자세로 시작할 수 있다는 점이다.

기술

다른 사람의 도움 없이 머리와 목을 굽힌다. 만약 강도가 적절하다면 목 뒷부분과 세움근 양쪽에서 팽팽함이 느껴질 것이다. 운동을 하는 동안 스트레칭을 최대화하는 자세를 유지한다.

수준	횟수	지속시간
기본	2	20초
중급	3	20초
고급	3	25초

머리가장긴근(두최장근) 및 목가장긴근(경최장근)
Longisimus capitis and of the neck

머리반가시근(두반극근) 및 목반가시근(경반극근)
Semispinalis capitalis and of the neck

널판근(두판상근 및 경판상근)
Splenius muscle of head and of neck

등세모근, 승모근
Trapezius

머리와 목이 지면을 향하도록 굽힌다.

시작 위치

주의사항

이러한 능동적인 스트레칭 유형에서는 다른 사람의 도움이 필요 없고, 시간이 지남에 따라 근육의 점진적인 피로로 인해 긴장이 쉽게 줄어든다. 가능한 한 운동을 하는 동안 스트레칭으로 인한 긴장이 높게 유지되게 한다.

지시사항

등과 목 윗부분에 긴장감을 느끼거나 근육의 수축 및 통증을 경험해본 골퍼들에게 처방된다.

경추기립신근 / 몸통 및 목 스트레칭 **26**

양손으로 목 굽히기

양손으로 당긴다.

머리반가시근, 두반극근
Semispinalis capitalis

머리가장긴근(두최장근) 및
목가장긴근(경최장근)
*Longisimus capitis
and of the neck*

널판근(두판상근 및
경판상근)
*Splenius muscle of
head and of neck*

등세모근, 승모근
Trapezius

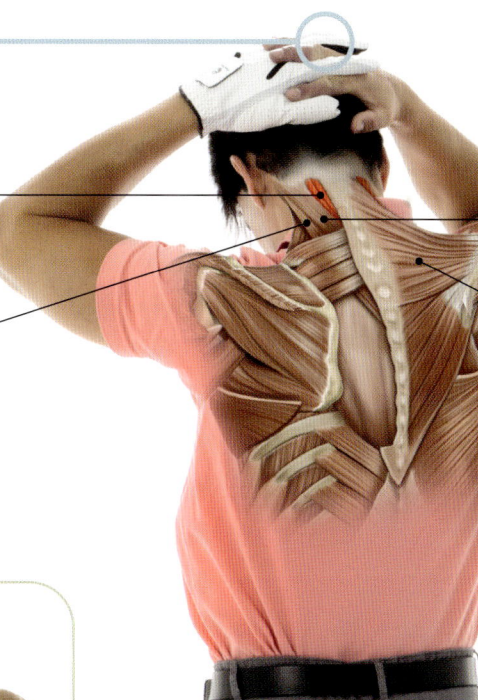

시작
선 자세에서 등과 목을 곧게 세우고 두 발을 어깨너비로 벌린다. 양손을 머리 뒤에 두고, 손가락은 깍지끼며, 머리에 힘을 주지 않는다.

기술
목과 머리를 굽히고 머리 뒤쪽에 놓여 있는 양손을 전방 아래로 가볍게 당김으로써 움직임을 보조한다. 목 뒤쪽의 세 움근 양쪽이 팽팽해짐을 느낄 것이다.

시작 위치

수준	횟수	지속시간
기본	2	15초
중급	2	20초
고급	2	25초

주의사항
머리를 과도하게 당기지 말아야 한다. 경추는 매우 섬세하고 민감한 부위이므로 적당한 힘으로 스트레칭한다.

지시사항
목 뒤쪽 근육의 팽팽함이나 피로를 느끼는 골퍼들, 특히 서서 기다리는 시간이나 그린에서 기울어진 자세로 경기하는 골퍼들에게 처방된다.

골프 워밍업 · 정적 스트레칭 / 67

27 몸통 및 목 스트레칭 / 흉추신근

고양이 자세로 허리 굽히기

흉추근의 곡선을 찾는다.

가슴반가시근, 흉반극근
Semispinalis thoracis

가슴가장긴근, 흉최장근
Longissimus muscle of thorax

가슴가시근, 흉극근
Spinalis thoracis

등엉덩갈비근, 흉장늑근
Illiocostal thoracic

시작

선 자세에서 몸을 앞쪽으로 기울이고 양손을 걸상 위에 걸치면서 4개의 지지점을 만들어낸다. 등은 계속 곧은 상태여야 하며, 어깨는 엉덩이 위로 가볍게 올리면서 몸통이 지면과 수평 위치에 있지 않게 한다.

기술

고양이가 몸을 움츠리듯이 흉추근을 위쪽으로 뻗어 굽힌다. 팔꿈치를 펴고 가슴은 걸상에서 멀어지듯이 아래로 내려야 한다. 스트레칭 시 흉추근의 중심부분에서 근육의 팽팽함이 느껴질 것이다.

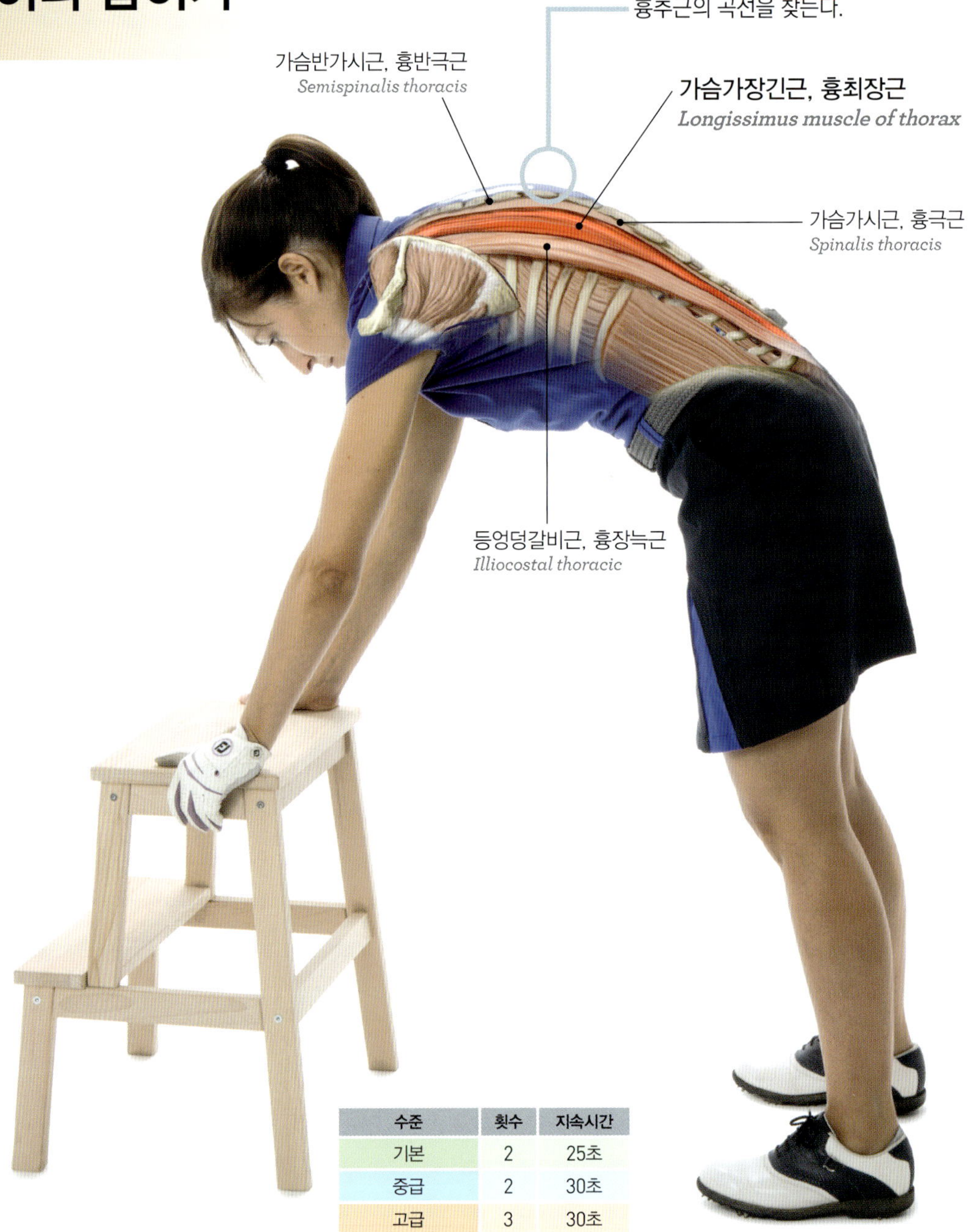

시작 위치

수준	횟수	지속시간
기본	2	25초
중급	2	30초
고급	3	30초

주의사항

높이가 낮고 완전히 수직이 아닌 힘에도 안정성을 유지할 수 있는 도구라면 어떤 지지대든지 사용할 수 있다. 지면에 고정된 의자, 베란다 난간, 골프 카트가 적절한 옵션이 될 수 있다.

지시사항

대기 중 또는 경기 이후 척추세움근에 긴장감이나 피로를 경험하는 골퍼들에게 처방된다. 왜냐하면 그린에서 치러지는 경기는 몸통이 기울어져 있을 때 정적 운동을 필요로 하기 때문이다.

흉추신근 / 몸통 및 목 스트레칭　**28**

의자에 앉아 몸통 굽히기

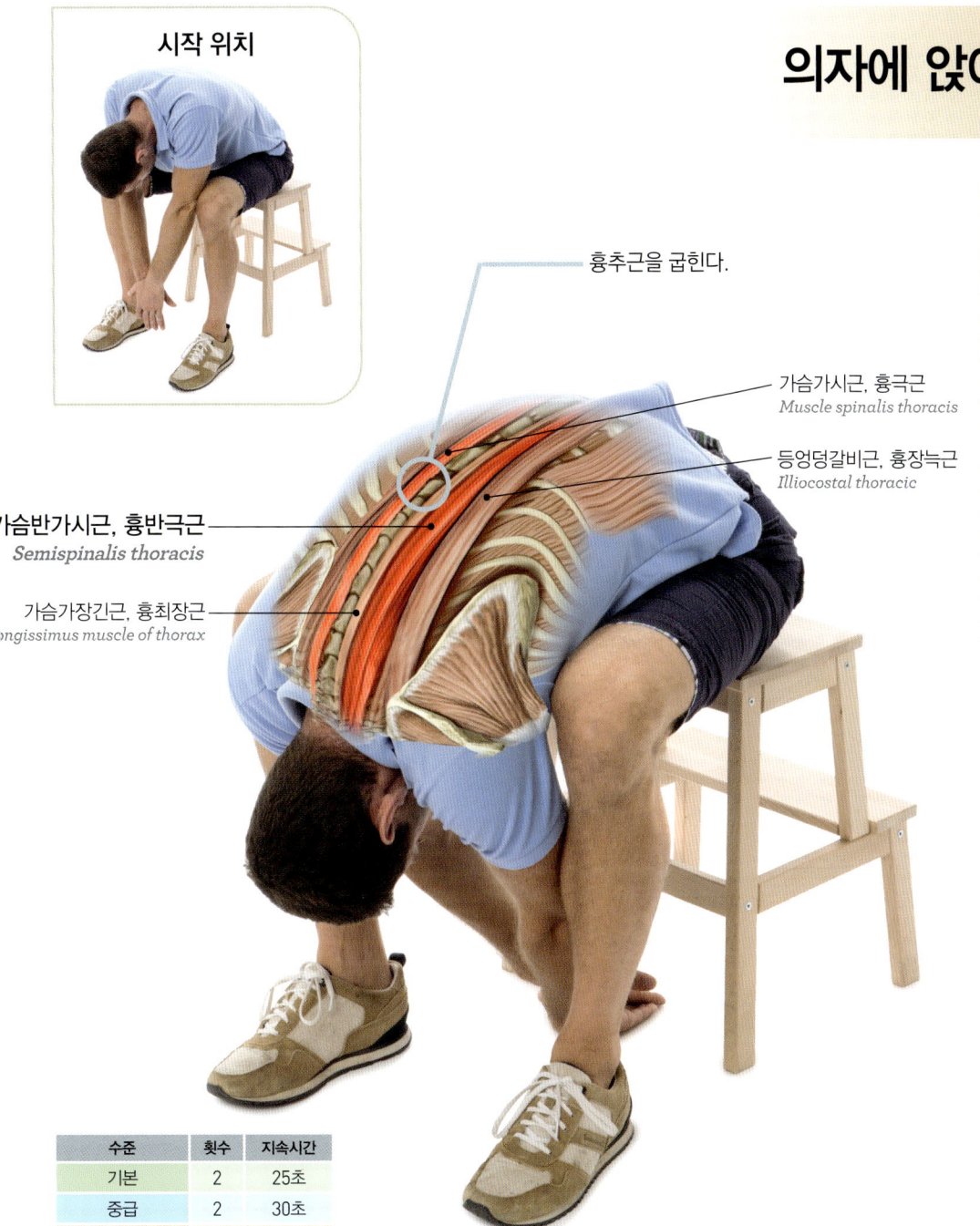

시작 위치

흉추근을 굽힌다.

가슴가시근, 흉극근
Muscle spinalis thoracis

등엉덩갈비근, 흉장늑근
Illiocostal thoracic

가슴반가시근, 흉반극근
Semispinalis thoracis

가슴가장긴근, 흉최장근
Longissimus muscle of thorax

수준	횟수	지속시간
기본	2	25초
중급	2	30초
고급	3	30초

시작
의자나 걸상에 걸터앉은 채 몸을 앞으로 기울인 뒤 양팔을 양다리 사이에 놓고 팔꿈치를 편다. 그런 다음 한 손을 다른 손 위에 얹는다. 엉덩이와 무릎은 90°로 굽혀야 하며, 두 발은 다음 단계의 안정성을 위해 완전히 지면에 붙여야 한다.

기술
손가락을 지면 위에 두고 양손을 걸상 방향에서 뒤로 미끄러뜨린다. 양손을 가능한 한 뒤에 두고 세움근을 강제로 굽힌다. 몸통을 칭칭 감듯이 양 무릎 사이에 미끄러뜨리는 동안에는 척추세움근에서 팽팽함이 느껴질 것이다.

주의사항
앉은 자리에서 두 발을 지면에 붙인다. 발끝은 무릎이 앞으로 미끄러지거나 최대 스트레칭 지점에 도달하지 않도록 무릎 앞에 둔다. 또한 스트레칭하는 동안 자리를 이동하지 않는다.

지시사항
잘못된 자세로 오랫동안 서서 스윙동작을 하거나 그린에서 경기 중 몸통을 기울일 때 세움근에 과도한 긴장감이나 피로를 느끼는 골퍼들에게 처방된다. 강화운동을 통해 스트레칭을 보충하는 것이 좋다.

29 몸통 및 목 스트레칭 / 요추신근

누워서 무릎 당기기

시작
가능하면 부드럽게 부풀린 매트나 푹신푹신한 표면을 이용하여 반듯이 눕는다. 머리를 지면에 대고 엉덩이를 90° 각도로 굽힌다. 양손을 사용하여 허벅지를 뒤쪽에서 붙잡고 무릎은 구부리기 쉬운 자세를 유지한다.

기술
허벅지를 가슴 쪽으로 당기고 엉덩이와 요추를 점점 더 굽힌다. 볼기근을 지면에서 떨어뜨림으로써 척추세움근의 스트레칭을 요추 수준으로 보장할 것이다. 운동하는 동안 무릎을 가능한 한 가슴에 가장 가깝게 둔다.

볼기근과 등의 아랫부분을 지면에서 떨어뜨린다.

중간볼기근, 중둔근
Gluteus medius

큰볼기근, 대둔근
Gluteus maximus

뭇갈래근, 다열근
Multifidus spinae

허리엉덩갈비근, 요장늑근
Iliocostalis lumborum

수준	횟수	지속시간
기본	2	20초
중급	3	20초
고급	3	25초

시작 위치

주의사항
목을 이완시켜 스트레칭하는 동안 경추 부분이 긴장하지 않도록 머리를 지면에 편안히 댄다. 볼기근과 등의 아랫부분이 지면에서 떨어져 있는지 확인한다.

지시사항
기다리거나 이동하는 동안, 스윙 동작 시 요추 근육에 긴장감을 느끼는 모든 골퍼들에게 처방된다. 또한 경기 중 허리와 다리 부분에 통증을 느끼는 경우에도 처방된다.

요추신근 / 몸통 및 목 스트레칭   30

마호메트 자세

시작 위치

시작
무릎을 모으고 네 발로 엎드린다. 엉덩이와 어깨는 90° 각도로 굽혀야 한다. 팔꿈치는 몸통이 지면과 평행이 되도록 신장시키고, 어깨는 엉덩이보다 높아야 한다.

기술
원래 지지점을 유지한 채 몸통이 뒤로 젖혀지도록 하고, 엉덩이와 무릎은 최대한 굽히며, 양팔은 몸통과 나란히 배열되게 한다. 마지막으로 볼기근은 발뒤꿈치와 닿게 하고 요추를 더 많이 굽힌다.

수준	횟수	지속시간
기본	2	20초
중급	3	20초
고급	3	25초

허리엉덩갈비근, 요장늑근
Iliocostalis lumborum

가슴가장긴근, 흉최장근
Longissimus muscle of thorax

요추를 굽힌다.

뭇갈래근, 다열근
Multifidus spinae

큰원근, 대원근
Teres major

넓은등근, 광배근
Latissimus dorsi

주의사항
이 운동은 매트 위 또는 푹신한 매트 위에서 함으로써 스트레칭 중에 가장 많이 노출되는 지지 부분인 발목과 무릎에 부상을 입지 않도록 한다.

지시사항
이 운동은 경기 중이나 이후에 요추 부분과 다리에서 근육의 팽팽함, 통증이나 저림 증상을 느끼는 골퍼들에게 처방된다. 또한 나머지 골퍼들의 경우에는 골프를 치는 동안 요추 부분이 노출되므로 이를 예방하기 위해 처방된다.

31 몸통 및 목 스트레칭 / 요추신근

양손 모아 허리 굽히기

시작
선 자세에서 엉덩이를 굽히면서 몸통이 앞으로 기울어지게 한다. 그 자세를 유지하면서 요추 부분의 부담을 줄이도록 양손은 무릎 위에 지탱시키고 가볍게 굽힌다. 더욱 광범위하게 지탱하기 위해 두 발을 벌린다.

기술
엉덩이를 좀 더 굽히면서 몸통을 허벅지에 가깝게 두고 허벅지를 양팔로 에워싼다. 허벅지와 가슴 사이의 공간을 좁히고 요추 부분을 좀 더 굽히기 위해 양팔로 허벅지를 잡아당기며 척추세움근을 스트레칭한다.

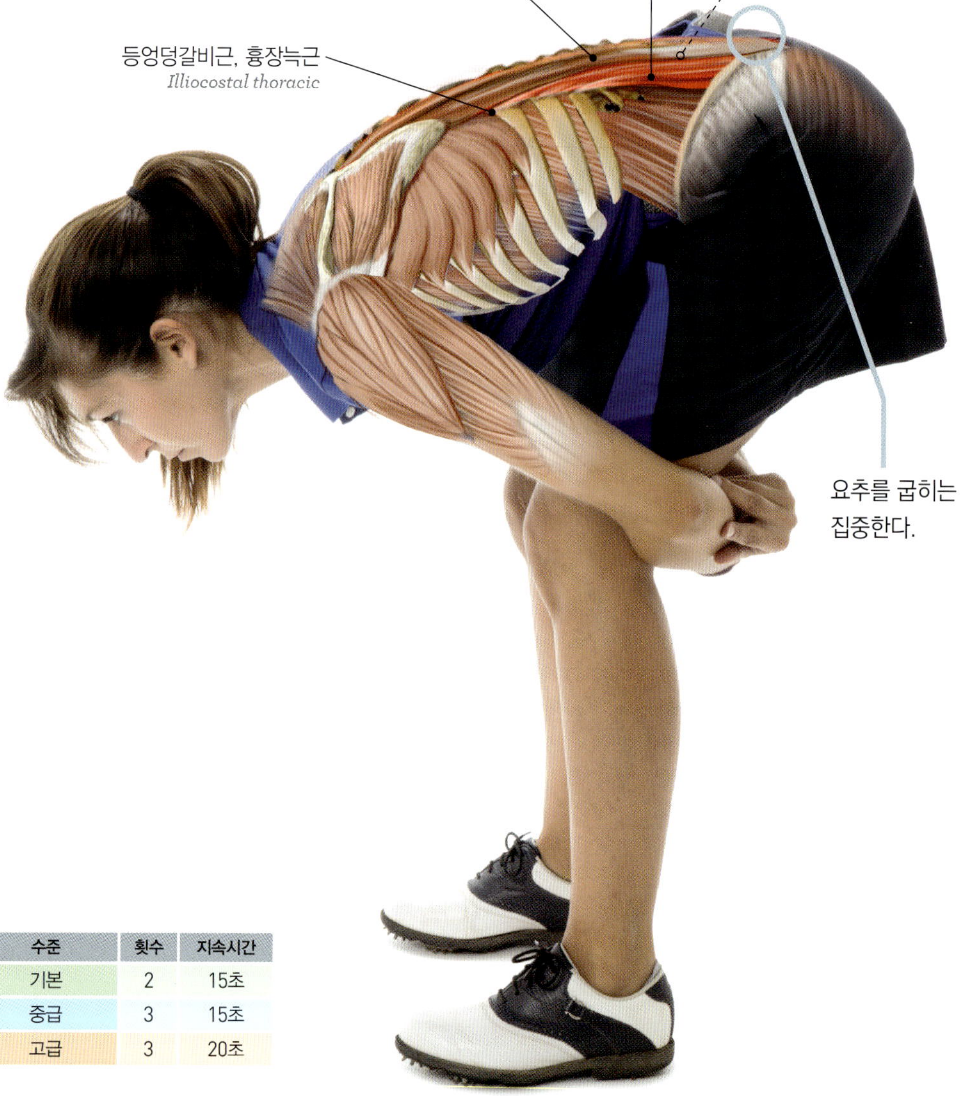

허리엉덩갈비근, 요장늑근
Iliocostalis lumborum

가슴가장긴근, 흉최장근
Longissimus muscle of thorax

등엉덩갈비근, 흉장늑근
Illiocostal thoracic

뭇갈래근, 다열근
Multifidus spinae

요추를 굽히는 데 집중한다.

시작 위치

수준	횟수	지속시간
기본	2	15초
중급	3	15초
고급	3	20초

주의사항
이 자세는 머리가 몸통 아래에 위치할 것임을 가정하며, 만약 균형을 유지하다가 어느 모멘트에서 어지러움이 느껴지면 멈추어야 한다.

지시사항
기다리는 동안, 이동 중 그리고 스윙동작을 준비 및 시도하는 동안 요추 근육을 움직이는 모든 골퍼들에게 처방된다. 특히 요추 부분에 불편함을 느끼는 골퍼들에게 효과적이다.

배곧은근 / 몸통 및 목 스트레칭 **32**

무릎을 지면에 대고 측면으로 기울이기

- 뭇갈래근, 다열근 — *Multifidus spinae*
- 허리네모근, 요방형근 — *Quadratus lumborum*
- 허리엉덩갈비근, 요장늑근 — *Muscle iliocostalis lumborum*
- 배속빗근, 내복사근 — *Obliquus internus*
- 배바깥빗근, 외복사근 — *Obliquus externus*
- 넓은등근, 광배근 — *Latissimus dorsi*

무릎은 초기 지탱 위치에서 유지시킨다.

시작 위치

시작
무릎을 굽히는 자세를 취하고, 몸통을 뒤쪽으로 이동시키면서 허벅지와 장딴지의 위쪽이 서로 접촉하게 하며, 볼기근이 발뒤꿈치 위에 놓이게 한다. 양손을 지면에 지탱시키고 앞으로 미끄러뜨려 어깨의 압출이 더 진행되게 한다.

기술
무릎은 계속 지탱하면서 양손을 한쪽으로 이동시키고, 그렇게 몸통을 더 기울어지게 하면 상체와 하체는 시작 위치보다 각도가 벌어지게 된다. 어깨부터 엉덩이까지의 옆구리에 팽팽함이 느껴질 것이다.

수준	횟수	지속시간
기본	2	20초
중급	3	20초
고급	3	25초

주의사항
이 스트레칭을 할 때는 부드럽거나 푹신푹신한 표면을 이용하는데, 그 이유는 무릎 위, 다리의 안쪽 면과 발목에 가해지는 압력이 상승하는 것을 예방하기 위해서다.

지시사항
특히 요추 부분에 불편함을 느끼는 골퍼들에게 처방된다. 또한 나머지 골퍼들의 경우에는 스윙 동작을 필요로 하는 몸통의 신장 및 회전 움직임에서 이 근육을 더 많이 요구하므로 예방 차원에서 처방된다.

33 몸통 및 목 스트레칭 / 배곧은근

코브라 자세

시작 위치

수준	횟수	지속시간
기본	2	15초
중급	2	20초
고급	2	20초

시작
지면에 엎드려 무릎은 신장시키며, 양팔은 몸통에 붙여 세우고, 양손은 가장 낮은 굽힘 단계에서 도입된 자세와 유사하게 지면을 지탱한다. 가능한 한 부드럽게 부풀린 매트나 표면을 이용한다.

기술
팔꿈치를 최대한 신장시키고 양손은 원래 지지상태를 유지하는데, 이로써 몸통이 지면에서 멀어질 것이다. 몸통이 최대한 신장되도록 복부 근육을 이완시키면 곧 스트레칭된 부분에 팽팽함이 느껴질 것이다. 엉덩이 앞부분(정강이나 허벅지 윗부분)을 지면이나 지면 근처에 붙인다.

작은허리근, 소요근
Psoas minor

큰허리근, 대요근
Psoas major

배속빗근, 내복사근
Obliquus internus

배곧은근, 복직근
Rectus abdominis

배바깥빗근, 외복사근
Obliquus externus

몸통을 신장시키고 엉덩이 앞부분 (정강이나 허벅지 윗부분)을 지면에 붙인다.

주의사항
몸통을 더 높이 들어 올리기 위해 엉덩이 앞부분(정강이나 허벅지 윗부분)을 지면에서 떨어지게 하는 실수를 저지르곤 하는데, 이것이 스트레칭 강도를 높이지는 않으므로 스트레칭 효과를 최대화하기 위해서는 몸통의 신장에 집중해야 한다.

지시사항
스윙동작 시 나타나는 몸통의 굽힘, 신장, 회전 움직임 등은 복부 근육에서 가장 많이 요구된다. 또한, 복부와 요추 부분 사이의 근육이 제기능을 발휘하지 못해 불편함을 호소할 수 있으므로 이 운동은 모든 골퍼들에게 권장된다.

배곧은근 / 몸통 및 목 스트레칭 **34**

활 자세

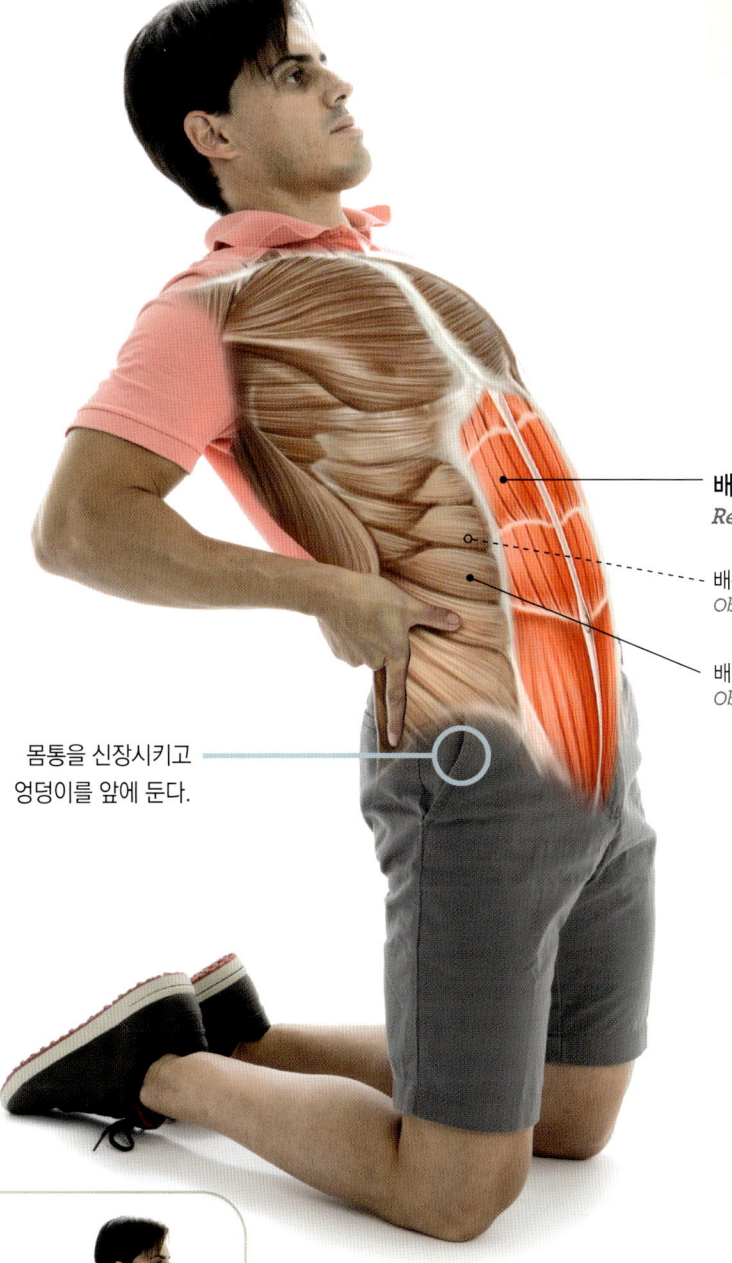

배곧은근, 복직근
Rectus abdominis

배속빗근, 내복사근
Obliquus internus

배바깥빗근, 외복사근
Obliquus externus

몸통을 신장시키고 엉덩이를 앞에 둔다.

시작 위치

시작
무릎이 다치지 않도록 부드럽게 부풀린 매트나 푹신한 표면 위에 꿇어앉는다. 몸통을 곧게 세우고 앞을 보며 양손은 엉덩이 위에 지탱시킨다. 안정된 자세와 안전한 기술을 구사하기 위해 무릎이 서로 떨어져 있어야 한다는 것을 기억한다.

기술
척추세움근이 뒤쪽으로 꺾이고 무게가 동일한 방향으로 이동하도록 몸통을 신장시킨다. 움직임이 진행됨에 따라 복근이 스트레칭되면서 근육의 팽팽함을 느끼게 된다. 양손은 허리 양쪽을 지탱하면서 스트레칭한다.

수준	횟수	지속시간
기본	2	15초
중급	2	20초
고급	2	25초

주의사항
무릎의 폄근이 90° 각도가 되도록 팽팽한 상태여야 하며, 그 자세로 뒤쪽으로 젖히지만 발뒤꿈치에는 닿지 않게 한다.

지시사항
요추와 복부 부분에 통증이나 팽팽함이 느껴지고, 특히 골프경기 후 몇 시간 동안 증상이 심해지는 골퍼들에게 처방된다. 또한, 이 근육군은 스윙동작을 할 때처럼 그 자세를 유지하는 데 영향을 미치므로 예방 차원에서 처방된다.

35 | 몸통 및 목 스트레칭 / 배곧은근

폼롤러 위에 누워 몸통 뒤로 펴기

시작
이 운동을 하려면 폼롤러가 필요하다. 만약 없다면 효과가 줄어들긴 해도 핏볼이나 방석을 사용할 수 있다. 다리를 신장시키고 앉은 채 폼롤러를 엉덩이 뒤에 놓는다. 이때 폼롤러가 움직이지 않도록 양손으로 붙잡는다.

기술
천천히 몸통을 뒤로 기울이면서 폼롤러가 등 아래, 요추와 지면 사이에 있게 한다. 폼롤러가 안정되면 양팔과 몸통이 지면에 닿도록 어깨의 압출을 시도한다. 몸통은 완전히 신장되어야 한다.

시작 위치

※ 허리에 무리가 가지 않도록 적당한 크기의 폼롤러를 사용하세요

수준	횟수	지속시간
기본	2	20초
중급	2	25초
고급	2	30초

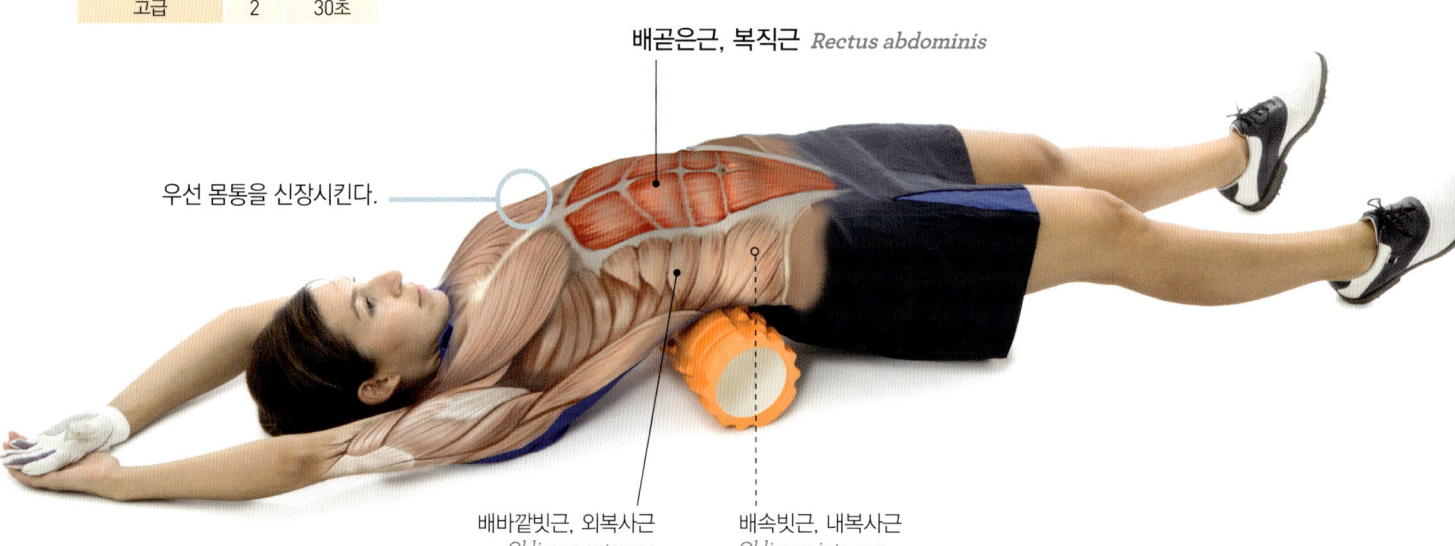

우선 몸통을 신장시킨다.

배곧은근, 복직근 *Rectus abdominis*

배바깥빗근, 외복사근 *Obliquus externus*

배속빗근, 내복사근 *Obliquus internus*

주의사항
등에 파고들 정도로 지나치게 단단하거나 좁은 롤러는 사용하지 말아야 하는데, 그 이유는 불편함을 느끼게 하고 적절한 시간 동안 운동을 올바르게 할 수 없게 만들기 때문이다.

지시사항
요추나 복부 근육에 불편함이나 팽팽함을 느끼는 모든 골퍼들에게 처방된다. 또한 근육의 불균형을 예방하고자 하는 골퍼들에게도 처방된다.

빗근 / 몸통 및 목 스트레칭 **36**

클럽으로 지탱하며 몸통 회전

시작 위치

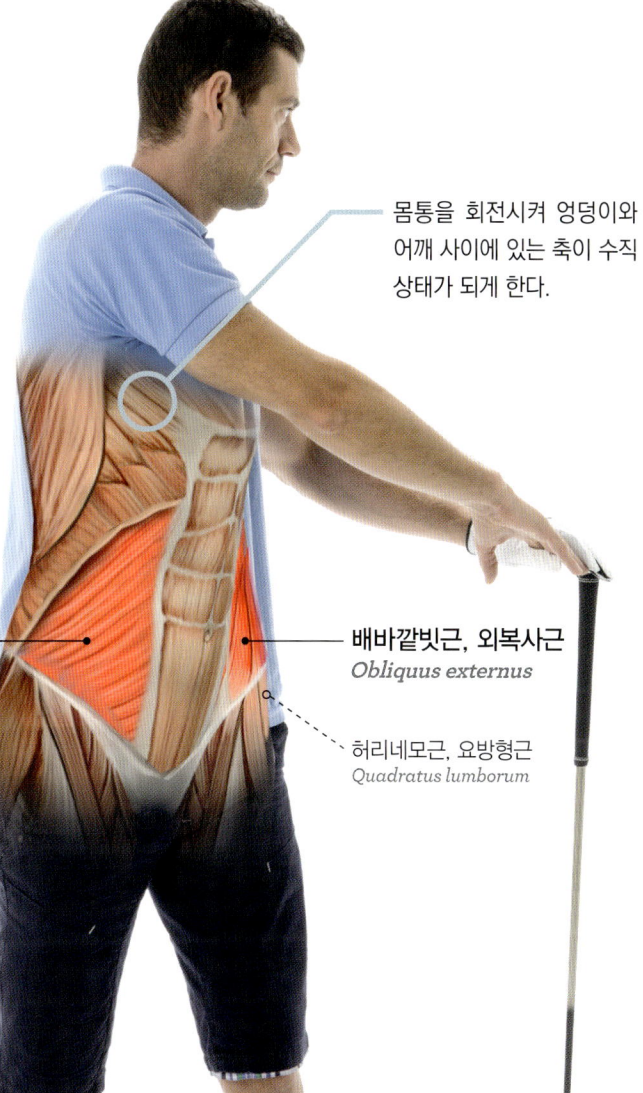

몸통을 회전시켜 엉덩이와 어깨 사이에 있는 축이 수직 상태가 되게 한다.

배속빗근, 내복사근
Obliquus internus

배바깥빗근, 외복사근
Obliquus externus

허리네모근, 요방형근
Quadratus lumborum

시작

서서 양손으로 골프채의 손잡이 부분을 잡는다. 클럽헤드를 몸통 앞 지면에 두 발과 동일한 거리에서 지탱시킨다. 골프채를 단단하게 지탱하고 클럽 몸체가 지면과 완전히 수직이 되게 한다. 이때, 어깨와 엉덩이는 나란히 배열된다.

기술

골프채를 원래 지탱 위치에 두고 양손으로 고정시킨 채 두 발을 이동하기 시작한다. 그리고 어깨와 엉덩이를 표시하는 축이 완전히 수직이 되게 한다. 이후 스트레칭 효과를 내기 위해 몸통을 충분히 회전시킨다.

수준	횟수	지속시간
기본	2	20초
중급	2	25초
고급	3	25초

주의사항

골프채를 지면과 수직이 되게 하고, 어깨 쪽으로 움직임을 이동시키지 않으면서 몸통의 회전에 집중한다. 양손은 계속 가슴 앞에 두어야 한다.

지시사항

모든 골퍼들, 특히 스윙 고유의 요구와 경기를 자주 하여 몸통 회전이 빈번한 골퍼들에게 처방된다. 이러한 회전 움직임은 근육군 중 빗근의 움직임을 많이 요구한다.

양손으로 클럽 잡고 몸통 회전

시작
선 자세에서 양손으로 골프채의 양쪽 끝부분을 잡는다. 몸통은 곧게 펴고 두 발은 떨어뜨리며, 양팔이 몸통과 90°에 도달할 때까지 골프채를 앞으로 들어 올린다. 그렇게 클럽 몸체가 가슴 앞에 있게 한다. 엉덩이와 어깨는 나란히 배열되어야 한다.

기술
어깨 축이 엉덩이 사이에 있는 축과 직각이 되고 엉덩이가 두 발과 비스듬히 배열되도록 몸통을 회전시킨다. 빗근의 스트레칭을 최대화하기 위해 가능한 한 움직임을 길게 한다. 운동 경로의 끝에는 옆구리 쪽을 본다.

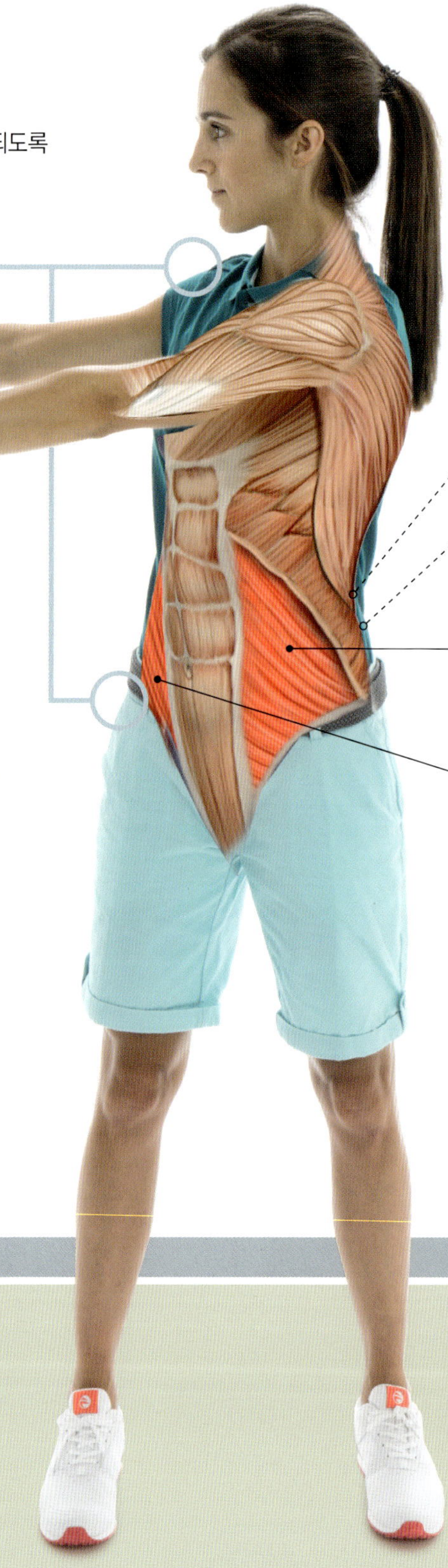

어깨와 엉덩이로 형성된 축이 직각이 되도록 몸통을 회전시킨다.

뭇갈래근, 다열근
Multifidus spinae

허리네모근, 요방형근
Quadratus lumborum

배속빗근, 내복사근
Obliquus internus

배바깥빗근, 외복사근
Obliquus externus

시작 위치

수준	횟수	지속시간
기본	2	15초
중급	2	20초
고급	3	20초

주의사항
어깨와 수평을 유지하는 동안 골프채가 하나의 기준점이 될 것이다. 중요한 것은 어깨가 묘사하는 축과 엉덩이 사이에 있는 축은 수직이 될 것이라는 점이다.

지시사항
이 운동은 스윙동작 시 거친 몸통 회전이 일어나는 동안 빗근의 높은 활성화 수준이 요구되는 모든 골퍼들에게 처방된다. 또한 복근이나 요추 부분에 불편함을 느끼는 골퍼들에게 효과적이다.

빗근 / 몸통 및 목 스트레칭 | 38

누워서 몸통 회전

시작 위치

시작
천장을 보고 누운 채 발바닥이 지면에 모두 닿을 때 엉덩이와 무릎을 굽힌다. 양다리와 두 발을 모으고 양손은 머리 뒤에 놓되 좀 더 안정적인 자세를 취하도록 팔꿈치를 양쪽으로 펴서 지탱시킨다.

기술
허벅지가 벌어지거나 엉덩이와 무릎을 굽힌 채 한쪽으로 기울여 지면에 닿을 때까지 몸통을 돌린다. 어깨근은 엉덩이와 어깨 사이에 형성된 축이 직각이 되도록 지면에 붙어 있어야 한다.

수준	횟수	지속시간
기본	2	20초
중급	2	25초
고급	3	25초

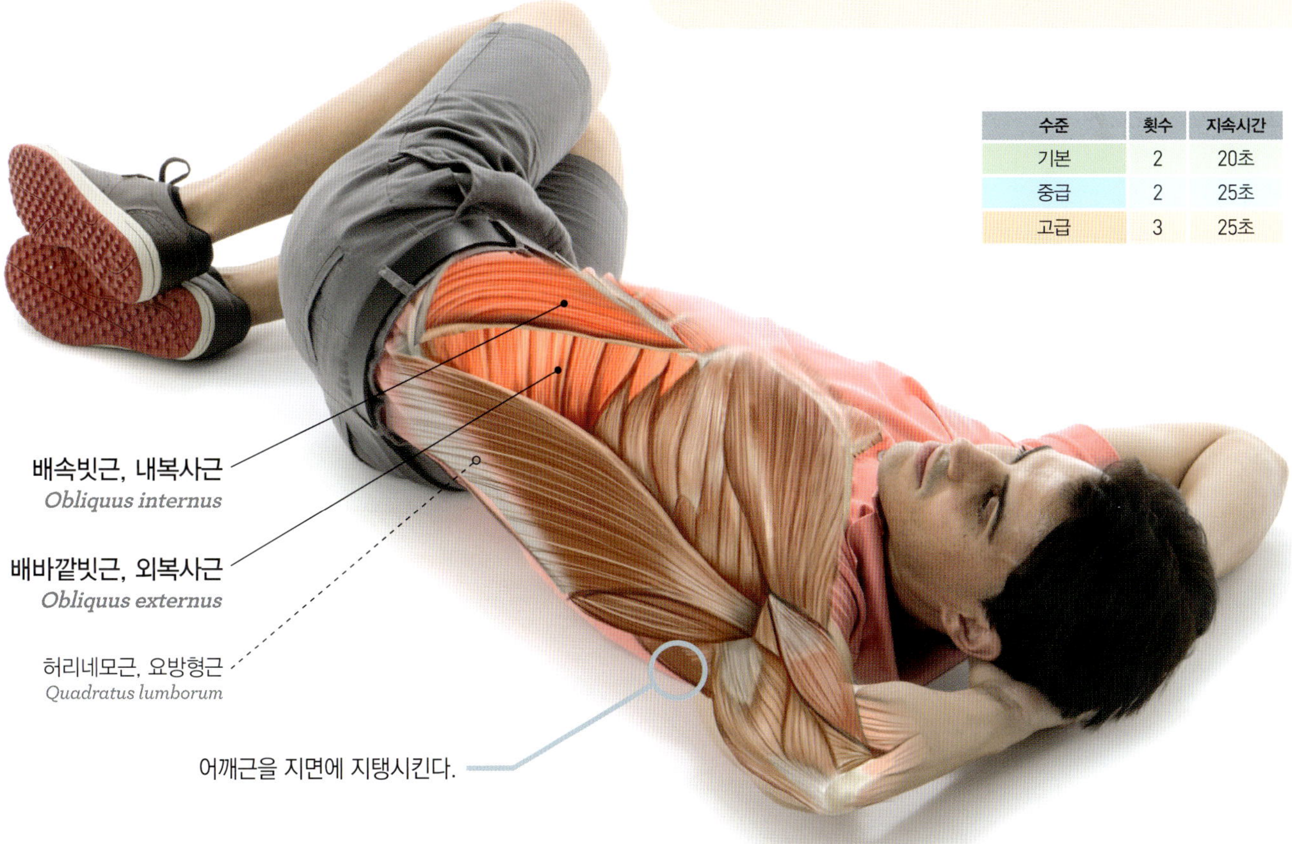

배속빗근, 내복사근
Obliquus internus

배바깥빗근, 외복사근
Obliquus externus

허리네모근, 요방형근
Quadratus lumborum

어깨근을 지면에 지탱시킨다.

주의사항
이 운동은 위험하거나 어렵지 않으므로 매트나 매끄러운 표면 정도면 충분한데, 그런 표면 위에서 이 운동을 하면 압력이나 지지점에서 불편함을 느끼지 않을 것이다.

지시사항
경기 후 복근, 옆구리 또는 요추 부분에 불편함을 느끼는 모든 선수들에게 처방된다. 이러한 불편함은 스윙 시 거친 몸통 회전으로 인해 발생할 수 있다.

골프 워밍업 · 정적 스트레칭 / 79

몸통을 측면으로 기울이기

39 몸통 및 목 스트레칭 / 빗근

시작
선 자세에서 체중이 측면으로 이동되더라도 안정적인 자세를 유지할 수 있을 만큼 적절한 너비로 두 발을 벌린다. 양팔을 양쪽으로 늘어뜨리고 몸통과 목은 곧게 세운다. 어깨와 엉덩이는 나란히 배열되어야 한다.

기술
몸통을 한쪽으로 기울이고 손은 무릎 방향으로 허벅지 위에 미끄러뜨린다. 몸통의 기울이기를 제한하지 말고 기술을 최대한 활용하여 가능한 한 크게 기울인다. 기울여지는 쪽의 반대인 옆구리 부분에 팽팽함이 느껴질 것이다.

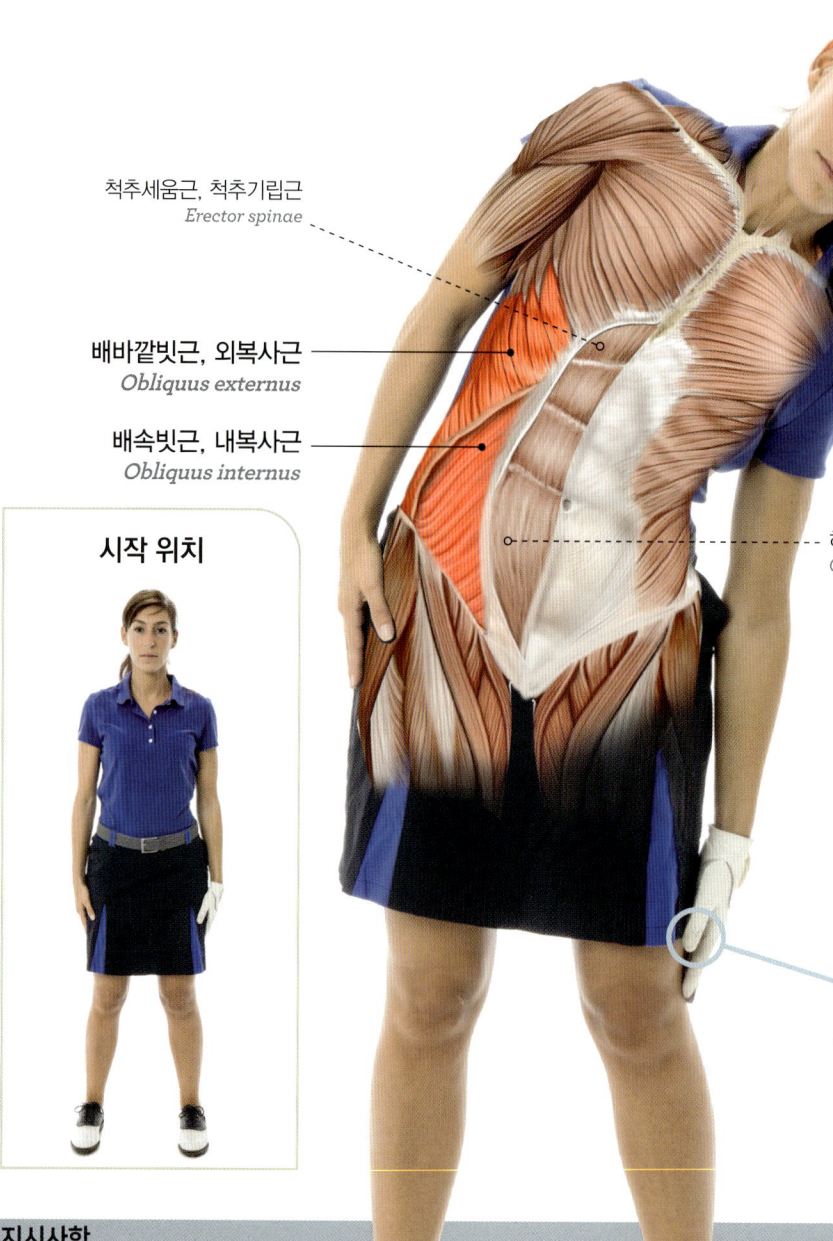

척추세움근, 척추기립근
Erector spinae

배바깥빗근, 외복사근
Obliquus externus

배속빗근, 내복사근
Obliquus internus

허리네모근, 요방형근
Quadratus lumborum

시작 위치

손을 무릎 쪽으로 미끄러뜨린다.

수준	횟수	지속시간
기본	3	20초
중급	3	25초
고급	3	30초

주의사항
유일한 고려사항은 두 발을 벌리면서 안정적인 자세에서 시작하여 몸통을 앞뒤로 굽히지 않고 몸통의 측면 기울이기로 제한하는 것이다.

지시사항
경기 중이나 이후 복근을 형성하는 근육에 팽팽함을 느끼는 골퍼들에게 처방된다. 이는 스윙동작 중 앞서 언급한 근육이 상당히 활성화되어 발생하는 것으로, 옆구리와 복부 앞쪽에 불편함을 가져올 수 있다.

앉아서 몸통 회전시키기

빗근 / 몸통 및 목 스트레칭 40

- 양손은 가슴 앞에 놓아야 한다.
- 배바깥빗근, 외복사근 *Obliquus externus*
- 배속빗근, 내복사근 *Obliquus internus*
- 허리네모근, 요방형근 *Quadratus lumborum*

시작 위치

시작
걸상이나 붙잡을 수 있는 다른 수직 지지대의 한쪽 옆에 앉는다. 지지대와 일정 거리를 유지하고 양쪽 무릎을 신장시킨다. 이 지점에서 어깨와 엉덩이는 나란해야 한다. 몸통과 목을 곧게 세우고 양팔은 이완시킨다.

기술
지지대를 볼 수 있을 때까지 몸통을 회전시키고, 엉덩이와 다리는 시작 위치를 유지한 채 양손으로 지지대를 붙잡는다. 엉덩이와 어깨 사이에 있는 축이 직각이 되게 하고, 양손은 가슴 앞을 향해 있어야 한다.

수준	횟수	지속시간
기본	2	20초
중급	2	25초
고급	3	25초

주의사항
빗근 스트레칭 시 어깨나 팔의 움직임보다 몸통 회전을 우선시 하는 것을 잊지 않는다.

지시사항
이 운동은 경기 중이나 후에 옆구리나 복부에 긴장감을 느끼는 골퍼들에게 처방된다. 스윙동작 중 특히 속도가 빠르고 방향 변경이 급격한 롱 드라이브 시 매우 활성화된 근육으로 인한 일상적인 현상이다.

어깨 스트레칭

도구를 사용하는 모든 스포츠에서는 어깨의 움직임이 중요한데, 골프의 경우 스윙동작 시 거의 불가능한 각도까지 도구를 사용하므로 그 중요성이 좀 더 크다. 그렇기 때문에 골프선수들 사이에서 어깨부상이 8~18%를 차지한다(McHardy & Polland, 2005).

어깨에 부상을 입을 위험이 있는 모멘트는 다음과 같다.

■ **백스윙에서 가장 높은 부분**
스윙동작에서 앞어깨는 최대한 내전 및 내회전되는데, 이는 어깨의 가쪽돌림근(외회전근)과 벌림근(외전근)의 경우 스트레칭으로 인해 매우 팽팽해지며, 안쪽돌림근(내회전근)과 모음근(내전근)이 최대한 수축되어 있다는 것을 가정한다. 이러한 움직임을 반복하면 긴 불안정성과 견봉쇄골관절(acromioclavicular articulation), 관절순(glenoid labrum), 회전근개(rotator cuff)에 문제를 일으킬 수 있다. 그와 동시에 주로 사용하는 어깨에서는 외전과 외회전이 최대한 발생하는데, 이는 몸통의 가쪽돌림근과 벌림근이 최대한 수축되면서 그 반대 부위가 스트레칭된다는 것을 가정한다. 길게 보면 이것은 언급된 다른 신체구조에서 유사한 문제들을 일으킬 수 있다.

■ **폴로스루의 끝부분**
이 스윙 단계에서 강요된 자세는 설사 그 역할들을 뒤집는다고 해도 동일한 자세가 될 것이다. 이 경우, 앞어깨가 최대 외전 및 외회전이 일어나는 위치인 반면, 주로 사용하는 어깨는 내전과 내회전이 강조된 자세가 될 것이다. 추론되는 바와 같이, 어깨에서 유래된 문제들은 백스윙의 경우 발생하는 문제들과 매우 유사할 것이다. 마지막으로, 요추 부분의 불편함으로 인해 몸통 회전을 제한받는 골퍼들이 어깨 문제를 겪는 경향이 더 많은데, 그 이유는 운동 경로가 짧은 점을 보완하기 위해 광범위하고 강력한 스윙동작을 유지하기 때문이다.

큰가슴근 *Pectoralis major*, 대흉근
이 강력한 근육에는 어깨세모근(삼각근)과 마찬가지로 3가지 각기 다른 부분이 있는데, 각 부분의 기능이 크게 다르지는 않다. 기시부는 쇄골의 중앙 부분에 있으며, 주요 기능은 어깨의 내전(adduction), 굽힘(flexion), 압출(antepulsion)이다.

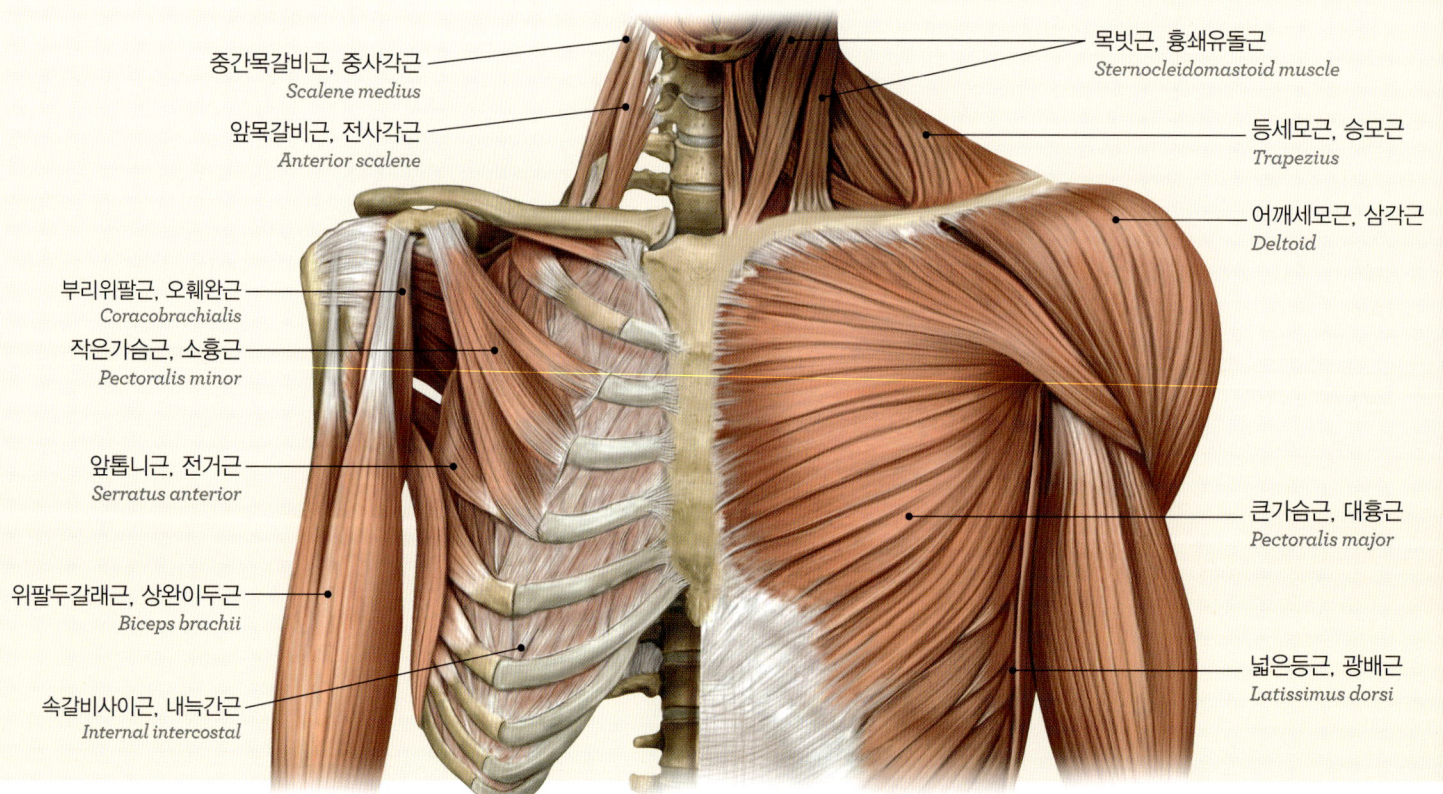

▶ 어깨 스트레칭

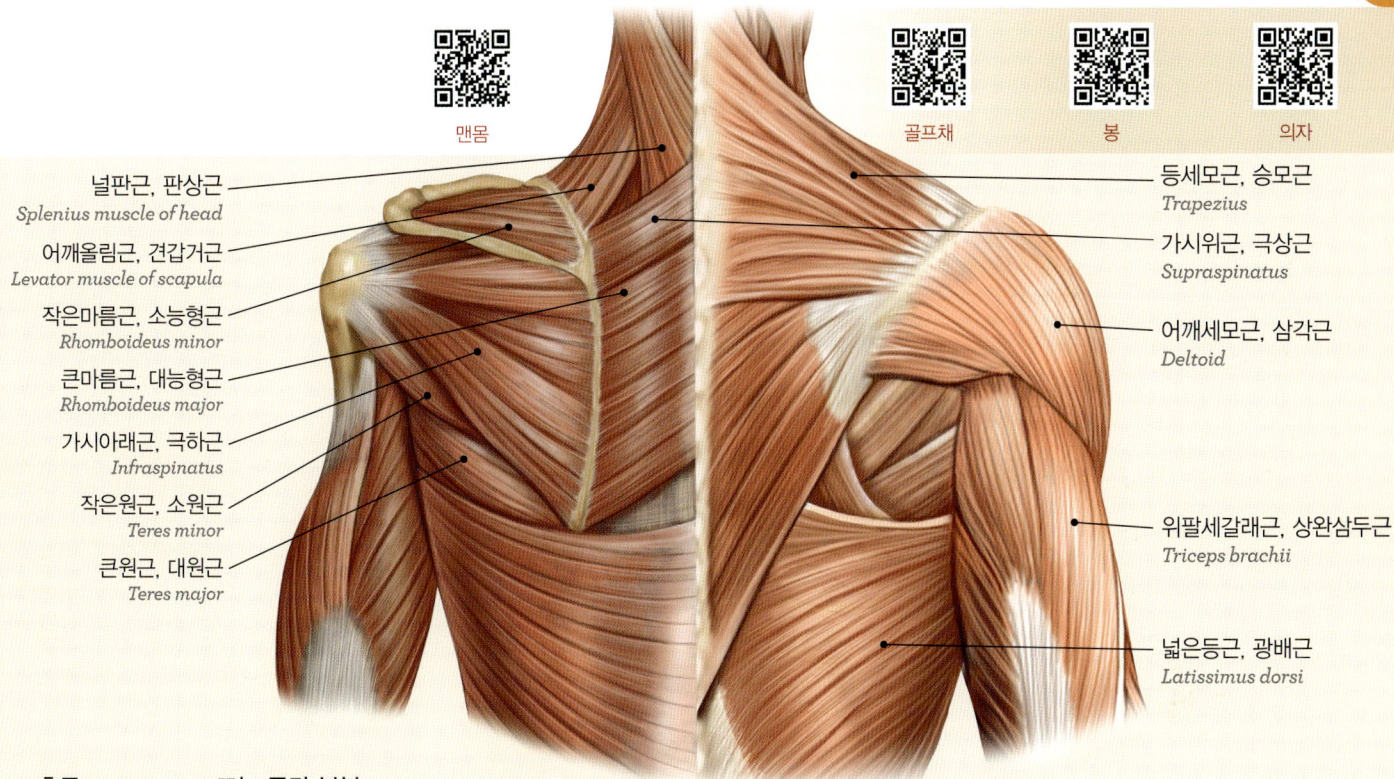

맨몸 / 골프채 / 봉 / 의자

- 널판근, 판상근 — Splenius muscle of head
- 어깨올림근, 견갑거근 — Levator muscle of scapula
- 작은마름근, 소능형근 — Rhomboideus minor
- 큰마름근, 대능형근 — Rhomboideus major
- 가시아래근, 극하근 — Infraspinatus
- 작은원근, 소원근 — Teres minor
- 큰원근, 대원근 — Teres major
- 등세모근, 승모근 — Trapezius
- 가시위근, 극상근 — Supraspinatus
- 어깨세모근, 삼각근 — Deltoid
- 위팔세갈래근, 상완삼두근 — Triceps brachii
- 넓은등근, 광배근 — Latissimus dorsi

흉륵 sternocostal **또는 중간 부분**
기시부는 흉골과 갈비뼈 1a에서 7a까지의 갈비연골에서 찾아볼 수 있으며, 주요 기능은 어깨의 수평내전이다.

복부 또는 아랫부분
기시부는 복부의 배바깥빗근(외복사근)의 건막(aponeurosis)에 있으며, 주요 기능은 어깨의 내전으로, 팔이 올라가 있을 때 내려준다. 중요한 점은 어깨의 굽힘 기능에 전체적으로 관여한다는 것이다.

넓은등근 Latissimus dorsi, **광배근**
기시부는 엉치뼈(sacrum)의 바깥 부분이자 엉덩근 능선인 척추 T7에서 L5까지의 가시돌기에서 찾아볼 수 있다. 정지부는 상완골의 소결절 능선에 있다. 이 강력한 근육은 내외전과 역진행에 관여하며, 주요 기능은 어깨의 내전이다.

큰원근 Teres major, **대원근**
기시부는 어깨근의 아래각에서 찾아볼 수 있으며, 정지부는 상완골의 소결절에 있다. 주요 기능은 어깨의 내회전이며, 내전과 역진행에도 관여한다.

작은원근 Teres minor, **소원근**
기시부는 어깨근의 측면 가장자리에서 찾아볼 수 있으며, 정지부는 상관골의 대결절에 있다. 주요 기능은 어깨의 외회전이다.

어깨세모근 Deltoid, **삼각근**
이 근육은 세 개로 식별되며, 각기 다른 기능이 있다. 상완골의 어깨세모근 조면에 유착되어 있다.

쇄골 또는 앞부분
기시부는 쇄골의 세 번째 말단 부분에서 찾아볼 수 있다. 내회전과 내전에 관여하며, 주요 기능은 어깨의 굽힘이다.

견봉 또는 중간 부분
기시부는 견봉에서 시작되며, 주요 기능은 어깨의 외전이다.

척추 또는 뒷부분
기시부는 견갑골의 척추에 있고, 외회전과 내전에 관여하며, 주요 기능은 어깨의 신장 또는 역진행이다.

가시아래근 Infraspinatus, **극하근**
기시부는 어깨근의 가시아래근와에서 찾아볼 수 있으며, 정지부는 상완골의 대결절에 있다. 주요 기능은 어깨의 외회전이다.

어깨밑근 Subscapularis, **견갑하근**
기시부는 어깨밑근와에서 찾아볼 수 있으며, 정지부는 상완골의 소결절에 있다. 주요 기능은 어깨의 내회전이다.

어깨 뒷면 스트레칭 ❶

41 어깨 스트레칭 / 어깨세모근

시작
서서 엉덩이를 가볍게 굽히고 몸통을 앞쪽으로 기울인다. 두 발 사이의 거리를 유지하고 팔꿈치를 신장시켜 어드레스 자세와 유사한 자세가 되게 한다. 한 손을 다른 팔 뒤쪽으로 넘기고 손목을 교차하여 뻗는다.

기술
몸통 회전을 하고 엉덩이를 신장시킴과 동시에 손으로 반대쪽 팔을 밀어 견인시킨다. 그렇게 하면 어깨의 내전과 내회전이 이루어지면서 폴로스루의 마지막 자세와 유사한 자세가 되겠지만, 이 경우 봉쇄된 팔꿈치를 신장시킨다.

수준	횟수	지속시간
기본	3	15초
중급	3	20초
고급	3	25초

봉쇄된 팔꿈치를 신장시킨다.

등세모근, 승모근 *Trapezius*
어깨세모근, 삼각근 *Deltoid*
큰마름근(대능형근) 및 작은마름근(소능형근) *Rhomboideus major and minor*
가시아래근, 극하근 *Infraspinatus*
배속빗근, 내복사근 *Obliquus internus*
배바깥빗근, 외복사근 *Obliquus externus*

시작 위치

주의사항
봉쇄되어 있는 부분의 팔꿈치는 스트레칭을 효과적으로 할 수 있도록 신장시키는 것이 중요하다. 운동 시작부터 끝까지 등을 '곧게' 세운다.

지시사항
이 운동은 어깨 뒤쪽이나 등의 중심 부분에서 근육의 팽팽함을 느끼는 골퍼들에게 처방된다. 유연성 운동을 강화운동과 배합시키는 것이 적극적으로 추천되지만, 어깨에서 좀 더 중요하다.

어깨세모근 / 어깨 스트레칭   **42**

어깨 뒷면 스트레칭 ❷

팔의 안쪽 면을 가슴에 붙인다.

어깨세모근, 삼각근
Deltoid

등세모근, 승모근
Trapezius

큰마름근(대능형근) 및 작은마름근(소능형근)
Rhomboideus major and minor

가시아래근, 극하근
Infraspinatus

작은원근, 소원근
Teres minor

시작 위치

시작
서서 90° 각도에 도달할 때까지 스트레칭할 어깨로 압출을 실행하면서 팔꿈치를 신장시킨다. 그렇게 한 손은 앞쪽을 가리키게 하고 반대쪽 손으로는 신장된 팔꿈치를 아래에서부터 단단히 붙잡는다.

기술
붙잡고 있는 팔꿈치를 견인하면서 강제로 어깨 전면을 내전시킨다. 팔은 가슴 앞쪽에 교차되어 있어야 한다. 일단 경로의 끝에 도달하면, 스트레칭에 의해 어깨 뒤쪽과 등의 중심 부분에 팽팽함이 느껴질 것이다. 어깨는 엉덩이와 나란히 둔다.

수준	횟수	지속시간
기본	2	20초
중급	2	25초
고급	3	25초

주의사항
봉쇄되어 있는 부분의 팔꿈치를 신장시키고 몸통 회전을 피한다. 몸통이 몇 센티미터를 회전할 수 있다고 하더라도 스트레칭에 도움이 되지 않을 것이며, 오히려 스트레칭 기술을 손상시킬 것이다.

지시사항
특히 어깨의 대외전과 외회전 시, 즉 백스윙이나 폴로스루의 끝 또는 다운스윙 단계의 초기에 어깨 뒤쪽에서 근육의 불편함이나 긴장감이 느껴지는 모든 골퍼들에게 처방된다.

43 어깨 스트레칭 / 어깨세모근

양팔 뒤로 잡아당기기

시작
선 자세에서 어깨를 역진행 위치에 두고 팔꿈치를 굽히면서 양팔이 등 뒤에 있게 한다. 스트레칭할 팔을 몸통에서 몇 센티미터 떨어뜨려놓고 반대쪽 손을 앞팔 아래 그리고 손목에 매우 가깝게 둔다.

기술
스트레칭할 부분의 어깨를 내전시키고 반대쪽 손으로 팔꿈치를 잡는다. 팔꿈치를 견인하면서 해당 어깨의 내전을 강조함으로써 그 관절의 외전에 관여하는 근육의 스트레칭 강도를 증가시킨다.

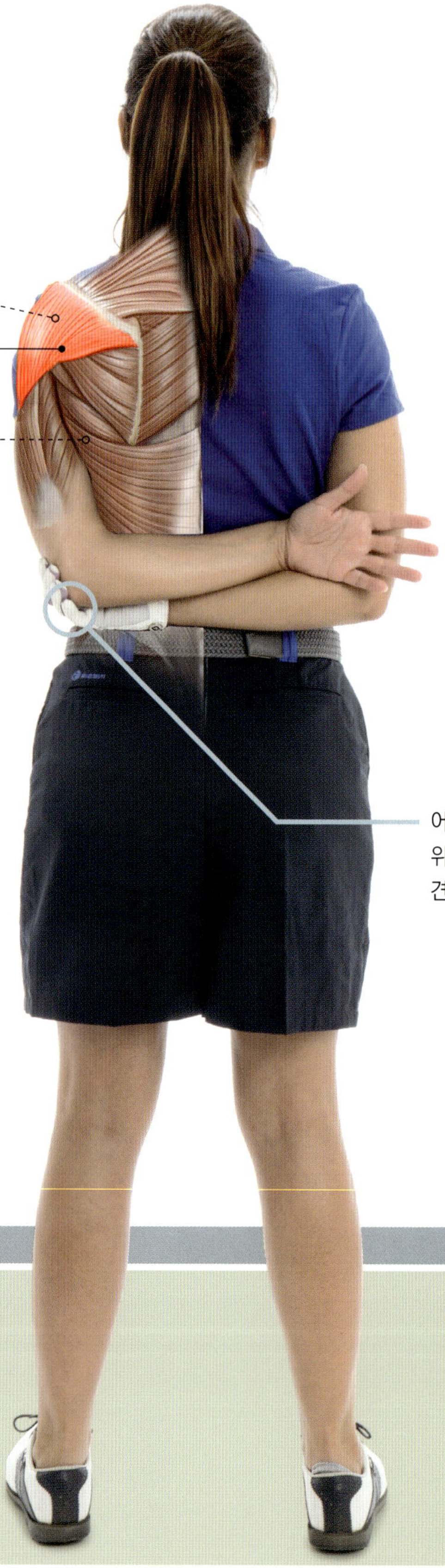

가시위근, 극상근 *Supraspinatus*
어깨세모근, 삼각근 *Deltoid*
앞톱니근, 전거근 *Serratus anterior*

시작 위치

어깨의 내전을 위해 팔꿈치를 견인한다.

수준	횟수	지속시간
기본	2	20초
중급	2	25초
고급	3	25초

주의사항
유연성이 부족하거나 등 근육이 많아서 팔꿈치를 붙잡지 못할 경우 팔뚝을 꽉 붙잡고 견인시키면 동일한 결과를 얻게 된다.

지시사항
이 운동은 어깨세모근에서 근육의 팽팽함을 느끼거나 팔꿈치를 어깨 위로 들어 올릴 때 불편함을 느끼는 골퍼들에게 처방되며, 이러한 증상은 골프를 치는 동안 특히 백스윙과 폴로스루에서 반복적으로 발생한다.

어깨세모근 / 어깨 스트레칭 **44**

양팔 뒤로 잡고 일어서기

수준	횟수	지속시간
기본	2	20초
중급	2	25초
고급	2	30초

- 어깨세모근, 삼각근 *Deltoid*
- 부리위팔근, 오훼완근 *Coracobrachialis*
- 앞톱니근, 전거근 *Serratus anterior*
- 큰가슴근, 대흉근 *Pectoralis major*
- 어깨밑근, 견갑하근 *Subscapularis*

몸통은 지면과 수직상태를 유지한다.

시작 위치

시작
중간 높이의 지지대를 향해 뒤로 선 채 몸통을 지면과 수직상태에 있게 한다. 한쪽 발은 다른 쪽 발 앞에 두고 양손으로 뒤쪽에 있는 지지대를 붙잡는데, 이때 어깨를 역진행 상태에 두고 팔꿈치를 거의 완전히 신장시킬 필요가 있다.

기술
양손으로 지지대 위를 붙잡은 채 무릎을 천천히 그리고 점진적으로 굽혀 자세를 낮춘다. 이로써 팔꿈치를 굽히고 어깨를 최대한 역진행할 수 있게 된다. 어깨와 가슴에 충분히 팽팽함이 느껴지면 움직임을 멈춘다.

주의사항
전체 운동 시간 동안 몸통을 지면과 수직상태로 두는 것이 중요하다. 설령 자세를 몇 센티미터 더 낮출 수 있더라도 스트레칭의 효과를 감소시킬 수 있으므로 앞쪽으로 기울이지 않는다.

지시사항
이 운동은 경기 중이나 이후의 모든 스윙 단계에서 어깨의 벌림근으로 인해 어깨와 가슴 앞부분에 근육의 팽팽함을 느끼는 골퍼들에게 처방된다.

45 어깨 스트레칭 / **가쪽돌림근**

팔 등 뒤로 내회전

시작
선 자세에서 어깨의 가벼운 역진행과 외전을 시도한다. 팔꿈치를 90°로 굽히고 손등을 요추 부위에 고정한다. 스트레칭할 팔꿈치는 어깨보다 뒤로 약간 밀린 상태에 있게 된다.

기술
손을 요추 부위에 고정한 채 팔꿈치를 운동 경로의 접촉점에 도달할 때까지 가볍게 앞으로 내민다. 이 지점에서 팔꿈치는 몸통 앞으로 몇 센티미터 거리에 있게 되며, 어깨는 효과적인 스트레칭이 되도록 적절한 내회전에 도달하게 된다.

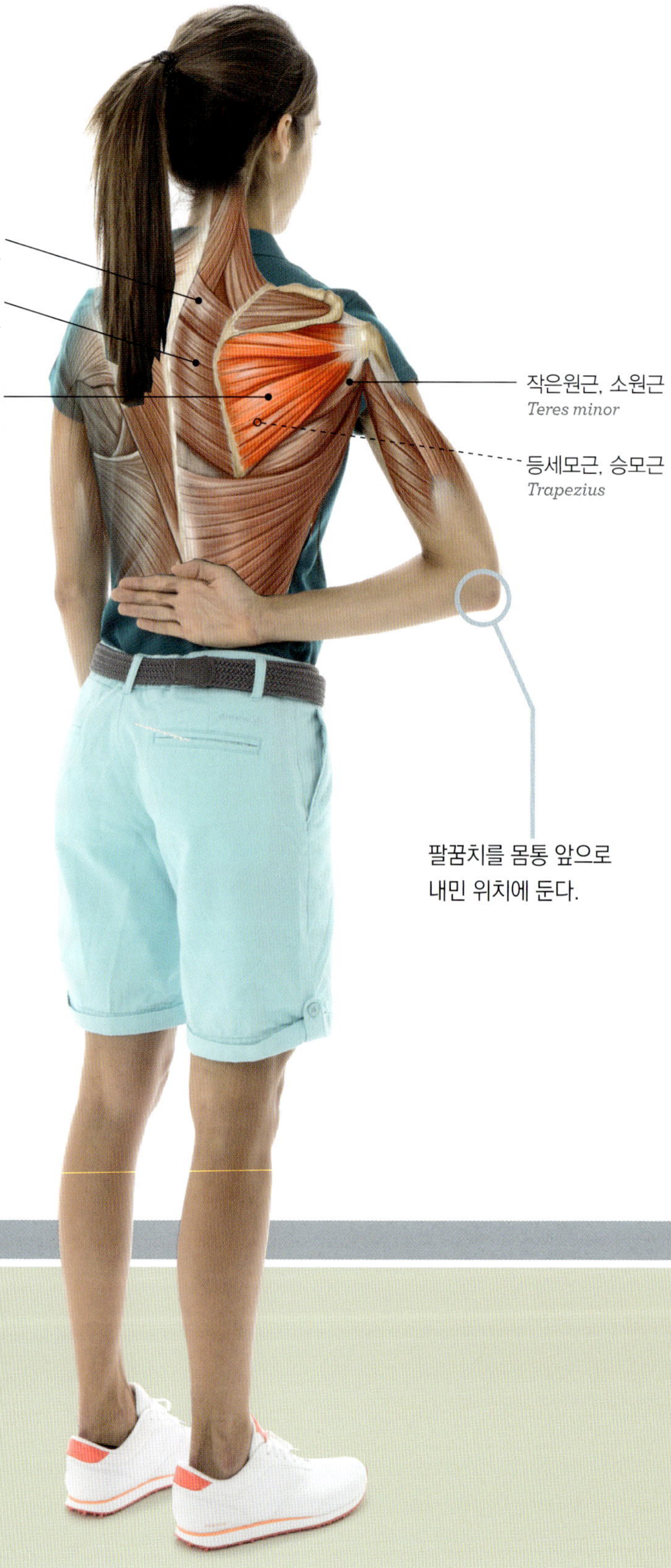

시작 위치

작은마름근, 소능형근 *Rhomboideus minor*
큰마름근, 대능형근 *Rhomboideus major*
가시아래근, 극하근 *Infraspinatus*
작은원근, 소원근 *Teres minor*
등세모근, 승모근 *Trapezius*

팔꿈치를 몸통 앞으로 내민 위치에 둔다.

수준	횟수	지속시간
기본	2	15초
중급	2	20초
고급	3	20초

주의사항
거칠게 움직이거나 과도한 힘을 들이지 않는다. 곧 불편함을 느낄 텐데, 이는 만약 이 운동을 과도한 힘을 써서 하면 위험성을 내포할 수 있다는 것을 알려준다.

지시사항
스윙동작 시 가장 높은 위치에서 팔꿈치 앞부분 또는 뒷부분에 불편함을 느끼는 골퍼들에게 처방된다. 만약 어깨에 불안정성이 느껴지면 벌림근을 강화시키는 운동에 집중한다.

가쪽돌림근 / 어깨 스트레칭 **46**

팔 굽혀 내회전

가시아래근, 극하근
Infraspinatus

작은원근, 소원근
Teres minor

팔꿈치가 벽과 분리되지 않게 하고 스트레칭하는 손을 부드럽게 민다.

시작 위치

시작
발과 옆구리 부분을 벽이나 수직 지지대와 나란히 하여 어깨의 압출과 내회전을 시도한다. 팔꿈치를 90°로 굽히면서 손은 가슴 앞에 둔다. 팔과 팔꿈치의 뒷부분을 벽에 지탱시키고, 스트레칭할 부분의 손목을 반대쪽 손으로 붙잡는다.

기술
붙잡은 손으로 다른 쪽 손을 아래로 밀면서 손바닥이 벽에 닿을 듯이 하되 벽에서 팔과 팔꿈치를 떼지 않는다. 그러면 스트레칭할 어깨의 내회전이 일어난다.

수준	횟수	지속시간
기본	2	15초
중급	2	20초
고급	3	20초

주의사항
스트레칭에 포함된 근육의 구조들이 민감하므로 도움을 주는 손으로 점진적이고 섬세하게 밀어야 한다. 어떤 경우에도 정해진 시간을 초과해서는 안 된다.

지시사항
스윙동작 중이나 경기 후 어깨에 불편함을 느끼는 골퍼들에게 처방된다. 어깨돌림근의 유연성과 강화운동을 배합하는 것이 중요하다.

골프 워밍업 · 정적 스트레칭 / 89

47 어깨 스트레칭 / **안쪽돌림근**

클럽 잡고 팔 뒤로 꺾기

시작

선 자세에서 스트레칭할 부분의 손으로 골프채 손잡이를 잡는다. 90°가 될 때까지 어깨의 외전을 시도하고 같은 각도에 맞춰 팔꿈치를 굽힌다. 골프채가 팔 뒤로 지면과 수직이 되게 하고 다른 쪽 손으로 클럽 아래쪽 몸통을 붙잡는다.

기술

클럽 몸통을 붙잡은 손으로 골프채를 앞쪽으로 견인시키고 다른 쪽 손으로는 손잡이를 놓지 않는다. 어깨에서 진행되어야 할 유일한 움직임은 외회전으로, 어깨돌림근의 스트레칭을 도울 것이다. 천천히 그리고 점진적인 방법으로 움직임을 시도한다.

수준	횟수	지속시간
기본	2	20초
중급	2	25초
고급	2	30초

시작 위치

클럽 몸통이 팔 뒤쪽과 접촉하게 한다.

큰가슴근, 대흉근
Pectoralis major

어깨밑근, 견갑하근
Subscapularis

큰원근, 대원근
Teres major

주의사항

이 운동에서 도달하게 되는 외전과 외회전 위치는 어깨에 큰 불안정함을 일으키므로 스트레칭할 때 주의를 많이 기울여야 하며, 과도한 힘이나 시간을 들이지 말아야 한다.

지시사항

스윙 시 스트레칭된 근육군으로 인해 특히 어깨 앞부분에 불편함을 느끼는 모든 골퍼들에게 처방된다. 어깨에 불안정성을 느끼는 경우 강화운동을 우선해야 한다.

안쪽돌림근 / 어깨 스트레칭   **48**

봉 잡고 외회전

어깨밑근, 견갑하근
Subscapularis

큰원근, 대원근
Teres major

팔을 몸통에 붙인다.

시작 위치

시작
견인상태를 유지할 수 있는 수직 지지대와 나란히 선다. 지지대에 가까운 팔은 몸통에 붙어 있어야 하며, 팔꿈치는 90°로 굽혀져야 하고, 손은 고정된 지지대를 붙잡고 있어야 한다. 몸통이 지지대 앞으로 나와야 한다.

기술
앞을 보고 선 채 팔을 몸통에 붙이고 손으로 수직 지지대를 붙잡는다. 이 운동으로 어깨의 외회전이 이루어지며, 안쪽돌림근은 스트레칭 위치에 있게 된다.

수준	횟수	지속시간
기본	2	20초
중급	3	20초
고급	3	25초

주의사항
어깨의 다른 모든 회전 움직임에서처럼 시도할 때 주의를 기울여야 한다. 첫 번째 시도에서는 시간을 짧게 잡는 것이 좋고, 다음 시도부터 강도를 조정하고 점진적인 형태로 진행한다.

지시사항
스윙 시 가장 높은 동작에서 발생하는 어깨의 내회전 움직임에서 근육의 팽팽함을 느끼는 선수들에게 처방된다. 만약 어깨에 불안정성을 느낀다면, 그 부분의 강화운동을 우선한다.

골프 워밍업 · 정적 스트레칭 / 91

49 어깨 스트레칭 / 큰가슴근

양팔 위로 클럽 잡기

시작
서서 양손으로 골프채의 손잡이와 헤드 부분 근처에 있는 클럽 몸통을 붙잡는다. 골프채는 지면과 평행상태를 유지하고 엉덩이 앞에 있어야 한다. 팔꿈치를 펴고 몸통을 지면과 수직상태에 두면서 두 발과 어깨를 나란히 한다.

기술
어깨의 압출을 시도하고, 그와 동시에 팔꿈치를 굽히면서 수평성을 잃지 않은 채 골프채를 머리 위로 넘긴다. 일단 골프채가 머리 위에 있게 되면, 가슴에 팽팽함이 느껴지기 시작한다. 골프채를 머리보다 몇 센티미터 뒤로 가져간다.

골프채를 뒤로 가져가고, 지면과 수평이 되게 한다.

어깨밑근, 견갑하근
Subscapularis

큰가슴근, 대흉근
Pectoralis major

앞톱니근, 전거근
Serratus anterior

큰원근, 대원근
Teres major

작은가슴근, 소흉근
Pectoralis minor

시작 위치

수준	횟수	지속시간
기본	3	15초
중급	3	20초
고급	3	20초

주의사항
어깨의 외전 및 외회전의 위치가 이 관절을 불안정한 상황에 놓이게 하므로 운동 중에 거칠고 빠른 움직임이나 되튀기를 피해야 한다.

지시사항
백스윙 및 다운스윙이 중지될 때 주로 사용하는 부분의 큰가슴근과 백스윙 및 폴로스루가 중지될 때 주로 사용하지 않는 부분의 큰가슴근으로 인해 경기 중이나 후에 가슴근에 팽팽함을 느끼는 골퍼들에게 처방된다.

큰가슴근 / 어깨 스트레칭 **50**

양팔 뒤로 클럽 잡기

- 큰가슴근, 대흉근 *Pectoralis major*
- 작은가슴근, 소흉근 *Pectoralis minor*
- 부리위팔근, 오훼완근 *Coracobrachialis*
- 앞톱니근, 전거근 *Serratus anterior*
- 어깨세모근, 삼각근 *Deltoid*

골프채를 지면과 수평하게 둔다.

시작 위치

시작
서서 몸통을 곧게 세우고 두 발을 어깨와 나란히 한다. 양 손을 사용하여 골프채를 엉덩이 뒤로 붙잡는데, 한쪽은 손잡이를, 다른 쪽은 헤드와 가까운 클럽 몸통 쪽을 붙잡으며 팔꿈치를 편다. 골프채는 볼기근의 뒤쪽에서 수평상태에 있어야 한다.

기술
골프채의 그립을 바꾸지 않은 채 어깨의 역진행을 시도한다. 또한 지면과 수평상태를 유지하면서 뒤와 위로 이동해야 한다. 움직임이 전개됨에 따라 수축으로 인해 등 중심부분과 어깨 뒤쪽 근육에서 팽팽함이 느껴질 것이며, 가슴 근육은 스트레칭으로 인해 팽팽함이 느껴질 것이다.

수준	횟수	지속시간
기본	3	15초
중급	3	20초
고급	3	20초

주의사항
이 스트레칭은 가슴 반대 부분을 견인시키는 등 근육의 운동범위가 제한적인 관계로 강도와 지속시간에 그다지 큰 위험이 내포되어 있지는 않다.

지시사항
경기 중과 후 그리고 스윙으로 인해 가슴근에 팽팽함을 느끼는 모든 골퍼들에게 처방된다. 큰가슴근이 모든 스윙 단계에서 어느 정도 활성화되어 있다는 점을 잊지 말자.

51 어깨 스트레칭 / **큰가슴근**

봉 잡고 버티기

시작
문과 같은 수직 지지대 사이에 선다. 한 발은 지지대 앞에 두고 다른 쪽 발은 몇 센티미터 뒤에 두어야 한다. 양쪽 어깨의 외전을 시도하고 팔꿈치를 90°로 굽힌다. 양손과 앞팔은 지지대 위에 둔다.

기술
지지대에서 지탱상태를 유지하고 가슴을 앞으로 가볍게 기울이면서 전진하면 지지대가 고정되어 있는 경우 몸통이 조금 뒤로 오게 될 것이다. 뒤처져 있는 무릎은 완전히 신장되며, 앞서 있는 무릎은 움직임을 동반하기 위해 굽혀진다.

수준	횟수	지속시간
기본	3	25초
중급	3	30초
고급	3	30초

- 어깨세모근, 삼각근 *Deltoid*
- 작은가슴근, 소흉근 *Pectoralis minor*
- 어깨밑근, 견갑하근 *Subscapularis*
- **큰가슴근, 대흉근** *Pectoralis major*
- 앞톱니근, 전거근 *Serratus anterior*
- 가슴은 팔꿈치 앞에 둔다.

시작 위치

주의사항
외전과 외회전 상태에 있는 어깨는 불안정하므로 운동할 때 천천히 움직여야 하고, 어깨에 불편함이 느껴지면 중단해야 한다.

지시사항
각각의 스윙 단계에서 요구되는 움직임에서 가슴근에 뻣뻣함을 느끼는 골퍼들에게 처방된다.

넓은등근 / 어깨 스트레칭 — 52

양손 올려 허리 굽히기

※ 영상에서는 의자를 이용하여 동작하였습니다.

앞톱니근, 전거근 *Serratus anterior*
넓은등근, 광배근 *Latissimus dorsi*
어깨를 양손 아래에 둔다.
작은가슴근, 소흉근 *Pectoralis minor*
큰가슴근, 대흉근 *Pectoralis major*
큰원근, 대원근 *Teres major*

시작 위치

시작
무게를 충분히 지탱할 수 있는 동료 뒤에 선다. 두 발과 동료의 발은 나란히 나열되고 충분한 너비로 떨어져 있어야 한다. 양팔을 올리고 몸통을 앞으로 기울인 뒤 양손을 동료의 어깨 위에 둔다. 등을 곧게 펴고 팔꿈치는 신장시키는 것을 잊지 않는다.

기술
엉덩이를 뒤로 빼고 가슴을 내림과 동시에 양손이 고정되고 팔꿈치가 신장되게 한다. 머리와 어깨는 양손과 팔꿈치보다 낮춘다. 스트레칭으로 인해 겨드랑이 아래부터 시작해서 옆구리에 팽팽함이 느껴질 것이다.

수준	횟수	지속시간
기본	2	20초
중급	2	25초
고급	2	25초

주의사항
어깨의 최대 위치는 불안정할 수 있으며 조심스럽게 진행되어야 한다는 점을 잊지 않는다. 어떤 관절이든 불편하면 안전하게 바로 멈출 수 있도록 천천히 움직인다.

지시사항
스윙동작 시 넓은등근이 관여하고 있다고 해도 그 중요성은 다른 근육군보다 낮다. 또한, 커다란 부위와 힘으로 인해 골프를 칠 때 과부하가 걸리지는 않는다. 그럼에도 불구하고 이 스트레칭을 습관적으로 포함시키는 것을 추천한다.

골프 워밍업 · 정적 스트레칭

53 어깨 스트레칭 / 넓은등근

팔꿈치 잡아 몸통 기울이기

시작
서서 어깨의 압출을 통해 지면과 수직이 될 때까지 양팔을 들어 올리고, 팔꿈치는 90°가 될 때까지 굽히면서 각 손이 반대쪽 팔꿈치 위에 있게 한다. 다음 단계에 안정성을 부여하기 위해 두 발을 벌리고 스트레칭할 부분의 팔꿈치를 붙잡는다.

기술
머리 방향으로 팔꿈치를 견인시킴과 동시에 몸통을 스트레칭하는 어깨 반대쪽 측면으로 기울인다. 움직임이 전개되면서 스트레칭으로 인한 팽팽함이 느껴질 것이며, 겨드랑이 아랫부분에서 시작하여 옆구리 쪽으로 확대될 것이다.

- 팔꿈치를 머리 쪽으로 잡아당긴다.
- 큰원근, 대원근 *Teres major*
- **넓은등근, 광배근** *Latissimus dorsi*
- 앞톱니근, 전거근 *Serratus anterior*
- 배바깥빗근, 외복사근 *Obliquus externus*
- 배속빗근, 내복사근 *Obliquus internus*

시작 위치

수준	횟수	지속시간
기본	3	20초
중급	3	25초
고급	3	30초

주의사항
매우 안정적인 위치에서 시작해야 하므로 두 발을 넓게 벌려야 한다. 어깨가 관여하는 다른 스트레칭처럼 매우 신중해야 한다.

지시사항
이 운동은 경기 중이나 후에 옆구리와 등 중심 부분에서 근육의 팽팽함을 느끼는 골퍼들에게 처방된다. 이들 근육은 매우 강하므로 일상적이지는 않지만, 스윙 동작 시 넓은등근이 관여한다.

넓은등근 / 어깨 스트레칭　**54**

클럽 잡고 측면 기울이기

어깨세모근, 삼각근 *Deltoid*
큰원근, 대원근 *Teres major*
넓은등근, 광배근 *Latissimus dorsi*
배바깥빗근, 외복사근 *Obliquus externus*
배속빗근, 내복사근 *Obliquus internus*

안정성을 확보하기 위해 두 발을 벌린다.

시작 위치

시작
서서 양손으로 골프채의 끝을 붙잡는다. 어깨의 압출을 통해 골프채를 머리 위로 올리고 지면과 수평이 되게 한다. 팔꿈치는 완전히 신장되어 있어야 하며, 두 발 사이의 거리는 안정성을 확보하기 위해 충분히 넓어야 한다.

기술
스트레칭하는 부분과 반대되는 손으로 골프채를 견인시키고, 반대쪽 팔을 머리와 가까워지게 함과 동시에 같은 방향으로 몸통의 측면 기울이기를 한다. 양쪽 팔꿈치는 계속 신장되어 있어야 하며, 스트레칭하는 팔이 머리에 가까워지고 몸통의 기울기 각도가 더욱 커짐에 따라 스트레칭이 강화될 것이다.

수준	횟수	지속시간
기본	3	20초
중급	3	25초
고급	3	30초

주의사항
운동 중 나타나는 무게중심의 이동 때문에 두 발을 벌리고 매우 안정적인 자세로 지지기반을 확보해야 한다. 무엇보다 어깨의 움직임에 주의한다.

지시사항
골프를 치는 중이나 이후에 겨드랑이부터 갈비뼈 뒤쪽까지 옆구리에 근육의 팽팽함을 느끼는 선수들에게 처방된다. 넓은등근은 스윙동작에 관여하는 근육 중 하나이다.

상지 스트레칭

손목과 팔꿈치의 부상은 등 부상 다음으로 골퍼들에게 가장 일상적인 것들이다. 분명한 것은 손목이 스윙동작을 하는 동안 골프채에 의해 전달되는 모든 힘을 흡수하는 첫 번째 관절이며, 그로 인해 손목과 손목을 움직이는 근육이 가장 충격을 많이 받는 구조라는 점이다. 그리고 초보골퍼들 및 프로골퍼들 사이에 그 유형과 부상 횟수에서 차이가 난다고 해도 손목의 부상은 전체 중 20%에 해당하며, 팔꿈치의 부상은 대략 18%에 해당한다. 가장 일반적인 부상 원인은 다음과 같다.

■ **저항력과 속도에서의 반복적인 변화**
때때로 초보골퍼들 사이에서 특히 스윙 궤도에 부정확성이 나타나며, 그로 인해 지면, 모래, 그 외 장애물들을 치면서 종료될 수 있다. 이는 골프채에 저항력의 반복적인 증가와 즉각적인 감속을 일으켜 손목에 전달되면서 상활차근 및 상과근에서 부상을 일으킬 수 있다. '골프엘보'라고 알려져 있는 질환이 이러한 상황의 결과로 나타나곤 한다.

■ **과도한 사용**
스윙동작의 반복은 특히 부적절한 신체적 준비를 하거나 짧은 시간 안에 골프를 치는 횟수가 많은 골퍼들에게서 나타나는 가장 일반적인 부상의 또 다른 원인이다. 이러한 현상은 상과근에 문제를 일으키며, '테니스엘보'라고 알려져 있기는 해도 골퍼들 사이에서는 '골프엘보'가 더 일반적이다.

위팔두갈래근 *Biceps Brachii*, 상완이두근
장두(long head)의 기시부는 관절와하결절(subglenoid tubercle)에서 찾아볼 수 있으며, 단두(short head)는 어깨근의 오탁골돌기(coracoid apophysis)에서 찾아볼 수 있다. 어깨의 압출에 관여하며, 주요 기능은 팔꿈치의 굽힘이다.

위팔세갈래근 *Triceps Brachii*, 상완삼두근
장두의 기시부는 어깨근의 관절하결절(infraglenoid tubercle)에서 찾아볼 수 있으며, 중두는 그 뒷면에서 상완골간의 처음 3분의 2에서, 그리고 측두는 마찬가지로 그 뒷면에서 상완골간의 처음 3분의 1 부분에서 찾아볼 수 있다. 이들 머리는 팔꿈치뼈의 주두(olecranon)에 유착된다. 주요 기능은 팔꿈치의 신장으로, 어깨의 역진행과 내전에는 거의 관여하지 않는다.

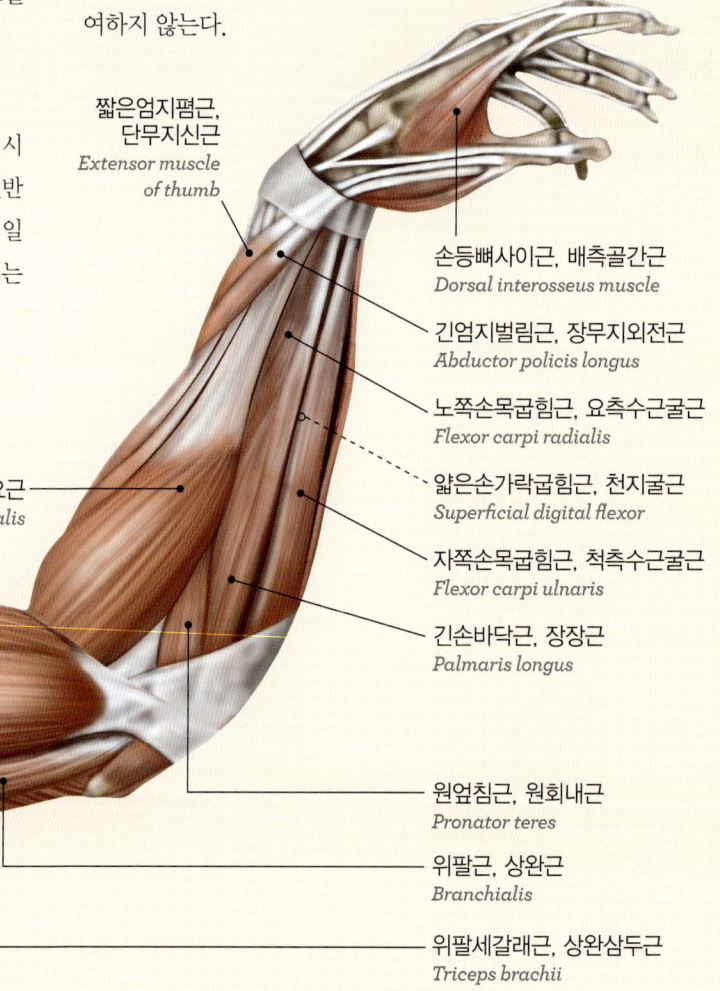

> 상지 스트레칭

맨몸

골프채

봉

2인

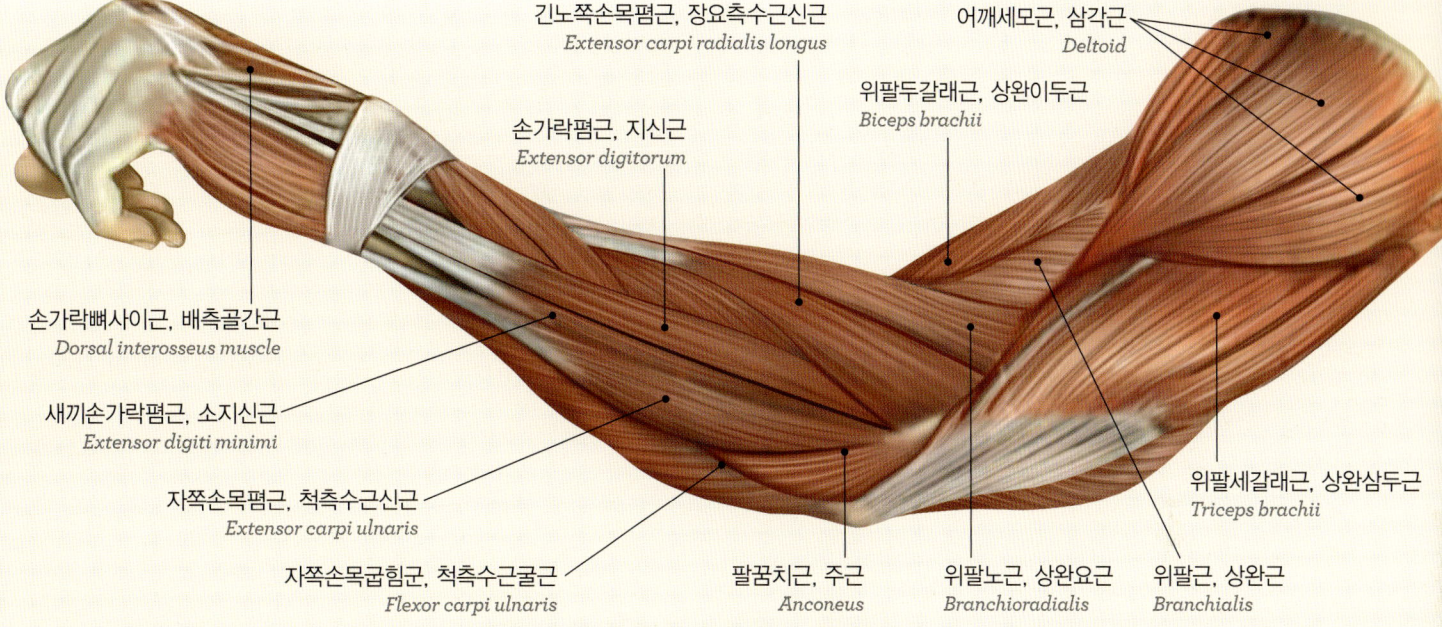

노쪽손목굽힘근 Flexor carpi radialis, 요측수근굴근
기시부는 상완골이나 상활차의 중간상과에서 찾아볼 수 있으며, 정지부는 두 번째 완전골간에 있다. 주요 기능은 손의 굽힘과 외전이다.

짧은노쪽손목폄근 Extensor carpi radialis brevis, 단요측수근신근
기시부는 상완골의 측면상과에서 찾아볼 수 있으며, 정지부는 세 번째 완전골간에 있다. 주요 기능은 긴노쪽손목폄근(Extensor carpi radialis longus, 장요측수근신근)과 호환이 가능하며, 설령 팔꿈치의 굽힘에 관여한다고 해도 손목의 신장과 외전이다.

긴노쪽손목폄근 Extensor carpi radialis longus, 장요측수근신근
기시부는 상완골의 측면과상능선(supracondylar crest of humeros)에서 찾아볼 수 있으며, 정지부는 두 번째 완전골간에 있다.

얇은손가락굽힘근 Superficial digital flexor, 천지굴근
기시부는 상완골이나 상활차의 중간상과, 반경의 완척(cubit) 및 앞골간(diaphysis)의 갈고리오돌기(coronoid apophysis)에서 찾아볼 수 있으며, 정지부는 두 번째에서 다섯 번째 손가락의 두 번째 손가락뼈이다. 주요 기능은 엄지를 제외하고는 손목과 손가락의 굽힘이다.

짧은엄지굽힘근 Flexor hallucis brevis, 단무지굴근
기시부는 굴근지대와 큰뼈 및 등세모근에서 찾아볼 수 있으며, 정지부는 가장 가까운 첫 번째 손가락뼈간이다. 주요 기능은 엄지손가락의 계관절에서 굽힘이다.

긴엄지굽힘근 Flexor longus of thumb, 장무지굴근
기시부는 반경의 앞면과 골간막(interosea membrane)에서 찾아볼 수 있으며, 정지부는 첫 번째 말단손가락뼈이다. 주요 기능은 수근중수관절, 중수지관절, 지절간관절에서 엄지손가락의 굽힘과 손목의 굽힘 및 외전이다.

엄지폄근 Extensor hallucis, 무지신근
기시부는 완척의 뒷면과 골간막에서 찾아볼 수 있으며, 정지부는 첫 번째 말단손가락뼈이다. 주요 기능은 엄지손가락과 손목의 폄과 외전이다.

손가락폄근 Extensor of the fingers, 지신근
기시부는 상완골의 측면상과에서 찾아볼 수 있으며, 정지부는 등근건막 확장을 통해 두 번째에서 다섯 번째의 손가락뼈이다. 주요 기능은 중수지관절과 지절간관절에서 손목과 두 번째에서 다섯 번째까지의 손가락 폄이다.

55 상지 스트레칭 / 위팔두갈래근

클럽 뒤로 잡고 팔 꺾기

시작
선 자세에서 한 발을 다른 쪽 발 앞에 둔다. 스트레칭할 부분의 손으로 골프채의 손잡이를 잡고 발을 뒤로 둔 채 가능한 한 지면과 수직상태로 유지한다. 몸통을 곧게 세우고 팔꿈치와 무릎을 신장시킨다.

기술
무릎을 천천히 그리고 점진적으로 굽혀 자세를 낮춘다. 가능한 한 몸통은 수직을 유지하고 팔꿈치를 신장시킨다. 스트레칭할 부분의 어깨가 내려가는 동안 역진행을 하게 한다.

- 손을 회내(pronation)한다.
- 어깨세모근, 삼각근 — Deltoid
- 부리위팔근, 오훼완근 — Coracobrachialis
- 큰가슴근, 대흉근 — Pectoralis major
- 위팔근, 상완근 — Branchialis
- **위팔두갈래근, 상완이두근** — Biceps brachii

시작 위치

수준	횟수	지속시간
기본	2	25초
중급	3	25초
고급	3	30초

주의사항
몸통을 내리기 전에 팔꿈치를 신장시키고 어깨를 역진행한다. 몇 센티미터만 내려가게 해도 운동 시 효과를 떨어뜨리기 때문에 앞으로 기울어지지 않아야 한다.

지시사항
이 운동은 위팔두갈래근의 장두에서 점진적으로 근위건(proximal tendon)이 퇴화하는 골퍼들에게 처방된다. 주로 사용하는 팔의 경우에는 백스윙의 마지막 움직임, 거의 사용하지 않는 팔의 경우에는 폴로스루의 마지막 움직임의 반복이 일어난다. 관절순에 의해 야기되는 결과가 나타날 수 있다.

위팔두갈래근 / 상지 스트레칭 **56**

도움 받아 팔 뒤로 꺾기

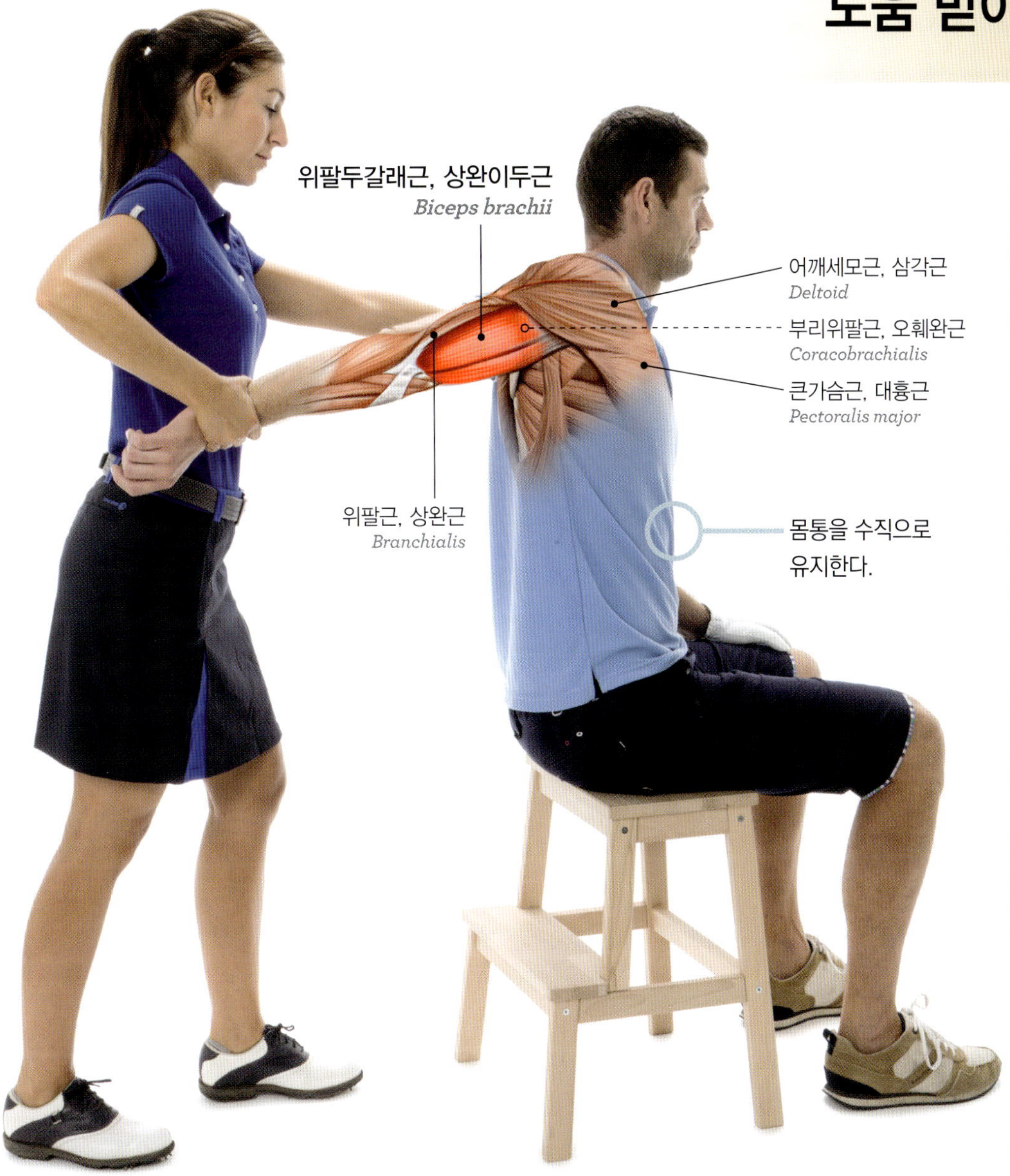

위팔두갈래근, 상완이두근
Biceps brachii

어깨세모근, 삼각근
Deltoid

부리위팔근, 오훼완근
Coracobrachialis

큰가슴근, 대흉근
Pectoralis major

위팔근, 상완근
Branchialis

몸통을 수직으로 유지한다.

시작
앉아서 등 뒤에 있는 보조자의 도움을 받는다. 보조자는 선 채로 손목 중 하나를 붙잡음과 동시에 가만히 있는 손을 어깨 위에 지탱시킨다. 몸통을 지면과 수직이 되게 하고 스트레칭할 부분의 팔꿈치를 신장시킨다.

기술
보조자는 손목을 위로 견인시키고 스트레칭할 부분의 어깨를 역진행함과 동시에 팔꿈치가 완전히 신장되고 몸통이 수직상태에 있게 해야 한다. 보조자가 손목을 들어 올리면 앞팔의 회내를 위해 손목을 안쪽으로 회전시켜야 한다.

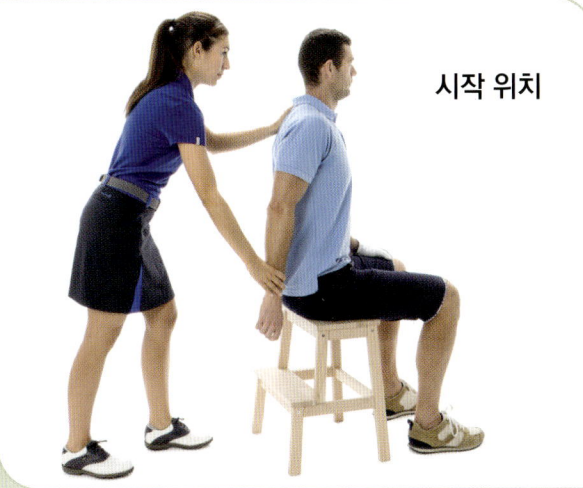

시작 위치

수준	횟수	지속시간
기본	2	20초
중급	2	25초
고급	3	25초

주의사항
운동 경로의 최종지점에 도달하는 동안 보조자가 너무 천천히 움직이지 않는지 확인하고, 통증의 한계점을 넘기지 않기 위해 보조자와 끊임없이 소통한다.

지시사항
어깨와 팔꿈치를 굽히는 움직임에서 위팔두갈래근의 장두 근위건이 점진적으로 약해졌거나 퇴화한 골퍼들에게 처방한다.

골프 워밍업 · 정적 스트레칭 / 101

팔꿈치 뒤로 당기기

57 상지 스트레칭 / 위팔세갈래근

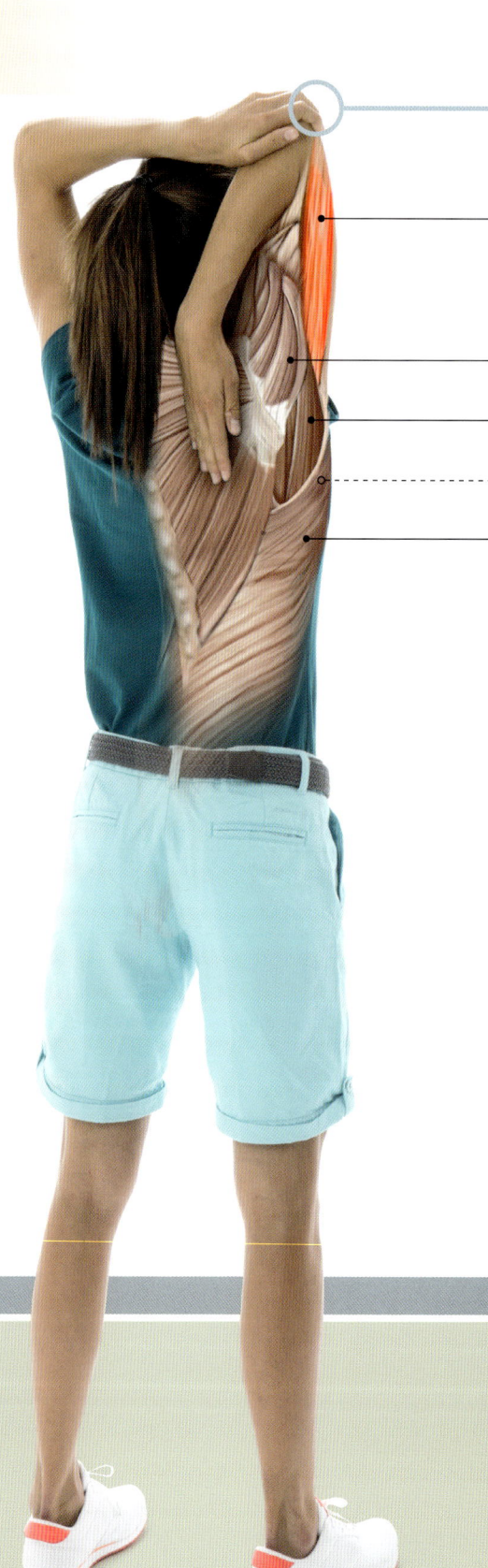

- 어깨와 팔꿈치를 최대한 굽힌다.
- **위팔세갈래근, 상완삼두근** *Triceps brachii*
- **어깨세모근, 삼각근** *Deltoid*
- **큰원근, 대원근** *Teres major*
- **앞톱니근, 전거근** *Serratus anterior*
- **넓은등근, 광배근** *Latissimus dorsi*

시작 위치

시작

선 자세에서 어깨를 최대 압출 위치에 두고 그와 동시에 팔꿈치에 보통의 굽힘을 적용한다. 양손 중 하나로 반대쪽 팔꿈치의 바깥쪽을 붙잡는다. 두 발은 어깨와 나란히 하고 몸통은 곧게 세운다.

기술

팔꿈치를 마치 머리 뒤쪽에 두듯이 당기고, 그와 동시에 팔꿈치를 최대한 굽히면서 손바닥을 등 위에 놓는다. 스트레칭에 의한 팽팽함이 팔 뒷면에서 분명히 느껴질 것이다.

수준	횟수	지속시간
기본	2	20초
중급	2	25초
고급	2	30초

주의사항

어깨를 한계 자세로 이동시키므로 당기는 것에 주의해야 하며, 과도한 힘을 들이지 말고 천천히 시도해야 한다. 어떤 경우에도 어깨에서 불편함이나 통증을 느끼지 않아야 하며, 위팔세갈래근에서 스트레칭에 의한 팽팽함만 느껴야 한다는 점을 기억한다.

지시사항

경기 중이나 후에 팔 뒷면에서 근육의 팽팽함을 느끼는 골퍼들에게 처방된다. 주로 사용하는 팔이 아닌 경우, 보통 나타나는 것과 달리 이 증세는 일반적으로 발생한다.

위팔세갈래근 / 상지 스트레칭　**58**

클럽 뒤로 잡아당기기

위팔세갈래근, 상완삼두근
Triceps brachii

어깨세모근, 삼각근
Deltoid

큰원근, 대원근
Teres major

앞톱니근, 전거근
Serratus anterior

넓은등근, 광배근
Latissimus dorsi

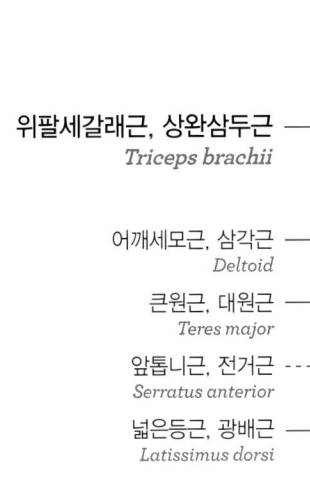

시작 위치

골프채를 아래로 잡아당긴다.

시작
골프채 손잡이를 붙잡은 손이 등 뒤에 오게 하고, 클럽 몸통은 어깨근 사이에 위치한 채 지면과 수직이 되게 한다. 붙잡는 손은 머리 위에 놓여야 한다. 가만히 있는 손을 등 뒤에 놓고 그 손으로 클럽 몸통의 끝부분을 붙잡는다.

기술
골프채의 끝부분을 놓지 않고 그 손의 팔꿈치를 더 아래로 신장시킨다. 이로써 스트레칭될 부분의 어깨와 팔꿈치를 최대한 굽히게 된다. 손잡이를 붙잡는 손이 내려감에 따라 위팔세갈래근에서 스트레칭에 의한 팽팽함이 눈에 띄게 향상된다.

수준	횟수	지속시간
기본	2	20초
중급	2	25초
고급	2	30초

주의사항
천천히 움직이면서 양손으로 골프채를 단단히 잡고 있는지 확인한다. 만약 스트레칭할 부분의 어깨에 불편함이 느껴지면 압출 강도를 줄인다.

지시사항
팔 뒷부분에 근육의 팽팽함을 느끼는 골퍼들에게 처방된다. 이러한 증상은 다운스윙, 가속과 폴로스루 초기에 큰 움직임으로 인해 잘 사용하지 않는 사지에서 발생할 수 있다.

59 상지 스트레칭 / 위팔세갈래근

팔꿈치 대고 누르기
※ 영상에서는 벽을 이용하여 동작하였습니다.

시작
매끄러운 수직 지지대 앞에 서서 앞팔을 그 지지대에 지탱시키면서 그 손이 위를 향하고 팔꿈치는 가볍게 어깨 위에 있게 한다. 한쪽 발은 가볍게 다른 쪽 발 앞에 두어야 하며, 몸통을 지면과 수직이 되게 하고, 아무것도 하지 않는 손은 이완시키거나 허리 부근에 둔다.

기술
수직 지지대에 옆구리를 접근시키면서 몸통을 앞으로 기울인다. 앞팔을 지지대에 붙여 팔꿈치를 굽히고 팔의 뒷면으로 지지대를 밀어올린다. 어깨와 팔꿈치를 동시에 최대한 굽히기 위해 겨드랑이를 지지대에 접근시킨다.

팔꿈치를 완전히 굽힌다.

위팔세갈래근, 상완삼두근
Triceps brachii

어깨세모근, 삼각근
Deltoid

큰원근, 대원근
Teres major

넓은등근, 광배근
Latissimus dorsi

앞톱니근, 전거근
Serratus anterior

시작 위치

수준	횟수	지속시간
기본	2	20초
중급	2	25초
고급	2	30초

주의사항
저항력이 있는 지지대(벽, 기둥 등)를 이용하고 지지대가 안전한지 확인한다. 지나치게 좁은 지지대는 자세를 불안정하게 만들 수 있다. 어깨에 불편함이 느껴질 경우에는 어깨의 압출 정도를 줄인다.

지시사항
이 운동은 경기 중이나 후에 팔의 뒷부분에서 근육의 팽팽함을 느끼는 골퍼들, 특히 다운스윙과 가속 과정에서 잘 사용하지 않거나 자주 사용하지 않는 쪽의 팔에 처방된다.

활차상주근 / 상지 스트레칭 60

손목 펴서 당기기

긴손바닥근, 장장근
Palmaris longus

노쪽손목굽힘근, 요측수근굴근
Flexor carpi radialis

손목을 신장시킨다.

자쪽손목굽힘근, 척측수근굴근
Flexor carpi ulnaris

시작 위치

시작
서서 양손을 전방으로 향하게 한다. 스트레칭할 부분의 손바닥을 위로 하고 반대쪽 손으로 그 손을 붙잡으면서 엄지손가락이 손등 아래, 그리고 나머지 손가락들은 손바닥 위에 둔다.

기술
손을 아래쪽으로 천천히 내리고 스트레칭할 부분의 손목을 신장시켜 손바닥은 앞쪽을, 손가락은 지면을 가리키게 한다. 이 자세를 유지하거나 상활차근 또는 다른 근 위에서 손목의 요측변위로 자세를 변경할 수 있다.

수준	횟수	지속시간
기본	2	15초
중급	2	20초
고급	2	20초

주의사항
손목을 다룰 때는 속도와 힘에 주의한다. 스트레칭할 때, 그리고 약하거나 작은 근육을 스트레칭할 때는 신중을 기하는 것이 좋다.

지시사항
특히 앞팔의 안쪽 면과 팔꿈치 부분에 불편함을 느끼는 초보골퍼들에게 처방되며, 이런 골퍼들에게서는 명백한 골프엘보 증상이 나타난다.

61 상지 스트레칭 / 활차상주근

손목 뒤로 굽히기

시작
선 자세에서 양팔을 몸통 쪽으로 이완시키고 양 팔꿈치는 신장시킨다.

기술
도움 없이 스트레칭할 부분의 손목을 최대한 신장시키며, 손바닥은 아래로 향하게 하고 손가락은 뒤를 가리키게 한다. 두 번째 단계에서 이완시킬 것이므로 최대한 신장상태를 유지한다.

시작 위치

노쪽손목굽힘근, 요측수근굴근
Flexor carpi radialis

긴손바닥근, 장장근
Palmaris longus

자쪽손목굽힘근, 척측수근굴근
Flexor carpi ulnaris

손목을 신장시킨다.

수준	횟수	지속시간
기본	3	10초
중급	3	15초
고급	3	20초

주의사항
이 운동은 활성화된 스트레칭이므로 설사 다른 방법보다 그 효과가 적은 경우에도 위험하지 않다. 그럼에도 불구하고 그 효과는 다른 운동과 병행할 경우 우리의 목적에 충분히 부응할 것이다.

지시사항
스윙할 때 지면, 장애물이나 풀과 부딪히는 경우 '골프엘보' 증상이 나타날 가능성이 높아 초보 골퍼들이나 기술이 부족한 골퍼들에게 처방된다.

106 / 골프 워밍업 · 정적 스트레칭

활차상주근 / 상지 스트레칭 — 62

손목 뒤로 잡아당기기

자쪽손목굽힘근, 척측수근굴근
Flexor carpi ulnaris

긴손바닥근, 장장근
Palmaris longus

노쪽손목굽힘근, 요측수근굴근
Flexor carpi radialis

손을 견인시키고 팔꿈치는 신장시킨다.

시작 위치

시작
선 자세에서 양손을 볼기근 뒤에 놓는다. 이때 어깨에 최소한의 역진행이 시도되어야 하며, 팔꿈치를 약간 굽힌다. 한 손으로 장골 말단 부분과 첫 번째 손가락뼈를 포함하여 반대쪽 손을 붙잡는다.

기술
스트레칭할 부분의 팔꿈치를 신장시킴과 동시에 붙잡는 손을 위쪽으로 들어 올린다. 이로써 스트레칭하는 부분의 손목을 최대한 신장시키고 상활차근의 길이를 늘인다. 스트레칭할 손의 손바닥은 지면을 향하게 한다.

수준	횟수	지속시간
기본	2	15초
중급	2	20초
고급	2	20초

주의사항
손목을 다루어야 하므로 거친 움직임을 시도하거나 들어 올리는 손에 과도한 힘을 가하지 않는다. 만약 통증이 느껴질 경우에는 스트레칭할 때 불편함이 인식되는 부분까지 강도를 줄인다.

지시사항
아직 기술이 숙련되지 않아서 골프엘보 증상이 나타날 가능성이 높은 초보골퍼들에게 처방된다.

손목 굽혀 당기기

상지 스트레칭 / 상과근

긴노쪽손목폄근, 장요측수근신근
Extensor carpi radialis longus

손목을 굽힌다.

짧은노쪽손목폄근, 단요측수근신근
Extensor carpi radialis brevis

자쪽손목폄근, 척측수근신근
Extensor carpi ulnaris

시작 위치

시작
선 자세에서 90°가 될 때까지 어깨를 굽히고 양손은 가슴 앞쪽에 둔다. 스트레칭할 부분의 손바닥을 아래쪽에 두고, 다른 쪽 손은 엄지손가락이 아래에 있고 다른 4개의 손가락이 손등 위에 있게 붙잡는다.

기술
스트레칭할 부분의 손을 아래로 내려 손목이 굽혀지게 한다. 경로의 끝에 도달하면 손가락이 아래를 향하게 되고, 앞팔의 앞면에서 근육의 팽팽함이 느껴질 것이며, 이때는 팔꿈 바깥쪽이 위를 향하게 한다.

수준	횟수	지속시간
기본	2	15초
중급	2	20초
고급	2	20초

주의사항
천천히 움직임으로써 적용되는 압력이 지나치게 높지 않게 한다. 만약 통증이 느껴지면 움직임의 폭과 힘을 줄인다.

지시사항
이 운동은 앞팔의 바깥면과 팔꿈치, 특히 주로 사용하지 않는 부분에서 근육의 팽팽함이나 불편함을 느끼는 골퍼들에게 처방된다. 또한, 주중에 매우 오랜 시간 동안 경기하는 골퍼들에게 매우 흔한 내측상과염이나 '테니스엘보'를 예방하는 데 효과적이다.

상과근 / 상지 스트레칭   64

손목 돌려 팔꿈치 비틀기

시작
선 자세에서 팔꿈치를 신장시키고, 양손이 복부 앞쪽으로 향할 때까지 어깨를 굽힌다. 스트레칭할 부분의 손을 회내(pronation) 위치에 두고 손가락을 굽혀서 주먹이 닿히게 한다. 스트레칭하는 부분 위에 다른 손을 둔다.

기술
붙잡는 손으로 스트레칭할 손목을 굽힌다. 일단 경로 끝에 도달하면 스트레칭 중인 손목의 완척을 이탈시키고 손이 바깥쪽으로 향하게 한다. 손목의 굽힘과 완척 이탈 위치는 다른 손목에 무리가 가지 않도록 배합되어야 한다.

시작 위치

짧은노쪽손목폄근, 단요측수근신근
Extensor carpi radialis brevis

긴노쪽손목폄근, 장요측수근신근
Extensor carpi radialis longus

자쪽손목폄근, 척측수근신근
Extensor carpi ulnaris

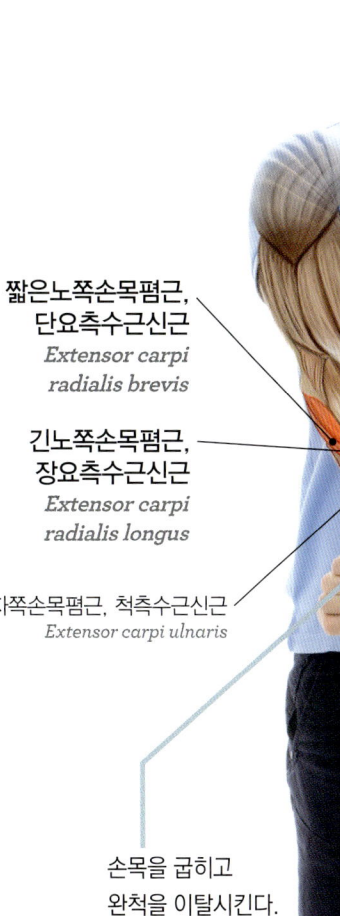

손목을 굽히고 완척을 이탈시킨다.

수준	횟수	지속시간
기본	2	15초
중급	2	20초
고급	2	20초

주의사항
이것은 손목 위에 적용되는 비교적 복잡한 움직임으로, 위험 없이 최대한 스트레칭할 수 있도록 속도와 힘을 신중히 적용해야 한다.

지시사항
골퍼들 사이에서는 '골프엘보'보다 상과염이나 '테니스엘보'를 경험할 위험 가능성이 높기 때문에 프로골퍼들과 규칙적으로 경기하는 골퍼들에게 처방된다.

65 상지 스트레칭 / 상과근

손목 펴서 팔꿈치 비틀기

시작
선 자세에서 양 팔꿈치를 신장시키고 양손은 허벅지 앞에 둔다. 스트레칭할 부분의 손은 회내 위치에 있어야 하며, 다른 쪽 손은 처음 손 위에 두고 손등과 맞닿아야 한다.

기술
스트레칭할 앞팔과 함께 회외 위치에 두고, 붙잡는 손은 위와 뒤로 들어 올린다. 스트레칭할 팔의 손목은 계속 굽혀져 있어야 하며, 그렇게 양손이 안쪽을 향해 있어서 V자를 형성해야 한다.

시작 위치

수준	횟수	지속시간
기본	2	15초
중급	2	20초
고급	2	25초

자쪽손목폄근, 척측수근신근
Extensor carpi ulnaris

긴노쪽손목폄근, 장요측수근신근
Extensor carpi radialis longus

짧은노쪽손목폄근, 단요측수근신근
Extensor carpi radialis brevis

손목을 치골 쪽으로 당긴다.

주의사항
손목을 최대한 스트레칭시키기 위해서는 스트레칭할 팔의 손을 당길 때 점진적인 힘을 가하고 통증 완화를 위해 강도를 감소시켜야 한다. 앞팔에 팽팽함이 느껴져야 한다.

지시사항
손목을 많이 사용하지 않거나 손목의 반복적인 움직임으로 인해 상과염에 노출되어 있으면서 일상적으로 경기를 치르는 프로선수들에게 처방된다.

손목 및 손가락폄근 / 상지 스트레칭 **66**

기도 자세

손목과 손가락을 신장시킨다.

시작 위치

깊은손가락굽힘근, 심수지굴근
Flexor digitorium profundis

얇은손가락굽힘근, 천지굴근
Superficial digital flexor

시작
선 자세에서 팔꿈치를 굽히고 양 손바닥을 모으면서 아래턱 앞에 둔다. 기도하는 모습과 유사한 자세가 될 것이다. 양손의 손가락을 모아 신장시키며, 힘이나 압력을 가하지 않는다.

기술
양손을 점점 가슴과 복부 앞으로 내린다. 내리는 동안 손목은 점점 신장되어간다. 양손, 손바닥부터 천천히 벌어지다가 결국에는 계관절과 손가락만 접촉이 이루어질 것이다.

수준	횟수	지속시간
기본	2	15초
중급	2	20초
고급	3	20초

주의사항
손가락의 계관절 또는 지절간관절과 같이 불안정하거나 작은 관절에 힘을 가할 때 특별히 주의를 기울인다.

지시사항
앞팔의 안쪽 면에서 근육의 팽팽함을 느끼는 골퍼들에게 처방된다. 또한, 손목터널증후군을 겪고 있는 골퍼들의 경우에도 증상을 완화할 수 있어 적합하다.

손목 꺾어 교차하기

상지 스트레칭 / 손목 및 손가락폄근

시작
팔꿈치를 신장시키고 어깨를 가볍게 굽혀 양손이 배꼽 앞을 향하게 한다. 스트레칭할 팔을 안쪽으로 회전시키고 손목을 신장시켜 손가락이 지면과 평행하게 하여 안쪽을 가리키게 한다. 아무것도 하지 않는 손으로는 다른 쪽 손을 붙잡고 양손의 손가락이 서로 맞닿게 한다.

기술
양손 손가락을 깍지낀 채로 회전시켜 양팔을 교차한다. 그러기 위해 스트레칭하는 앞팔은 회외 자세로 넘기고, 해당 손목과 손가락은 완전히 신장되어 있어야 한다. 마지막 자세에서 스트레칭할 팔의 손가락은 처음과 반대 방향의 바깥쪽을 가리켜야 한다.

시작 위치

수준	횟수	지속시간
기본	2	15초
중급	2	20초
고급	3	20초

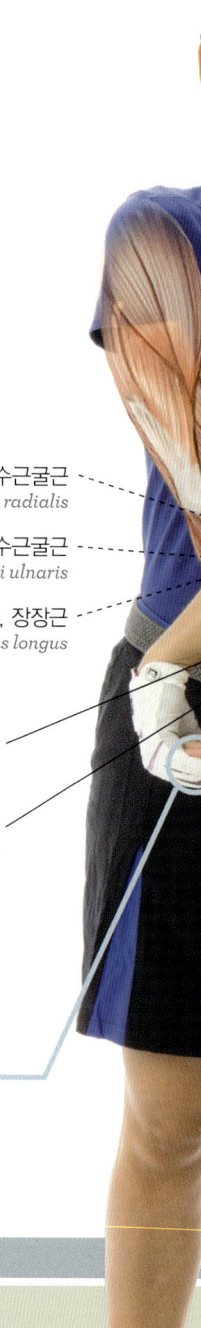

- 노쪽손목굽힘근, 요측수근굴근 *Flexor carpi radialis*
- 자쪽손목굽힘근, 척측수근굴근 *Flexor carpi ulnaris*
- 긴손바닥근, 장장근 *Palmaris longus*
- 깊은손가락굽힘근, 심수지굴근 *Flexor digitorium profundis*
- 얇은손가락굽힘근, 천지굴근 *Superficial digital flexor*

손가락을 위쪽으로 들어 올린다.

주의사항
불안정하거나 작은 근육으로 운동하고 있기 때문에 점진적인 형태로 힘을 가해서 움직임 범위의 한계에 도달해야 한다.

지시사항
이 운동은 골퍼들 중 손목 안쪽 면에 가해지는 골프채의 압력으로 인해 일반적인 손목터널증후군을 겪고 있는 골퍼들에게 처방된다. 이 방법이 기존의 전통적인 치료방법을 대체할 수는 없다고 해도 통증을 일시적으로 진정시키는 데는 기여할 수 있다.

68 엄지굽힘근과 모음근 / 상지 스트레칭

엄지로 클럽 지탱하기

엄지손가락 끝부분으로 클럽 몸통을 민다.

엄지모음근, 무지내전근
Adductor hallucis

짧은엄지굽힘근, 단무지굴근
Flexor hallucis brevis

긴엄지굽힘근, 장무지굴근
Flexor longus of thumb

시작 위치

시작
선 자세에서 양손을 앞으로 하여 골프채를 붙잡는다. 스트레칭할 손가락을 좀 더 아래로 잡아야 하며, 엄지손가락은 클럽 몸통 위에 둔다. 다른 쪽 손은 골프채의 몇 센티미터 높은 위치에서 손가락 끝으로 붙잡는다.

기술
좀 더 높은 쪽의 손으로는 골프채를 가슴 쪽으로 당기고, 좀 더 아래쪽의 손은 회전축처럼 작용하면서 정적인 상태를 유지한다. 골프채의 윗부분은 몸통 쪽으로 향하게 하고 좀 더 아래쪽 부분은 멀리 한다. 스트레칭할 엄지손가락은 신장될 때마다 클럽 몸통 위에 미끄러지게 한다.

수준	횟수	지속시간
기본	2	15초
중급	2	20초
고급	2	20초

주의사항
정확성을 기하기 위해 손가락 끝으로 골프채를 누르고 상해를 일으킬 수 있는 과도한 힘은 가하지 말아야 한다는 것을 기억한다. 가벼운 누르기만으로 스트레칭이 가능하다.

지시사항
이 운동은 경기 중에 반복적으로 골프채를 잡는 모든 골퍼들에게 추천된다. 엄지손가락의 굽힘근과 모음근에서 느껴지는 팽팽함을 완화시켜준다.

엄지 잡아당기기

상지 스트레칭 / 엄지벌림근

시작
선 자세에서 어깨를 가볍게 굽히고 내전시키며, 앞팔을 허벅지 앞쪽에서 교차시킨다. 양손은 맞닿아 있는 양 손등 및 허벅지와 나란히 있게 한다. 가장 앞쪽에 나와 있는 엄지손가락은 스트레칭할 팔의 엄지이다.

기술
뒤에 처져 있는 손으로는 다른 쪽 손의 엄지손가락을 붙잡고 수근중수관절, 계관절과 지절간관절의 신장, 수근중수관절 및 계관절의 외전운동을 일으키기 위해 해당 엄지손가락을 잡아당긴다. 주로 엄지두덩(thenar eminence)이나 엄지손가락 아랫부분에서 팽팽함이 느껴질 것이다.

수준	횟수	지속시간
기본	2	15초
중급	2	20초
고급	2	20초

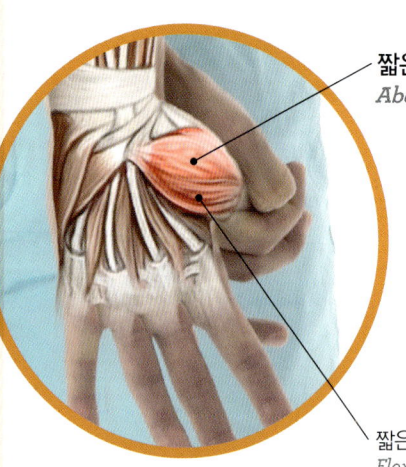

시작 위치

짧은엄지벌림근, 단무지외전근
Abductor pollicies brevis

짧은엄지굽힘근, 단무지굴근
Flexor hallucis brevis

긴엄지굽힘근, 장무지굴근
Flexor longus of thumb

엄지손가락을 뒤쪽과 위쪽으로 잡아당긴다.

주의사항
근육의 크기가 작고 약한 손목, 손 및 손가락관절은 조심스럽게 다루어야 한다.

지시사항
이 운동은 경기 중과 이후에 골프채를 오래 잡아서 손바닥에서 근육의 팽팽함이 느껴지는 골퍼들에게 처방된다. 또한 완전한 스트레칭 프로그램의 일부로 나머지 골퍼들에게도 적합하다.

손목 및 손가락폄근 / 상지 스트레칭 70

손목과 손가락 굽히기

- 손가락폄근, 지신근
  Extensor of the fingers
- 집게폄근, 검지신근
  Extensor indicis
- 손목과 손가락을 굽힌다.
- 새끼손가락폄근, 소지신근
  Extensor muscle of little finger

시작 위치

시작
앞팔을 몸통 앞의 횡격막 높이에 둔다. 손목을 중립 위치에 두고, 한쪽 손은 손바닥을 위로 하고 다른 쪽 손은 손바닥을 아래로 둔다. 양손의 손가락 끝은 서로 맞닿아 있어야 한다. 앞팔, 손과 손가락은 지면과 수평상태에 둔다.

기술
손가락 끝을 계속 맞닿게 하여 구부리며, 손목도 그렇게 하면서 양손을 마치 칭칭 감듯이 서로 덮는다. 양쪽 그립을 단단히 유지하면서 손목을 좀 더 높게 하여 잡아당기면서 강제로 굽힌다.

수준	횟수	지속시간
기본	2	15초
중급	2	20초
고급	2	20초

주의사항
이 운동에서 특히 위쪽 손목에 불편함이 느껴지기 시작하면 많은 힘을 들일 필요가 없다. 주의를 기울이고, 운동 중에 그러한 불편함이 나타나지 않아야 한다는 점을 기억한다.

지시사항
이 운동은 일상적인 스트레칭의 일부로 모든 스포츠에서 신체를 준비하는 과정에 수반되어야 하고, 골퍼 등 도구를 이용하는 스포츠인들에게 처방된다.

골프 워밍업 · 정적 스트레칭

71 상지 스트레칭 / 손목 및 손가락폄근

주먹 마주 대기

시작
어깨를 가볍게 구부리고 팔꿈치를 크게 굽혀 양손이 아래턱 앞에 있게 한다. 주먹을 쥐고 모아서 양손이 각각의 엄지두덩(thenar eminence)과 소지구(hypothenar), 그리고 중간 손가락뼈를 통해 접촉하게 한다. 단, 엄지손가락은 닿지 않게 한다.

기술
양손이 계속 맞닿아 있는 상태로 하되 서로 맞닿아 있는 부분을 이동시키면서 손목을 굽힌다. 양쪽 손목이 굽혀져 있을 때 주먹이 서로 맞닿아야 하고, 첫마디뼈(proximal phalanx)와 손가락관절이 접촉해야 한다.

주먹을 쥔 채 마주 댄다.

집게폄근, 검지신근
Extensor indicis

손가락폄근, 지신근
Extensor of the fingers

새끼손가락폄근, 소지신근
Extensor muscle of little finger

시작 위치

수준	횟수	지속시간
기본	2	20초
중급	2	25초
고급	2	30초

주의사항
손목을 최대한 굽히기 위해 한쪽 주먹의 압력을 다른 한쪽 주먹에 가할 때 그 어떤 순간에도 통증의 한계를 초과하지 말아야 한다. 느껴야 할 유일한 불편함은 스트레칭으로 인한 팽팽함이다.

지시사항
완전한 스트레칭 프로그램의 일부로, 경기 수준이나 주기와는 별도로 경기를 하는 모든 골퍼들에게 처방된다. 또한 일상적인 신체 준비기간 중 도구를 다루는 스포츠인들에게도 적합하다.

엄지폄근 / 상지 스트레칭 72

클럽 쥐고 엄지 구부리기

짧은엄지손가락폄근, 단무지신근
Short extensor muscle of thumb

엄지손가락폄근, 무지신근
Extensor hallucis

긴엄지손가락벌림근, 장무지외전근
Abductor policis longus

그립 시 엄지손가락 첫마디뼈의 바깥 부분에 힘을 준다.

시작 위치

시작

양손으로 앞을 향해 골프채를 잡는다. 스트레칭할 손은 그립을 잡고, 손목이 중립 위치에 있게 하며, 다른 쪽 손으로는 처음 손보다 몇 센티미터 아래로 클럽 몸통을 붙잡는다. 스트레칭할 손의 엄지손가락은 굽혀져 첫마디뼈 바깥 부분이 그립 위에 지탱되어 있어야 한다.

기술

클럽 몸통을 잡은 손으로 골프채를 몸 쪽으로 잡아당기고, 다른 쪽 손은 회전축 역할을 하면서 시작 위치에 유지시킨다. 스트레칭할 손목은 골프채의 움직임으로 인해 아래쪽으로 기울어진다. 그 결과, 손목의 윗부분과 엄지손가락 아랫부분에서 스트레칭에 의한 팽팽함이 느껴진다.

수준	횟수	지속시간
기본	2	15초
중급	2	20초
고급	2	25초

주의사항

클럽헤드의 무게는 거의 모든 운동 시 영향을 미치므로 효과적인 스트레칭을 위해 클럽 몸통을 당겨야 한다. 조금만 당겨도 곧바로 팽팽함을 느낄 것이므로 경로를 연장할 필요는 없다.

지시사항

이 운동은 골프채를 꽉 잡고 스윙동작을 할 때 손목을 자주 움직여야 하는 모든 골퍼들에게 효과적이다. 이 스트레칭은 엄지손가락과 손목에 통증이 있거나, 앞팔이나 엄지손가락 자체에 드퀘르뱅 건막염을 예방할 수 있다.

골프 워밍업 · 정적 스트레칭 / 117

엉덩이 스트레칭

우선, 골프는 하체보다 상체로 하는 매우 공격적인 스포츠로 보일 수 있다. 그럼에도 하체라고 위험하지 않은 것이 아니며, 엉덩이를 움직이는 근육들 역시 그러하다.

■ 스윙

온전히 몸통과 팔에 의해서만 시도되는 것이 아니라 하체동작 또한 요구된다. 이 경우 출발점에서 백스윙의 가장 높은 부분까지 앞에 나와 있는 엉덩이는 외전운동을 하는 데 반해 주로 사용하는 엉덩이는 그 반대인 내전운동을 한다. 골프채를 반대 방향으로, 그리고 폴로스루의 끝까지 잡을 때 엉덩이는 그 반대의 움직임을 보인다. 그렇기 때문에 골퍼들 중에는 엉덩이의 모음근 건염이나 사타구니 통증을 호소하는 경우가 있다.

■ 걸어서 이동하기와 기다리기

특히 걸어서 라운드를 이동할 때 엉덩이를 움직이는 근육에 눈에 띄는 하중이 예상되고 볼기근, 햄스트링, 장요근 등에 과도하게 부하가 걸릴 수 있다. 그렇기 때문에 수축, 저림 같은 불편함이 느껴지지 않도록 하는 것은 일상적인 스트레칭에서 기본적인 부분이다.

큰모음근 *Adductor Magnus*, 대내전근

기시부는 치골의 안쪽, 궁둥뼈와 궁둥뼈 조면에서 찾아볼 수 있으며, 정지부는 대퇴골의 거친 라인과 골간의 처음 3분의 2 부분이다. 주요 기능은 설령 엉덩이관절의 신장, 굽힘과 회전에 일부 관여하고 있다고는 해도 해당 엉덩이관절의 내전이다.

긴모음근 *Adductor longus*, 장내전근

기시부는 치골의 위쪽에서 찾아볼 수 있으며, 정지부는 대퇴골의 거친 라인과 골간에 있는 중간 3분의 1 부분이다. 주요 기능은 엉덩이 근육의 내전이다.

짧은모음근 *Short adductor muscle*, 단내전근

기시부는 치골의 안쪽 부분에서 찾아볼 수 있으며, 정지부는 대퇴골의 거친 라인과 처음 3분의 1 부분이다. 주요 기능은 엉덩이 근육의 내전이다.

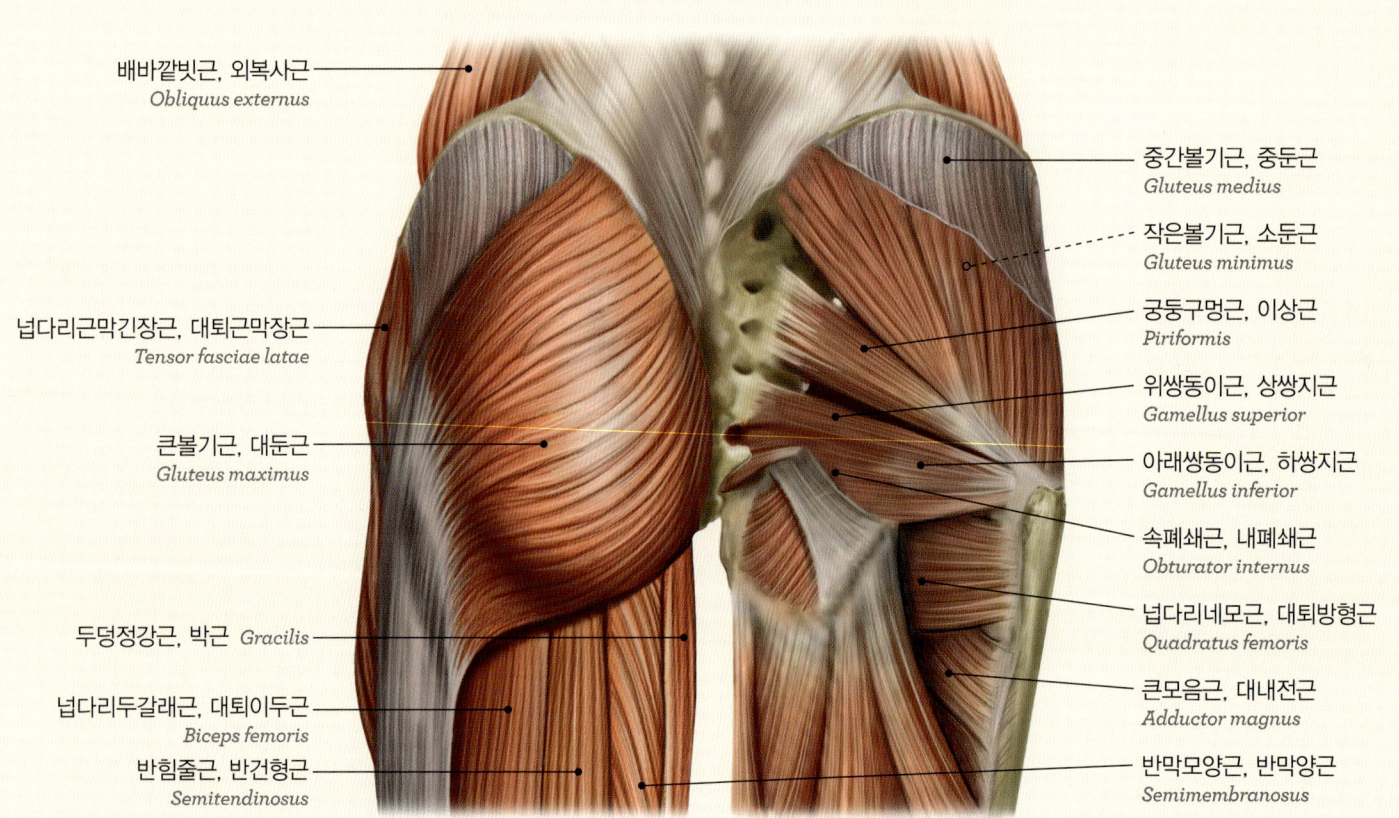

▶ 엉덩이 스트레칭

 맨몸　 골프채　 폼롤러　 의자

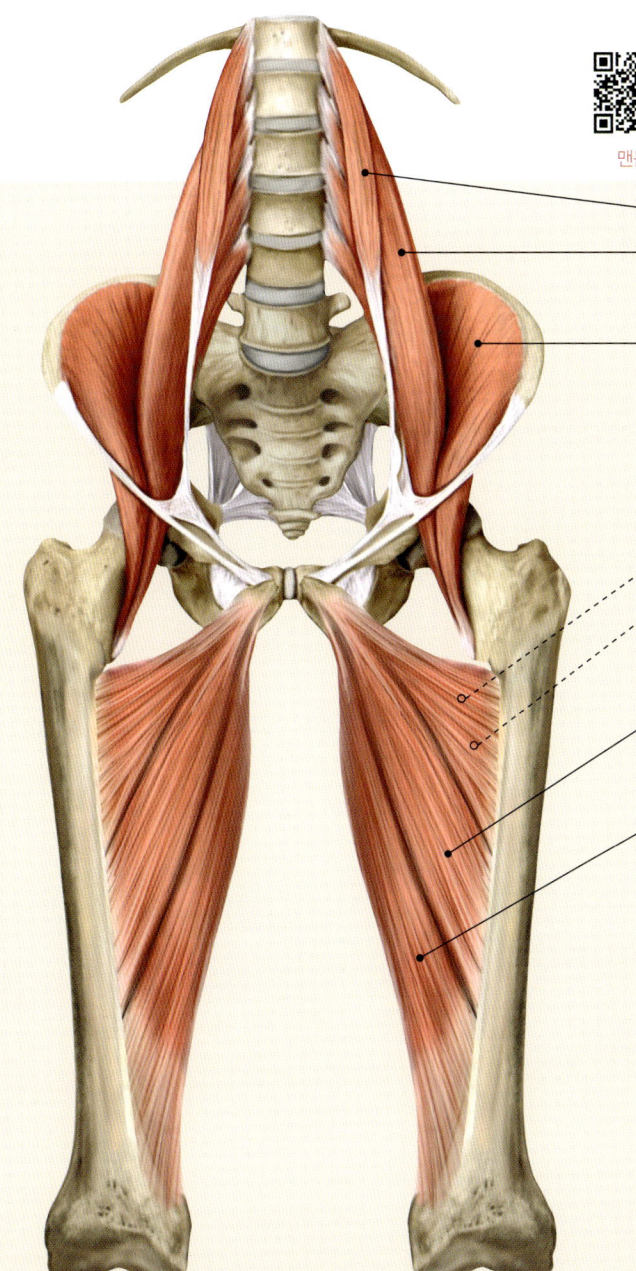

- 작은허리근, 소요근 *Psoas minor*
- 큰허리근, 대요근 *Psoas major*
- 엉덩근, 장골근 *Iliac muscle*
- 짧은모음근, 단내전근 *Adductor brevis*
- 큰모음근, 대내전근 *Adductor magnus*
- 긴모음근, 장내전근 *Adductor longus*
- 큰모음근, 대내전근 *Adductor magnus*

작은볼기근 *Gluteus minimus*, 소둔근
기시부는 장골의 뒤쪽 면, 큰볼기근과 중간볼기근 아래에서 찾아볼 수 있다. 정지부는 대퇴골의 큰돌기이며, 중간볼기근과 기능을 공유하고 있다.

엉덩근 *Iliac muscle*, 장골근
기시부는 장골와(illiac fossa)에서 찾아볼 수 있으며, 정지부는 대퇴골의 작은돌기이다. 주요 기능은 엉덩이의 굽힘과 외회전이다.

큰볼기근 *Gluteus maximus*, 대둔근
기시부는 천골뼈의 뒤쪽 면, 장골의 뒤쪽 면, 등허리근막(흉요근막)과 천골결절인대에서 찾아볼 수 있으며, 정지부는 장경인대와 대퇴골의 볼기근 조면이다. 엉덩이근의 외회전과 내전에 관여하며, 주요 기능은 엉덩이근의 신장과 외전이다.

큰허리근 *Psoas major*, 대요근
기시부는 척추 L1에서 L5까지의 횡단돌기와 척추 T12에서 L4까지의 추간 몸통과 추간판에서 찾아볼 수 있다. 정지부는 대퇴골의 작은돌기이며, 엉덩근과 기능을 공유한다.

중간볼기근 *Gluteus medius*, 중둔근
기시부는 장골의 뒤쪽 면에서 찾아볼 수 있으며, 정지부는 대퇴골의 큰돌기(대전자)이다. 엉덩이의 굽힘, 신장 및 내·외회전에 관여하며, 주요 기능은 엉덩이의 외전이다.

넙다리근막긴장근 *Tensor fasciae latae*, 대퇴근막장근
기시부는 앞과 위의 장골척추(illiac spine)에서 찾아볼 수 있으며, 정지부는 장경인대이다. 주요 기능은 엉덩이의 외전, 굽힘과 내회전이다.

73 엉덩이 스트레칭 / 큰허리근 및 엉덩근

기마 자세

시작
매트나 부드럽게 부풀린 표면 위에 앉는다. 한쪽 무릎과 한쪽 발로 지면 위에 지탱한다. 그렇게 하기 위해서는 다른 쪽 다리를 앞에 두고, 엉덩이와 무릎은 90°로 굽히며, 발은 지면에 붙여야 한다. 뒤에 있는 다리는 90° 굽혀진 무릎 및 등과 함께 지면에 붙어 있다. 일단 기마 자세를 취하게 되면 양팔을 허리에 둔다.

기술
몸통을 수직으로 하고 지지대를 원래 위치에 두면서 체중을 앞으로 쏠리게 함으로써 앞으로 내민 무릎과 엉덩이의 굽힘 각도를 증가시킨다. 그와 동시에 뒤에 놓인 엉덩이와 무릎은 그 동작을 함께하기 위해 신장 각도를 증가시킨다. 서혜부에서 근육의 팽팽함이 느껴질 것이다.

엉덩이를 최대한 신장시키고 몸통을 수직상태로 유지한다.

- 큰허리근, 대요근 — *Psoas major*
- 작은허리근, 소요근 — *Psoas minor*
- 엉덩근, 장골근 — *Iliac muscle*
- 넙다리빗근, 봉공근 — *Sartorius*

수준	횟수	지속시간
기본	2	20초
중급	2	25초
고급	2	30초

시작 위치

주의사항
스트레칭을 하기 위해서는 매트나 부드럽게 부풀린 표면을 사용하고, 지지하는 무릎이 다치지 않도록 거칠거나 불규칙한 표면을 피한다. 최종 위치가 불안정하기 때문에 필요할 경우 양손으로 허리를 잡는다.

지시사항
이 운동은 모든 골퍼에게 필수인데, 서서 기다리거나 경기 중 걷는 거리를 고려할 때 자세를 개선시키고 요추 부분에 생기는 통증을 예방하는 데 도움을 준다.

큰허리근 및 엉덩근 / 엉덩이 스트레칭 **74**

클럽에 기대어 몸통 기울이기

시작 위치

엉덩이를 신장시키고 몸통을 지면과 수직상태에 둔다.

큰허리근, 대요근
Psoas major

작은허리근, 소요근
Psoas minor

엉덩근, 장골근
Iliac muscle

시작
골프채 손잡이의 끝부분을 잡고 두 발을 벌려 한쪽 발은 앞쪽에, 다른 쪽 발은 뒤쪽에 둔다. 양쪽 무릎은 신장되어 있어야 하며, 골프채를 추가적인 지지대로 사용한다.

기술
체중을 앞에 있는 발에 이동시킨다. 앞에 있는 다리의 엉덩이와 무릎은 굽힘 각도를 증가시키고, 반대쪽 엉덩이는 신장 각도를 증가시키는데, 항상 몸통을 지면과 수직으로 유지한다. 신장시킨 엉덩이 서혜부와 근접한 부분에서 팽팽함이 느껴진다.

수준	횟수	지속시간
기본	2	20초
중급	2	25초
고급	2	30초

주의사항
골프채가 몸을 단단하게 지지하고 있으며 미끄러지지 않는지 확인하고, 최종 위치의 안정성이 유지되는지를 고려하여 추가적인 지지점을 만든다. 가능한 한 뒤에 있는 무릎을 신장시킨다.

지시사항
모든 라운드를 걸어서 이동하거나 오랜 경기 시간 동안 서서 기다리는 모든 골퍼들에게 처방된다. 자세교정에 기여하며, 허리 아랫부분에 생기는 불편함을 완화시킬 수 있다.

75 엉덩이 스트레칭 / 큰허리근 및 엉덩근

폼롤러로 엉덩이 근육 펴기

시작
천장을 보고 누워 두 발을 지면에 댄다. 엉덩이 근육을 신장시켜 볼기근을 지면에서 떨어뜨리고 무릎을 어깨보다 높인다. 볼기근의 윗부분 아래에 폼롤러를 두고 위에서 누른다. 목을 이완시키고 머리는 지면에 댄다.

기술
한쪽 엉덩이와 무릎을 굽히고 양손으로 무릎을 붙잡는다. 그와 동시에 반대쪽 사지의 무릎과 엉덩이를 신장시킨다. 스트레칭할 부분의 엉덩이가 최대한 신장되어야 하는데, 이때 이전 운동보다 덜 강하기는 하지만 스트레칭으로 인해 팽팽함이 느껴질 것이다.

시작 위치

수준	횟수	지속시간
기본	3	15초
중급	3	20초
고급	3	20초

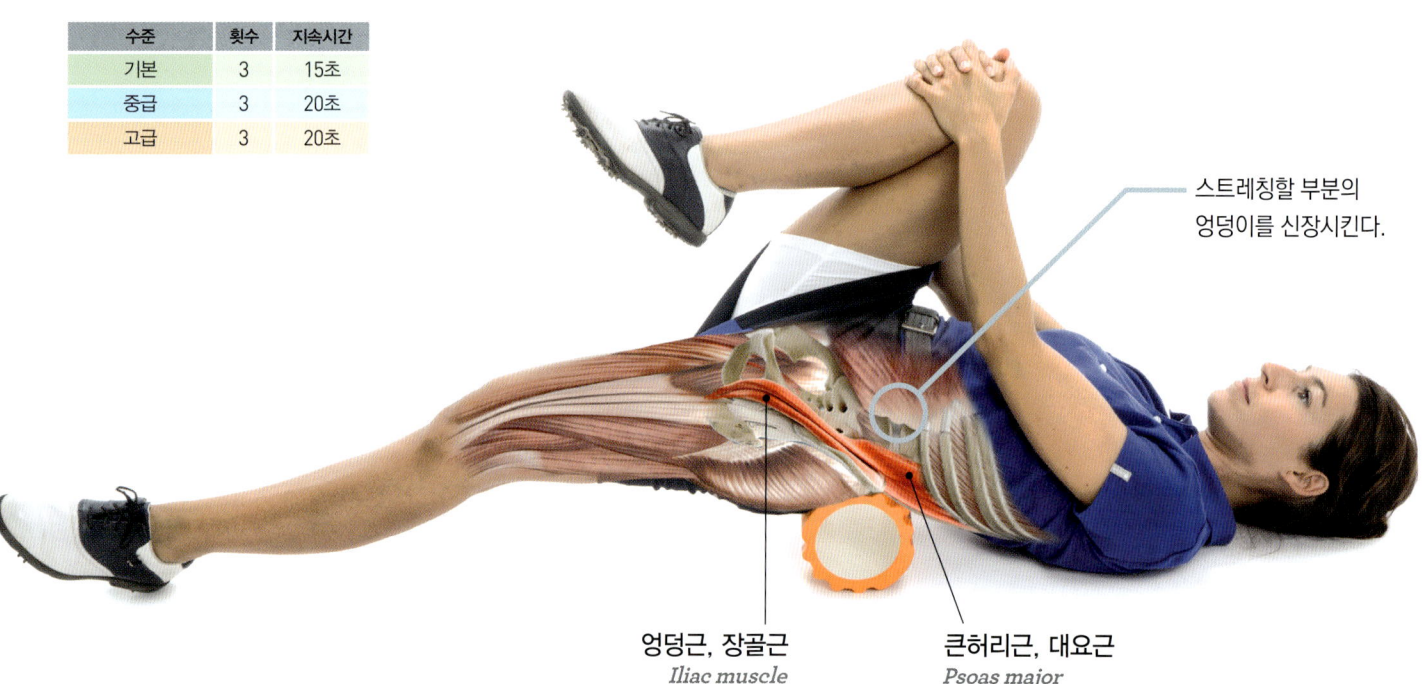

스트레칭할 부분의 엉덩이를 신장시킨다.

엉덩근, 장골근
Iliac muscle

큰허리근, 대요근
Psoas major

주의사항
볼기근의 윗부분과 등의 아랫부분에서 불편함이 느껴지지 않도록 지나치게 좁거나 단단한 폼롤러는 피한다. 기억할 점은 머리를 항상 지면에 지탱시키고, 다른 엉덩이 근육들의 스트레칭에서와 같이 강하게 느껴지지 않아야 한다.

지시사항
이 운동은 18개의 홀을 걸어서 이동하고, 오랜 시간 서서 기다리는 골퍼들에게 처방된다. 요추 부분의 불편함을 예방하도록 도와주며, 올바른 자세를 유지하게 해준다.

볼기근 / 엉덩이 스트레칭

76

클럽으로 지탱하며 무릎 당기기

시작 위치

시작
선 자세에서 한 손으로 골프채의 손잡이 부분을 잡고 지면에 지탱시킨다. 고개를 숙여 무릎을 올리고 반대쪽 손으로 붙잡아 한쪽 발 위에 둔다. 균형을 잡기 위해 골프채의 도움을 받는다.

기술
엉덩이의 전면 내전과 굽힘 각도를 증가시키면서 무릎을 잡아당긴다. 허벅지를 머리 앞으로 교차시키고 무릎은 90° 가까이 굽힌다. 운동 특성으로 인해 자칫 잃을 수 있는 균형을 유지하기 위해 골프채를 이용한다.

무릎을 위와 안쪽으로 잡아당긴다.

큰볼기근, 대둔근
Gluteus maximus

중간볼기근, 중둔근
Gluteus medius

작은볼기근, 소둔근
Gluteus minimus

궁둥구멍근, 이상근
Piriformis

속폐쇄근, 내폐쇄근
Obturator internus

수준	횟수	지속시간
기본	3	10초
중급	3	15초
고급	3	20초

주의사항
이 운동은 한 발로 지지하므로 균형을 잡기가 어려움에도 불구하고 위험하지는 않다. 안정적인 자세를 유지하려면 골프채의 도움을 받고, 특히 운동 마지막 부분에서는 천천히 움직인다.

지시사항
전체 라운드 동안 걸어서 이동하는 골퍼들에게 처방된다. 또한 경기 중이나 이후 볼기근 부분에 불편함이나 근육의 팽팽함을 느끼는 골퍼들에게도 처방된다.

77 엉덩이 스트레칭 / 볼기근

누워서 무릎 당기기

시작
천장을 보고 매트나 부드럽게 부풀린 표면 위에 눕는다. 머리는 지면에 대고 목은 이완시킨다. 한쪽 엉덩이와 무릎을 굽혀 양손으로 무릎을 붙잡는다. 반대쪽 다리는 계속 이완상태로 지면에 붙어 있어야 한다.

기술
무릎을 당겨 허벅지 안쪽을 가슴에 접근시키며, 스트레칭할 부분의 엉덩이를 최대한 굽힌다. 허벅지의 바깥쪽과 장딴지가 서로 맞닿으면 스트레칭으로 인해 볼기근에 팽팽함이 느껴질 것이다.

시작 위치

수준	횟수	지속시간
기본	3	20초
중급	3	25초
고급	3	30초

무릎을 가슴 쪽으로 잡아당긴다.

중간볼기근, 중둔근 *Gluteus medius*
큰볼기근, 대둔근 *Gluteus maximus*
작은볼기근, 소둔근 *Gluteus minimus*

주의사항
이 스트레칭은 매트 위에서 하는 것이 좋으며, 경추 근육에 불필요한 팽팽함을 느끼지 않도록 머리를 지면에 붙여야 한다.

지시사항
이 운동은 스윙 시 볼기근이 관여함으로써, 그리고 신체적인 준비의 일부로 모든 골퍼들에게 처방된다. 특히 필드를 걸어서 이동하는 이들과 골프를 치는 도중이나 치고 난 뒤 볼기근 부분에서 근육의 팽팽함을 느끼는 이들에게 적합하다.

볼기근 / 엉덩이 스트레칭　78

무릎 안쪽으로 당기기

시작 위치

수준	횟수	지속시간
기본	2	25초
중급	3	25초
고급	3	30초

시작
앉아서 한 손을 어깨에서 조금 뒤쪽으로 지면에 놓는다. 한쪽 다리를 뻗고, 반대쪽 다리를 첫 번째 다리 위에 교차시킨다. 엉덩이와 무릎은 굽히며, 몸통을 회전시켜 팔꿈치 뒷부분을 허벅지 위에 놓는다.

기술
어깨의 역진행을 통해 팔꿈치로 허벅지를 민다. 이러한 팔꿈치의 압력으로 엉덩이의 수평내전이 이루어지며 허리를 휘게 한다. 움직임이 진행됨에 따라 볼기근 부분에서 스트레칭에 의한 팽팽함이 느껴질 것이다.

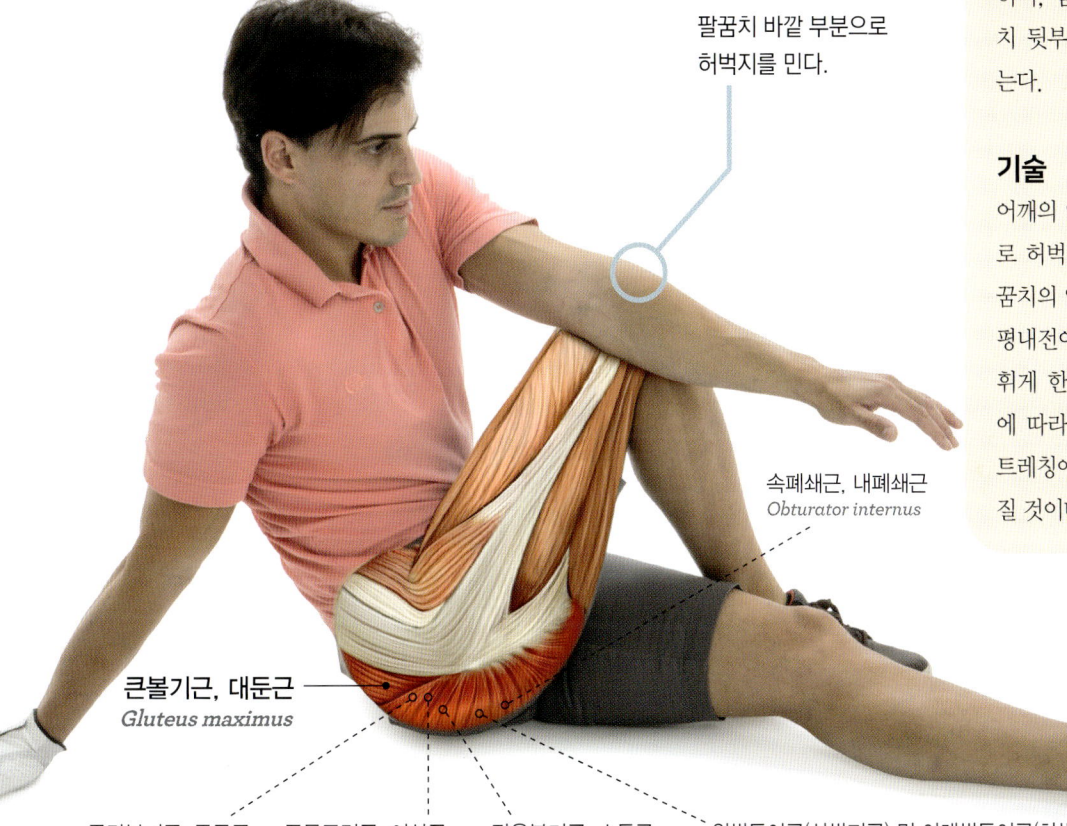

팔꿈치 바깥 부분으로 허벅지를 민다.

속폐쇄근, 내폐쇄근
Obturator internus

큰볼기근, 대둔근
Gluteus maximus

중간볼기근, 중둔근
Gluteus medius

궁둥구멍근, 이상근
Piriformis

작은볼기근, 소둔근
Gluteus minimus

위쌍동이근(상쌍지근) 및 아래쌍동이근(하쌍지근)
Gamellus superior and inferior

주의사항
거친 움직임으로 인해 다리가 미끄러지거나 풀리지 않게 한다. 그 외에 특별한 위험은 없다.

지시사항
이 운동은 스윙동작 동안 운동 경로의 가장 높은 부분에서 볼기근을 활성화시키므로 모든 골퍼들에게 처방된다. 또한 신체적인 준비의 일부로 근육의 팽팽함을 완화시키기 위해 모든 라운드를 걸어서 이동하는 선수들에게 효과적이다.

엉덩이 스트레칭 / 모음근

나비 자세

시작
앉아서 양쪽 엉덩이를 내전시키고 무릎을 굽힌다. 발바닥은 서로 붙인 상태여야 하고 발뒤꿈치는 서혜부에 가까이 있어야 한다. 몸통을 조금 앞으로 기울이고, 그 위치에서 두 발이 벌어지거나 움직이는 것을 막기 위해 양손으로 붙잡는다.

기술
무릎을 내려뜨리고 두 발이 서로 벌어지거나 치골에서도 벌어지지 않게 하면서 양쪽 허벅지의 바깥면을 지면에 가까이 둔다. 만약 허벅지 안쪽 면에 스트레칭으로 인해 근육이 당기는 느낌이 들지 않으면, 팔꿈치나 양손으로 허벅지를 눌러 강도를 높일 수 있다.

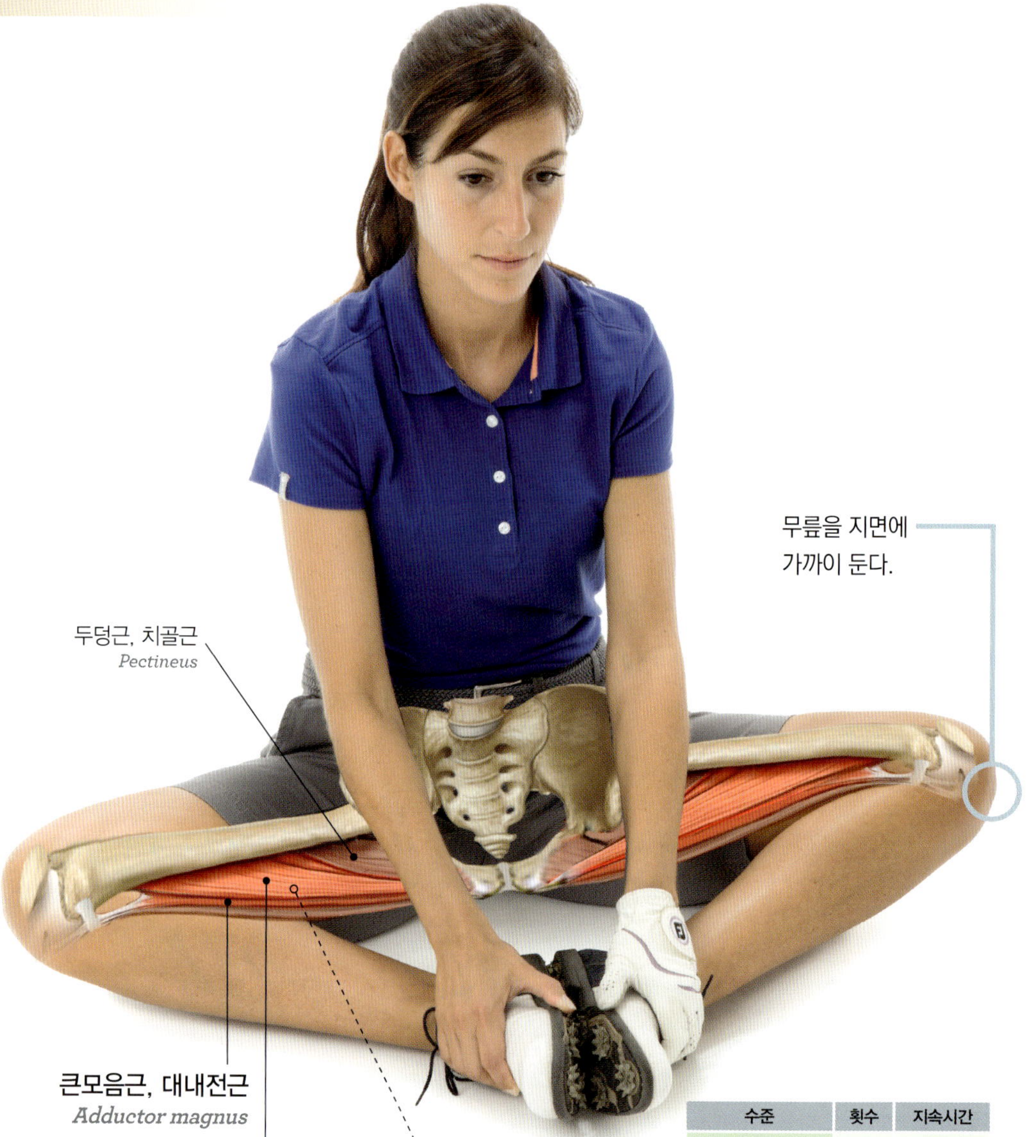

무릎을 지면에 가까이 둔다.

두덩근, 치골근
Pectineus

큰모음근, 대내전근
Adductor magnus

긴모음근, 장내전근
Adductor longus

짧은모음근, 단내전근
Adductor brevis

수준	횟수	지속시간
기본	2	20초
중급	3	20초
고급	3	25초

시작 위치

주의사항
이 운동은 전혀 위험성을 내포하고 있지 않다. 단 한 가지 기억할 점은 팔꿈치나 양손을 이용하여 허벅지를 누를 때 통증의 한계를 초과하지 말아야 한다는 것이다.

지시사항
스윙동작 시 모음근의 관여로 인해 엉덩이의 모음근 건염과 사타구니 통증을 호소하는 모든 골퍼들에게 처방된다. 또한, 골프를 치는 중이나 후에 허벅지 안쪽 면에 팽팽함을 느끼는 경우에 적합하다.

모음근 / 엉덩이 스트레칭 80

씨름 자세

팔꿈치로 양쪽 무릎을 바깥쪽으로 민다.

두덩근, 치골근
Pectineus

짧은모음근, 단내전근
Adductor brevis

큰모음근, 대내전근
Adductor magnus

긴모음근, 장내전근
Adductor longus

시작
선 자세에서 두 발을 벌리고 엉덩이를 든 채 몸통을 앞으로 기울인다. 무릎을 90°로 굽히면서 웅크린 자세를 취한다. 팔꿈치를 무릎 바로 위 허벅지의 맨 가장자리에 지탱시키고, 양손은 양다리 사이에 두고 손가락 끝을 맞닿게 한다.

기술
팔꿈치로 무릎을 바깥쪽으로 밀어 엉덩이의 외전을 증가시킨다. 그와 동시에 체중을 아래로 가볍게 옮기면서 엉덩이를 지면 쪽으로 몇 센티미터 접근시킨다. 엉덩이의 굽힘과 외전이 진행되는 동안 허벅지의 안쪽 면에 팽팽한 느낌이 들 것이다.

시작 위치

수준	횟수	지속시간
기본	3	20초
중급	3	25초
고급	3	30초

주의사항
최종 자세의 균형이 불안정하므로 균형을 유지해야 할 경우 천천히 그리고 중간중간 쉬어가면서 운동 경로의 마지막 위치로 접근해가는 것이 좋다.

지시사항
이 운동은 스윙동작의 각기 다른 단계에서, 특히 엉덩이의 모음근이 관여하여 허벅지 안쪽에서 사타구니 통증이나 근육의 팽팽함을 느끼는 모든 골퍼들에게 처방된다. 또한, 모음근 건염을 예방하는 데 효과적이다.

골프 워밍업 · 정적 스트레칭 / 127

81 엉덩이 스트레칭 / 넙다리근막긴장근

클럽 대고 다리 교차하기

시작
선 자세에서 두 발을 모으고 무릎은 신장시키며 몸통은 지면과 수직이 되게 한다. 골프채 손잡이를 잡아 옆 지면에 지팡이처럼 지탱한다.

기술
골프채와 가까이 있는 발은 조금 뒤로 물러나게 하고, 안쪽으로 미끄러뜨리면서 스트레칭할 부분의 엉덩이를 최대한 내전시킨다. 이러한 전체 과정 동안 등을 곧게 펴주고 몸통은 지면과 수직이 되게 한다. 가만히 있는 팔은 허리에 얹어놓거나 몸통 옆에 이완시킨다.

시작 위치

중간볼기근, 중둔근
Gluteus medius

작은볼기근, 소둔근
Gluteus minimus

넙다리근막긴장근, 대퇴근막장근
Tensor fasciae latae

수준	횟수	지속시간
기본	2	20초
중급	2	25초
고급	2	30초

주의사항
일상적인 선 자세에서 지지대가 변경되는 다른 모든 스트레칭과 마찬가지로 균형의 변화에 따라 운동하는 순간 불안정함을 일으킬 수 있다. 그렇기 때문에 골프채가 단단히 지탱되어 있는지 확인해야 한다.

발을 바깥면 위로 미끄러뜨린다.

지시사항
사타구니 통증이나 엉덩이 모음근의 건염을 앓은 적이 있거나 예방하고자 하는 모든 골퍼들에게 처방된다. 이러한 증상들은 골퍼들에게서 일어나는 일상적인 불편함이다.

넙다리근막긴장근 / 엉덩이 스트레칭 82

폼롤러 위에서 다리 뒤로 꺾기

시작 위치

수준	횟수	지속시간
기본	2	20초
중급	2	25초
고급	2	30초

시작
이 운동의 경우, 폼롤러가 필요하다. 옆구리를 위로 하여 드러눕고, 위쪽에 있는 엉덩이를 굽히면서 무릎을 신장시키고, 발을 지면에 닿게 놓는다. 아래쪽에 있는 엉덩이는 몸통 및 같은 쪽 무릎과 거의 나란히 두고 굽힌다. 아래에 있는 팔은 지면 위에 뻗어서 안정을 유지한다.

기술
폼롤러를 스트레칭할 부분의 무릎 바깥면 아래와 다리 및 지면 사이에 둔다. 이로써 그 부분의 엉덩이 내전이 강제로 이루어진다. 아무것도 하지 않는 손으로는 엉덩이를 더 크게 신장시키기 위해 뒤에 있는 발등을 잡아당긴다. 신장과 내전을 배합함으로써 스트레칭 효과를 높인다.

무릎 바깥 부분을 폼롤러 위에 지탱시킨다.

작은볼기근, 소둔근 *Gluteus minimus*

중간볼기근, 중둔근 *Gluteus medius*

넙다리근막긴장근, 대퇴근막장근 *Tensor fasciae latae*

주의사항
이 스트레칭은 위험성을 내포하고 있지 않지만 비교적 복잡하므로 운동하는 중에 주의해야 한다. 무릎을 지면에서 떨어뜨리기 위해 사용된 폼롤러 등의 배치와 조정을 위해 동료의 도움이 필요할 수도 있다.

지시사항
이 운동은 필드를 걸어서 이동하거나 스윙동작을 할 때 넙다리근막긴장근이 약한 골퍼들을 위해 처방된다. 허벅지의 과도한 부담과 장경인대증후군을 예방하는 데 좋다.

골프 워밍업 · 정적 스트레칭 / 129

83 엉덩이 스트레칭 / 궁둥구멍근

다리 올려 상체 굽히기

시작

의자나 걸상 위에 앉는다. 등을 곧게 펴고 발바닥은 지면에 붙인다. 한쪽 다리를 올려 반대쪽 허벅지 위로 교차시킨다. 스트레칭할 다리는 허벅지 위에 두고 엉덩이를 외회전시킨다. 한 손은 무릎을 잡고 다른 손은 발목 위에 놓는다.

기술

양쪽 엉덩이를 굽히고, 몸통이 앞으로 기울어지게 한다. 무릎에 올려놓은 손에 가벼운 압력을 가해 아래로 내리며, 다른 쪽 손은 발목을 가볍게 당겨서 무릎보다 높게 두고, 엉덩이의 외회전을 강조한다.

시작 위치

무릎을 아래로 밀고 발목을 부드럽게 당긴다.

궁둥구멍근, 이상근
Piriformis

위쌍동이근, 상쌍지근
Gamellus superior

속폐쇄근, 내폐쇄근
Obturator internus

아래쌍동이근, 하쌍지근
Gamellus inferior

수준	횟수	지속시간
기본	2	15초
중급	2	20초
고급	2	25초

주의사항

좌석은 너무 높거나 낮지 않게 하며, 이 운동에서는 스트레칭할 사지 위에 가할 정확한 힘의 양을 초과하기 쉽다는 점을 기억한다. 천천히 움직이고, 통증의 한계를 넘지 않는다.

지시사항

이 운동은 전반적인 스트레칭의 일부로 모든 골퍼들, 특히 필드를 걸어서 이동하는 골퍼들에게 처방된다. 만약 경기를 자주 치르면 이상근증후군을 겪을 우려가 더욱 많다.

궁둥구멍근 / 엉덩이 스트레칭 **84**

다리 굽혀 상체 기울이기

시작 위치

시작
앉아서 몸통을 수직으로 세우고 앞쪽으로 가볍게 기울이면서 한쪽 다리를 앞으로 배치한다. 스트레칭할 다리의 무릎은 굽혀져 있어야 하며, 엉덩이는 외회전 상태에 있고, 허벅지의 바깥면과 다리가 지면에 붙어 있게 한다. 반대쪽 엉덩이는 외전상태에 있어야 한다. 양손을 지면 위의 추가적인 지지대로 사용한다.

기술
앞으로 내민 허벅지 위에 몸통을 기울이면서 팔꿈치를 굽혀 그 위에 닿게 한다. 이러한 움직임은 엉덩이의 굽힘과 외회전을 강제로 일으키며, 그에 따라 볼기근에 팽팽함을 느낄 것이다.

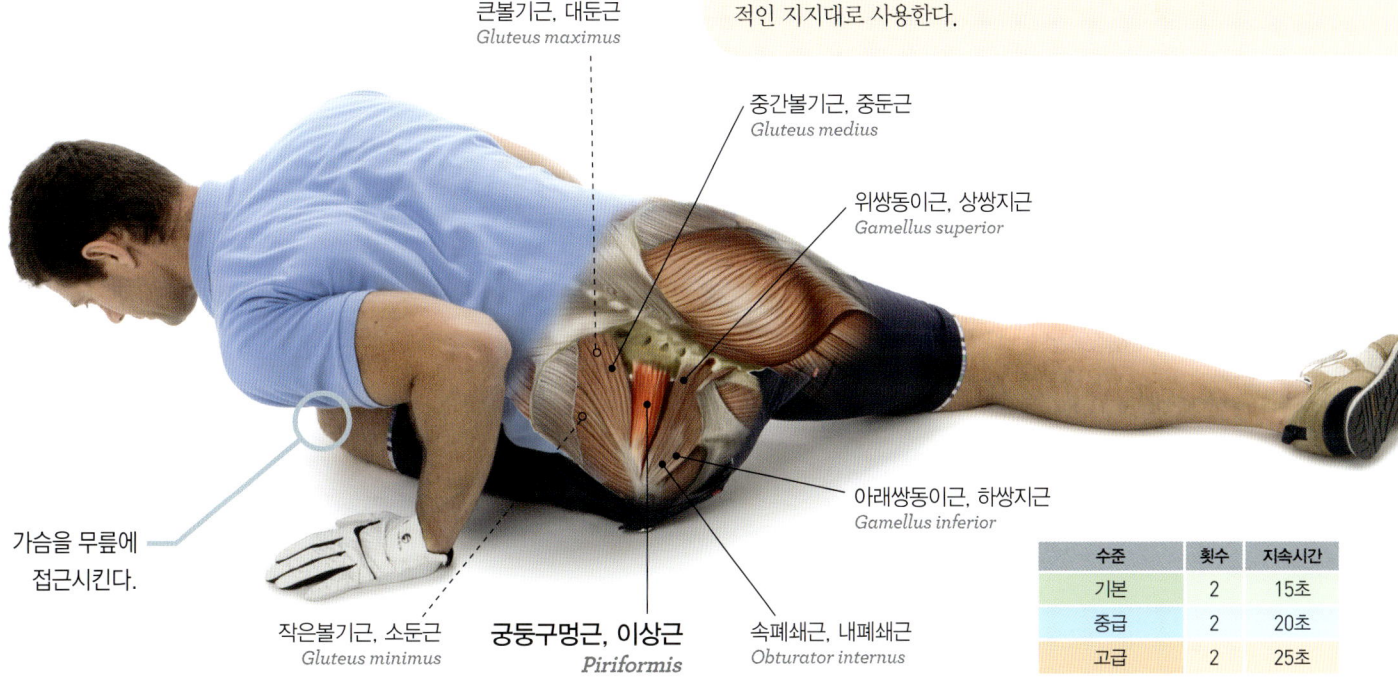

- 가슴을 무릎에 접근시킨다.
- 큰볼기근, 대둔근 *Gluteus maximus*
- 중간볼기근, 중둔근 *Gluteus medius*
- 위쌍동이근, 상쌍지근 *Gamellus superior*
- 아래쌍동이근, 하쌍지근 *Gamellus inferior*
- 작은볼기근, 소둔근 *Gluteus minimus*
- **궁둥구멍근, 이상근** *Piriformis*
- 속폐쇄근, 내폐쇄근 *Obturator internus*

수준	횟수	지속시간
기본	2	15초
중급	2	20초
고급	2	25초

주의사항
앞쪽으로의 기울임이 점진적으로 일어나게 하고, 경로의 어떤 지점에서건 움직임을 멈출 수 있게 한다. 기억할 점은 각 개인마다 유연함이 다르기 때문에 최종 위치 역시 그러할 것이다. 요추골은 굽히지 않는다.

지시사항
매우 빈번하게 경기를 하고, 특히 코스를 걸어서 이동하는 골퍼들에게 처방된다. 또한 이 운동은 골퍼들의 이상근중후군을 예방하기 위한 스트레칭으로 적합하다.

하지 스트레칭

골퍼들이 하지에 부상을 입는 경우는 드물지만 부상이 전혀 없는 것은 아니다. 따라서 무릎과 발목을 움직이는 근육과 관절 워밍업 시 다음 사항들을 고려해야 한다.

■ **무릎 위로의 압축력 및 회전력**

골퍼는 스윙 시 다리의 무게중심이 한쪽 다리에서 다른 쪽 다리로 이동한다. 백스윙 동작의 마지막에는 주로 사용하는 무릎(특히 반월판) 연골 위에 더 큰 압력이 가해진다. 이것은 공의 임팩트 순간부터 폴로스루 동작 중에 주로 사용하지 않거나 앞으로 나와 있는 무릎에서 일어난다. 또한 백스윙을 하는 동안 대퇴골이 무릎 위에서 내회전하는 경향이 있어 그 부분의 관절과 인대 및 힘줄에 손상을 입을 수 있다. 손상은 주로 무릎에 일어나며 폴로스루 동작 시 좀 더 두드러진다.

■ **걸어서 이동하기**

신체적으로 약하거나 모든 라운드를 걸어서 이동하는 골퍼들에게 특히 근육의 과도한 부담을 유발할 수 있다.

넙다리네갈래근 Quadriceps femoris, 대퇴사두근

주로 무릎의 신장을 담당하며, 4가지 주요 근육으로 구성된다.

넙다리곧은근 Rectus femoris, 대퇴직근

기시부는 아래 안쪽의 하전장골극과 관골구의 윗부분에서 찾아볼 수 있으며, 정지부는 넙다리네갈래근(대퇴사두근)의 힘줄과 슬개골인대를 거쳐 정강뼈거친면(경골조면)이다. 안쪽넓은근, 가쪽넓은근 및 중간넓은근과 함께 유착한다. 엉덩이의 굽힘에 관여하며, 주요 기능은 무릎의 신장이다.

가쪽넓은근 Vastus lateralis, 외측광근

기시부는 대전자(trochanter major)와 대퇴근 거친 라인(rough line)의 가쪽입술(lateral lip)이며, 무릎 신장 시 가쪽넓은근 및 중간넓은근과 기능을 공유한다.

안쪽넓은근 Vastus medialis, 내측광근

기시부는 대퇴근 거친 라인과 전전자간선(intertrochanteric line)이다.

중간넓은근 Vastus intermedius, 중간광근

기시부는 대퇴근의 전외측(anterolateral) 표면이다.

넙다리두갈래근 Biceps femoris, 대퇴이두근

기시부는 궁둥뼈결절(ischial tuberosity)에서 시작되는 오금줄(햄스트링) 중 하나로 알려져 있으며, 단두는 대퇴근 거친 라인의 가쪽입술에 있다. 정지부는 비골(fibula) 머리 부분으로 엉덩이의 신장에 관여하며, 주요 기능은 무릎 굽힘이다.

반힘줄근 Semitendinosus, 반건형근

이 햄스트링은 궁둥뼈결절에서 그 근원을 찾아볼 수 있으며, 정지부는 거위발인 경골조면(tibial tuberosity)의 안쪽 가장자리이다. 주요 기능은 반막모양근(Semimembranosus, 반막양근)과 공유되는데, 무릎의 굽힘과 엉덩이의 신장에 관여한다.

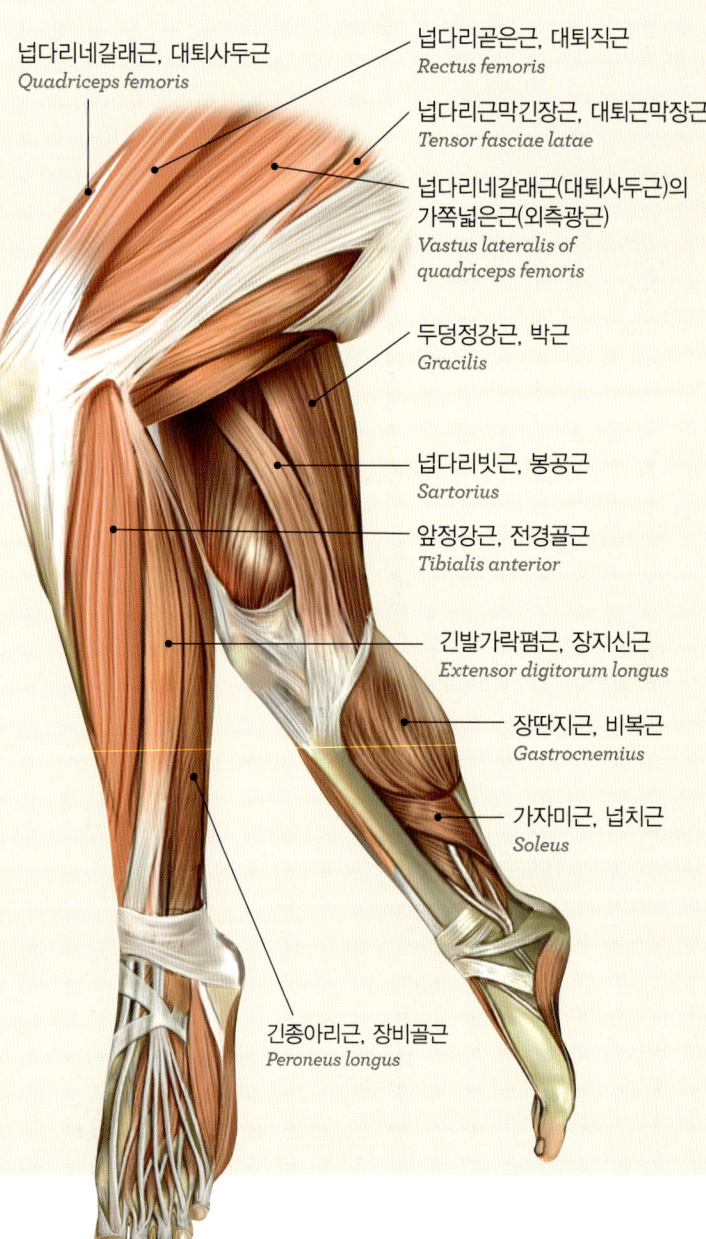

맨몸　골프채　폼롤러　의자　밴드　스텝박스　골프공

반막모양근 *Semimembranosus*, 반막양근
기시부는 반힘줄근과 공유되며, 정지부는 정강이뼈의 내측과(medial concyle)이다.

장딴지근 *Gastrocnemius*, 비복근
기시부는 대퇴근의 가쪽과 안쪽상과(epicondyle)에서 찾아볼 수 있으며, 정지부는 종골힘줄이나 아킬레스건을 거쳐 종골조면(tuberosity of calcaneus)이다. 주요 기능은 발목의 발바닥굽힘이다.

가자미근 *Soleus*, 넙치근
기시부는 비골의 머리 부분과 목 부분의 바깥쪽 면 그리고 정강이뼈의 가자미선에서 찾아볼 수 있으며, 정지부는 장딴지근과 공유한다. 주요 기능은 발목의 발바닥굽힘이다.

앞정강근 *Tibialis anterior*, 전경골근
기시부는 경골과(tibial condyle), 정강골간(tibial diaphysis)의 처음 3분의 2 부분과 골간면(interoseus membrane)에서 찾아볼 수 있고, 정지부는 첫 번째 설상(cuneiform)과 첫 번째 중족(metatarsus)이다. 주요 기능은 발목의 발등굽힘이다.

종아리근 *Peroneus*, 비골근
이후에 묘사하는 것과 같이 각기 다른 기능의 3가지 근육이 있으며, 네 번째 근육이 있는 사람이 적고 기능적 이점이 별로 없어서 더 이상 깊게 다루지는 않을 것이다.

긴종아리근 *Peroneus longus*, 장비골근
기시부는 머리 부분과 비골골간(fibular diaphysis)의 처음 3분의 2 부분에서 찾아볼 수 있으며, 정지부는 첫 번째 설상과 첫 번째 중족이다. 주요 기능은 발목의 외번(eversion)이다.

짧은종아리근 *Short peroneus*, 단비골근
기시부는 비골골간의 처음 3분의 2 부분에서 찾아볼 수 있으며, 정지부는 다섯 번째 중족이다. 주요 기능은 발목의 외번이다.

셋째종아리근 *Third peroneal muscle*, 제3비골근
셋 중에서 크기가 가장 작다. 기시부는 비골의 처음 3분의 1에서 찾아볼 수 있으며, 정지부는 다섯 번째 중족이다. 주요 기능은 발목의 발등굽힘이다.

발바닥근막 *Fascia plantaris*, 족저근막
근육뿐만 아니라 삼각조직의 강한 근막 저항막으로, 발바닥에만 있다. 발바닥 아치 부분을 유지하는데 관여하며, 그로써 발의 구조적인 통합에 관여한다.

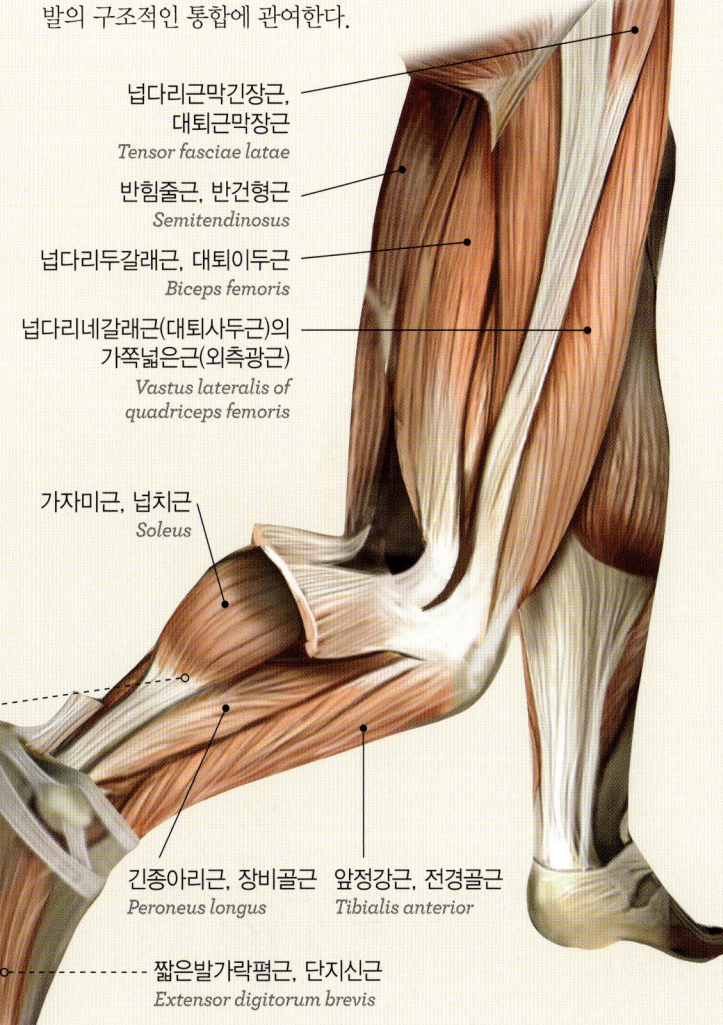

85 하지 스트레칭 / 넙다리네갈래근

플라멩코 자세

시작
한쪽 손으로는 골프채를 잡고 다른 쪽 손으로는 골프채를 붙잡은 같은 쪽 무릎을 굽힌다. 발등을 붙잡은 채 지면에 서 있는 다리로 지탱한다.

기술
발등 부분을 위쪽으로 잡아당기면서 가능한 한 엉덩이의 신장과 무릎의 굽힘을 강조하고, 그와 동시에 발뒤꿈치를 볼기근에 붙인다. 무릎을 엉덩이 뒤에 두면 허벅지의 안쪽 부분에서 팽팽함이 느껴질 것이다.

시작 위치

넙다리곧은근, 대퇴직근 — *Rectus femoris*
중간넓은근, 중간광근 — *Vastus intermedius*
가쪽넓은근, 외측광근 — *Vastus lateralis*
안쪽넓은근, 내측광근 — *Vastus medius*

엉덩이를 최대한 신장시킴과 동시에 무릎을 굽힌다.

수준	횟수	지속시간
기본	2	25초
중급	3	25초
고급	3	30초

주의사항
골프채는 안정성을 유지하기 위해 사용하고, 자세가 불안정하므로 점진적으로 움직이며, 균형과 기술의 교정을 우선한다. 이 운동은 골프채 없이 동료의 도움을 받아서도 할 수 있다.

지시사항
이 운동은 준비운동의 일부로 모든 골퍼들, 그리고 모든 라운드를 걸어서 이동하거나 경기 중이나 경기 후 허벅지 안쪽 면에 근육의 팽팽함을 느낄 때 처방된다.

넙다리네갈래근 / 하지 스트레칭 **86**

폼롤러 위에서 다리 접기

시작 위치

넙다리곧은근, 대퇴직근
Rectus femoris

엉덩이 앞부분을 지면에 붙인다.

중간넓은근, 중간광근
Vastus intermedius

가쪽넓은근, 외측광근
Vastus lateralis

안쪽넓은근, 내측광근
Vastus medius

시작
이 운동을 하기 위해서는 거품롤러 또는 폼롤러가 필요하며, 자세를 잡는 데 도움을 줄 동료가 필요할 수 있다. 엎드린 채 무릎 위쪽의 스트레칭할 부분의 허벅지 말단부와 지면 사이에 폼롤러를 배치한다. 무릎을 신장시키고 한쪽 손을 폼롤러 근처에 둔다.

기술
무릎을 굽히고 무릎에 가까운 손으로 스트레칭할 발등을 붙잡는다. 발을 당겨 발뒤꿈치를 볼기근에 접근시키면서 허벅지를 폼롤러 위에 둔 채 엉덩이 앞부분을 가능한 한 지면에 붙여놓는다. 발뒤꿈치와 볼기근 사이의 거리는 유연성 수준에 따라 결정된다.

수준	횟수	지속시간
기본	2	25초
중급	3	25초
고급	3	30초

주의사항
허벅지를 들어 올려주고 폼롤러를 배치해줄 동료가 한 명 필요하다. 통증의 한계를 초과하거나 거친 방식으로 움직이지 않도록 허벅지를 천천히 움직이고 동료와 일정한 소통을 유지하도록 한다.

지시사항
걸어서 이동하는 골퍼들, 골프를 치는 동안이나 치고 난 후 허벅지 안쪽 면에 근육의 팽팽함이 느껴질 때 처방된다.

87 하지 스트레칭 / **넙다리네갈래근**

탄력밴드로 발끝 잡아당기기

시작
이 운동을 하기 위해서는 발목을 당겨줄 탄력밴드나 다른 대안이 되는 재료가 필요하다. 엎드린 채 스트레칭할 무릎을 굽혀 발등으로 탄력밴드를 걸고 양손으로 밴드 가장자리를 붙잡는다. 팔꿈치는 굽히고 있어야 하며, 밴드는 상대적으로 팽팽한 상태여야 한다.

기술
팔꿈치를 신장시켜 밴드의 끝부분과 그것을 붙잡고 있는 양손이 머리에서 멀어지게 한다. 이로써 밴드가 팽팽해지고 발등 위에 견인력이 증가할 것이다. 그 결과, 무릎은 굽힘 각도를, 엉덩이는 신장 각도를 증가시키며 스트레칭을 효과적으로 할 수 있게 된다.

시작 위치

수준	횟수	지속시간
기본	3	15초
중급	3	20초
고급	3	25초

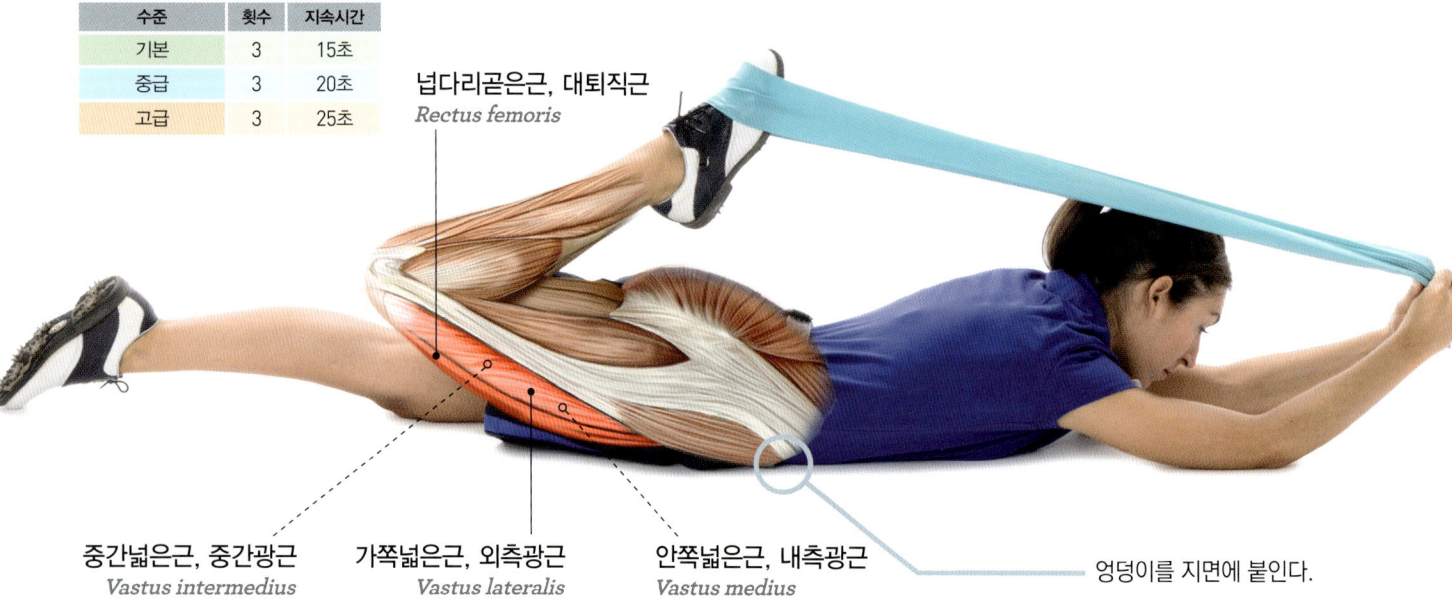

- 넙다리곧은근, 대퇴직근 *Rectus femoris*
- 중간넓은근, 중간광근 *Vastus intermedius*
- 가쪽넓은근, 외측광근 *Vastus lateralis*
- 안쪽넓은근, 내측광근 *Vastus medius*
- 엉덩이를 지면에 붙인다.

주의사항
신체의 저항력 있는 새로운 활동을 위해 가능하면 특별히 제작된 평평한(원기둥 모양이 아닌) 탄력밴드를 이용한다. 그러한 목적으로 설계되지 않았거나 낡은 밴드는 쉽게 찢어질 수 있고, 부딪힐 위험이 있다. 밴드가 양손과 발등에 잘 붙어 있는지 확인한다.

지시사항
이 운동은 완전한 스트레칭 프로그램의 일부로, 특히 골프를 치는 중이나 치고 난 후 허벅지 안쪽 면에서 근육의 팽팽함을 느끼는 골퍼들에게 처방된다. 또한 걸어서 필드를 이동하는 골퍼들에게도 적합하다.

햄스트링 / 하지 스트레칭　88

양손으로 클럽 잡고 아래로 내리기

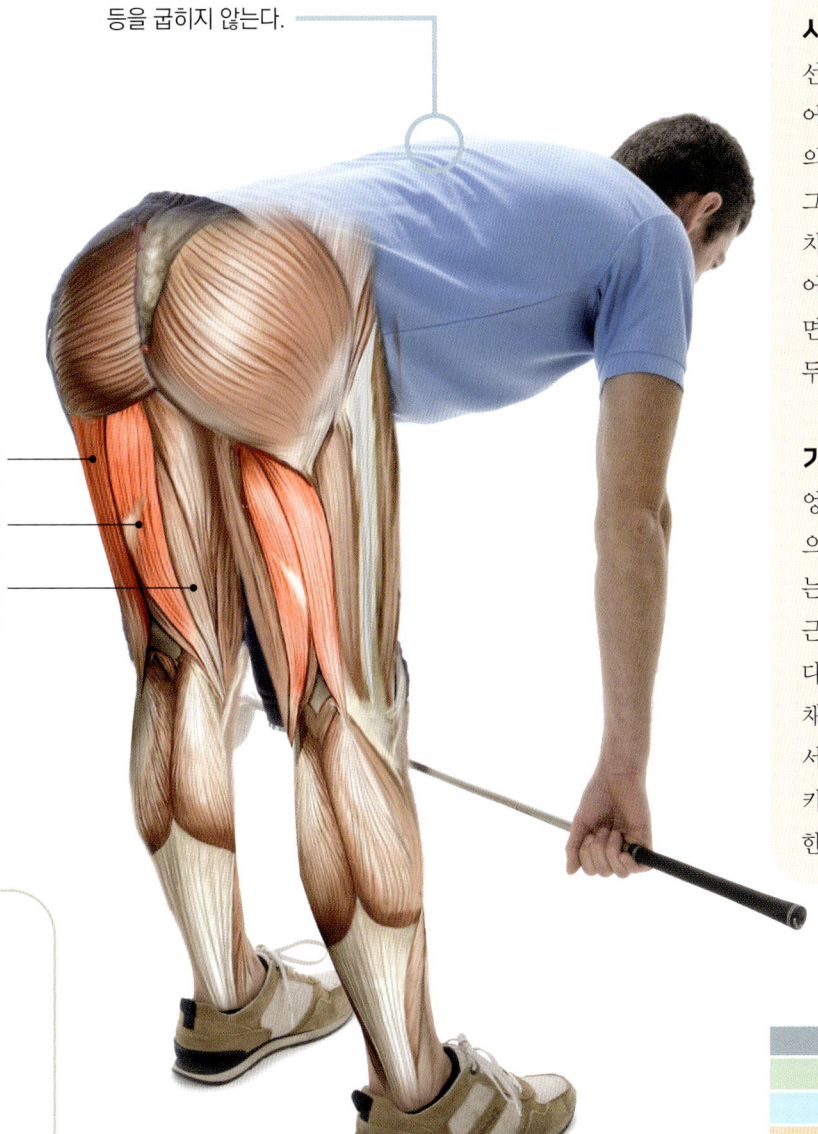

등을 굽히지 않는다.

넙다리두갈래근, 대퇴이두근
Biceps femoris

반힘줄근, 반건형근
Semitendinosus

반막모양근, 반막양근
Semimembranosus

시작 위치

시작
선 자세에서 두 발, 엉덩이와 어깨를 나란히 둔다. 골프채의 몸통을 양손으로 붙잡고 그사이에 공간을 둔다. 팔꿈치는 신장되어 있어야 하며, 어깨는 이완시켜야 한다. 지면과 수직상태가 되게 하고 두 발을 모으지 않는다.

기술
엉덩이를 구부리고 몸통을 앞으로 기울이지만 굽히지는 않는다. 골프채를 두 발 끝에 접근시키고 수평으로 유지한다. 무릎을 완전히 신장시킨 채 등이 굽혀지지 않게 하면서 엉덩이의 굽힘으로 제한시키되 더 아래쪽에 도달하도록 한다.

수준	횟수	지속시간
기본	2	25초
중급	3	25초
고급	3	30초

주의사항
무릎을 계속 신장시키면서 엉덩이를 굽힌다. 등을 활처럼 굽히지 말고 추간판(intervertebral disk)에 과도한 압력이 가해지지 않는지, 그리고 운동효과를 낮추지는 않는지 유의한다.

지시사항
이 운동은 스윙동작 시, 걸어서 이동 시, 그리고 서서 기다리는 동안 올바른 자세를 유지할 때 오금줄(Hamstring, 햄스트링)이 개입함에 따라 모든 골퍼들에게 처방된다. 또한 허벅지의 바깥면에서 요추 통증과 근육의 팽팽함이 느껴지는 것을 예방할 수 있다.

89 하지 스트레칭 / 햄스트링

폼롤러에 발 올리고 허리 굽혔다 펴기

요추의 척추전만(lordosis) 상태를 자연스럽게 유지하고 굽히지 않도록 한다.

넙다리두갈래근, 대퇴이두근
Biceps femoris

반힘줄근, 반건형근
Semitendinosus

반막모양근, 반막양근
Semimembranosus

시작

이 운동에는 발뒤꿈치를 지탱할 지지대가 필요하다. 낮은 걸상, 계단식 지형 또는 그림처럼 수직으로 세운 폼롤러를 사용할 수 있다. 선 자세에서 몸통을 지면과 수직상태에 두고 엉덩이를 굽히면서 발뒤꿈치를 수직 지지대 위에 올려놓는다. 양쪽 무릎은 신장되어 있어야 하며, 양팔은 허리 위에 놓거나 몸통과 함께 이완시켜야 한다.

기술

몸통을 앞으로 기울이면서 등을 곧게 유지하고, 지지하는 쪽 다리의 무릎을 가볍게 굽히면서 자세를 낮춘다. 이로써 양쪽 엉덩이의 굽힘이 일어나는데, 대부분 스트레칭할 부분에 일어난다. 스트레칭하는 무릎은 계속 신장되어 있어야 한다.

수준	횟수	지속시간
기본	2	25초
중급	3	25초
고급	3	30초

주의사항

이 운동은 균형이 불안정할 수 있는데, 천천히 그리고 통제된 방식으로 움직여야 한다. 그럼에도 자세를 유지하기 어려우면, 운동을 완수하기 위해 붙잡을 만한 동료나 고정된 지지대의 도움을 받는다.

지시사항

이 운동은 요추에 불편함이 있거나 허벅지 뒷면에 근육의 팽팽함을 느끼는 골퍼들에게 처방된다. 또한, 오금(Hamstring, 햄스트링)이 스윙동작에 관여하므로 걸어서 이동하거나 서서 기다리는 나머지 골퍼들에게도 처방된다.

햄스트링 / 하지 스트레칭 **90**

걸터앉아 다리 뻗기

수준	횟수	지속시간
기본	2	25초
중급	3	25초
고급	3	30초

양손을 무릎 위에 놓고 등의 부담을 완화시킨다.

넙다리두갈래근, 대퇴이두근
Biceps femoris

반힘줄근, 반건형근
Semitendinosus

반막모양근, 반막양근
Semimembranosus

시작
낮은 걸상이나 의자 위에 걸터앉는다. 몸통을 곧게 세우고 한 발을 지면 위에 지탱시켜 같은 쪽의 무릎과 엉덩이가 90°로 굽혀지게 한다. 반대쪽 다리는 쭉 뻗고 발끝을 위로 치켜든다. 양손은 굽혀진 무릎 위에 놓아야 한다.

기술
몸통을 앞으로 기울이면서 특히 요추 부분의 등을 곧게 세우는데, 척추는 전체적으로 곧게 유지해야 한다. 이 운동은 양쪽 엉덩이의 굽힘을 유도하며, 그에 따라 신장된 다리 쪽 햄스트링을 스트레칭한다.

시작 위치

주의사항
허리를 굽히면 척추에 좋지 않고 스트레칭에 도움이 되지 않으므로 스트레칭을 많이 하기 위해서는 허리를 굽히지 않는다. 요추의 긴장감을 완화시키기 위해 양손을 지지대로 사용한다.

지시사항
이 운동은 골반의 과도한 뒤굽음(retroversion)으로 인한 요추 통증을 완화시키고 햄스트링을 이완시키는 데 도움을 주는데, 특히 경기 후에 시도한다.

골프 워밍업 · 정적 스트레칭

91 하지 스트레칭 / 장딴지근

스텝박스에서 발목 꺾기

시작
발을 계단식 지형이나 높은 모서리돌 위에 올려놓는다. 앞에 있는 발은 발바닥 부분을 바닥과 닿게 해야 한다. 반대로 뒤에 있는 발은 발끝의 발허리발가락관절(metatarsophalangeal joint) 높이까지 지탱하고 있어야 하며, 발바닥과 발뒤꿈치 대부분은 계단식 지형 밖 공간에 정지된 상태로 두어야 한다.

기술
뒤로 뻗은 다리의 무릎은 신장시키고 반대쪽 무릎은 조금 굽힌다. 자세를 천천히 낮추며, 스트레칭하는 발목을 굽힌다. 발뒤꿈치가 발끝에서 내려가고 무릎이 계속 신장되면서 장딴지 근육에 팽팽함을 느낄 것이다.

시작 위치

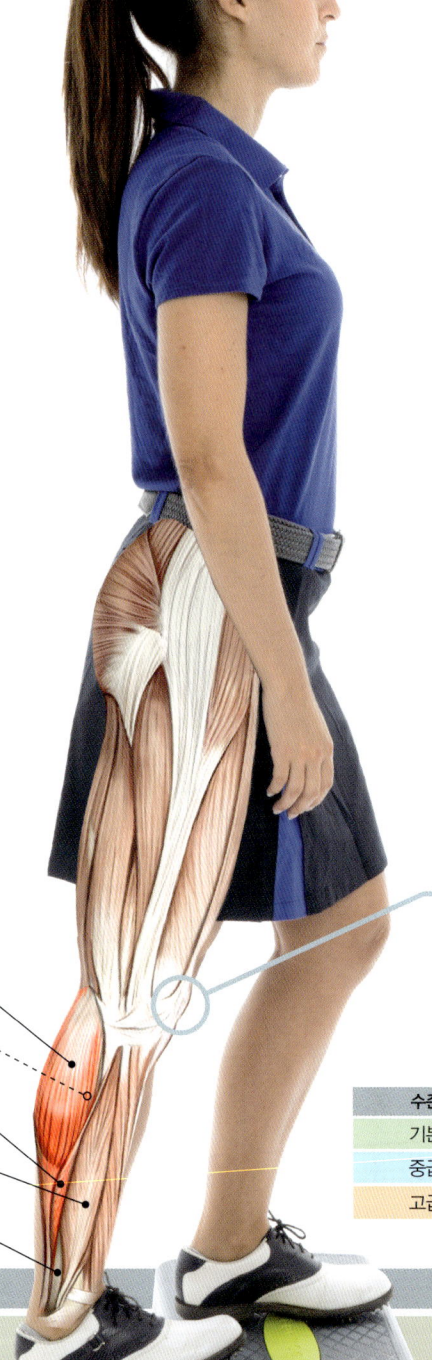

장딴지근, 비복근
Gastrocnemius

뒤정강근, 후경골근
Tibialis posterior

가자미근, 넙치근
Soleus

긴종아리근, 장비골근
Peroneus longus

짧은종아리근, 단비골근
Peroneus brevis

무릎을 신장시키고 발목을 발등 쪽으로 굽힌다.

수준	횟수	지속시간
기본	2	25초
중급	3	25초
고급	3	30초

주의사항
스트레칭할 장소에 단단한 물체를 놓는다. 만약 그렇지 않으면 가장자리에서 지탱되는 무게로 인해 운동하는 동안 뒤집어질 수 있다.

지시사항
이 운동은 필드를 걸어서 이동하는 골퍼들, 경기를 자주 하는 베테랑 골퍼들, 특히 장딴지근과 아킬레스건의 부상을 예방하기 위해 처방된다.

140 / 골프 워밍업 · 정적 스트레칭

장딴지근 / 하지 스트레칭   **92**

폼롤러 대고 발목 꺾기

시작 위치

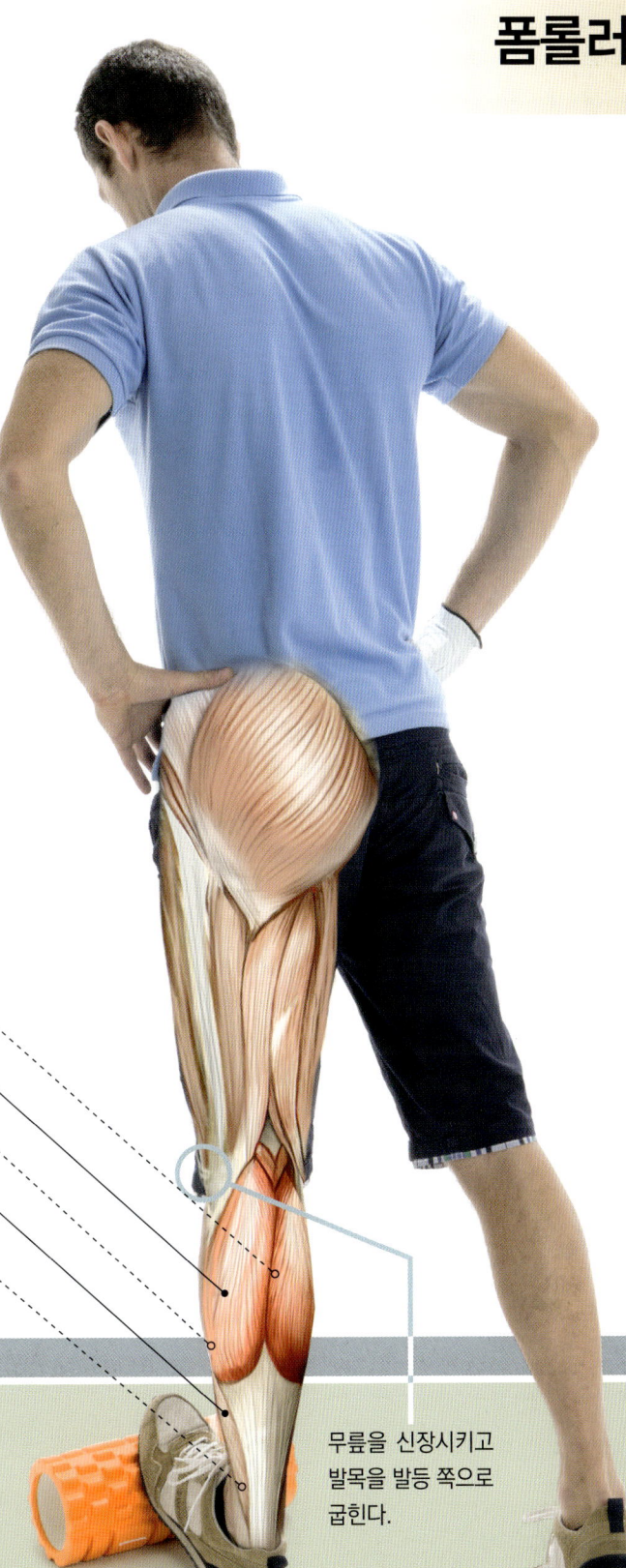

뒤정강근, 후경골근
Tibialis posterior

장딴지근, 비복근
Gastrocnemius

긴종아리근, 장비골근
Peroneus longus

가자미근, 넙치근
Soleus

짧은종아리근, 단비골근
Peroneus brevis

무릎을 신장시키고 발목을 발등 쪽으로 굽힌다.

시작

이 운동을 하기 위해서는 계단식 지형, 모서리돌이나 발을 지탱할 폼롤러가 필요하다. 선 자세에서 한쪽 다리를 앞에 두고 발등을 굽힌다. 발끝을 돌출된 지지대 위에 놓고, 발뒤꿈치는 지면에 붙인다. 무릎을 신장시킨 채 양팔을 허리 위에 두거나 이완시킨다.

기술

발목을 발바닥 쪽으로 굽히고 몸통 전체를 앞으로 이동시키면서 기울인다. 이렇게 해서 스트레칭할 발목의 굽힘 각도를 강제로 증가시키게 된다. 스트레칭할 다리의 발뒤꿈치와 발끝은 지지대에 계속 머물러 있어야 하며, 같은 쪽의 무릎은 신장되어야 한다.

수준	횟수	지속시간
기본	2	25초
중급	3	25초
고급	3	30초

주의사항

압력을 가할 때 이동하지 않는 발을 지탱하기 위해 적당한 도구를 이용한다. 별로 깊지 않거나 매우 단단한 재질로 만들어진 폼롤러의 경우에는 수직이 아닌 압력이 가해질 때 미끄러지는 경향이 있다.

지시사항

필드를 걸어서 이동하거나 신체적 준비를 거의 하지 않아서 과부하 상태인 골퍼들에게 처방된다.

골프 워밍업 · 정적 스트레칭 / 141

93 하지 스트레칭 / 장딴지근

탄력밴드로 발 잡아당기기

시작
걸상이나 단단한 물체의 가장자리에 걸터앉는다. 스트레칭할 사지의 무릎을 신장시켜 발뒤꿈치가 지면에 닿도록 한다. 탄력밴드를 발허리발가락 관절 높이에서 발바닥에 걸어 꽉 붙잡는다. 두 손으로는 탄력밴드의 한쪽 끝부분을 붙잡고 조금 팽팽하게 한다.

기술
팔꿈치를 굽혀 탄력밴드를 양손으로 잡는다. 발 위의 견인력을 증가시키고, 발등을 굽힌다. 이 과정 동안 무릎은 계속 신장되어 있어야 한다. 발목이 최대한의 발등굽힘에 근접해가면서 장딴지에서 근육의 팽팽함이 느껴질 것이다.

무릎을 신장시키고 발등을 굽힌다.

뒤정강근, 후경골근 *Tibialis posterior*
장딴지근, 비복근 *Gastrocnemius*
가자미근, 넙치근 *Soleus*
긴종아리근, 장비골근 *Peroneus longus*
짧은종아리근, 단비골근 *Peroneus brevis*

수준	횟수	지속시간
기본	2	25초
중급	3	25초
고급	3	25초

시작 위치

주의사항
저항력 있는 스포츠용 탄력밴드를 이용한다. 반드시 평평한 밴드를 사용하고 관 모양의 고무밴드는 발에서 미끄러질 수 있기 때문에 사용하지 말아야 한다.

지시사항
필드를 걸어서 이동하거나, 신체적 준비를 거의 하지 않거나 경기 중이나 경기 후에 장딴지 근육에 과도한 부담을 느끼는 골퍼들에게 처방된다. 또한, 아킬레스건이나 테니스선수의 다리 건염 같은 문제들을 예방하는 데 효과적이다.

가자미근 / 하지 스트레칭 **94**

클럽 잡고 무릎 굽히기

시작 위치

수준	횟수	지속시간
기본	2	20초
중급	2	25초
고급	2	30초

뒤정강근, 후경골근
Tibialis posterior

긴종아리근, 장비골근
Peroneus longus

가자미근, 넙치근
Soleus

짧은종아리근, 단비골근
Peroneus brevis

발뒤꿈치를 지면에 댄다.

시작

선 자세에서 양손으로 골프채의 손잡이 끝부분을 잡는다. 한쪽 발을 앞에 놓고 다른 쪽 발은 뒤에 놓는다. 양팔을 앞쪽으로 신장시키고 골프채를 지면에 단단하게 지탱시키면서 클럽 몸통이 완전히 수직상태가 되게 한다. 양쪽 무릎은 계속해서 신장되어야 한다.

기술

엉덩이와 무릎을 천천히 굽히고 자세를 낮춘다. 자세를 낮추는 동안 발목, 특히 바깥쪽 발의 발목은 점점 발등굽힘 위치로 바뀌어갈 것이다. 뒤에 있는 발뒤꿈치를 지면에서 떨어뜨리지 않은 상태로 자세를 최대한 내리면, 장딴지에 스트레칭으로 인한 팽팽함이 느껴질 것이다.

주의사항

마지막 자세가 신체를 피로하게 만들 수 있기 때문에 골프채를 지지대로 사용한다. 기억할 점은 발뒤꿈치를 지면에서 떨어뜨리면 스트레칭 효과가 없어지며, 추가적인 모든 경로가 불필요해진다는 것이다.

지시사항

이 운동은 장딴지 근육에 팽팽함을 느끼는 골퍼들에게 처방된다. 또한, 필드를 걸어서 이동하거나 경기를 매우 자주 하거나 전반적인 스트레칭 프로그램에 포함시키는 골퍼들에게 적합하다.

95 하지 스트레칭 / 앞정강근

앉아서 허벅지 위에 다리 올리기

시작
적당한 평면 위에 앉아서 한쪽 다리를 신장시킨다. 반대쪽 엉덩이를 외회전하고, 같은 쪽 무릎을 굽히면서 다리가 교차상태에 있게 하고, 그 말단부가 허벅지 위의 바깥면에서 지탱되게 한다. 한 손은 굽힌 무릎 위에 두고 다른 손으로는 발끝을 붙잡는다.

기술
허벅지 위의 다리를 움직이지 않은 채 발끝을 뒤쪽으로 잡아당긴다. 경로는 매우 짧지만 마지막 부분에 근접하고 발등이 정강이와 나란히 배열되면서 다리 안쪽 면에서 근육의 팽팽함을 느끼게 될 것이다.

시작 위치

발목을 최대한 굽힌다.

긴엄지폄근, 장무지신근
Extensor hallucis longus

셋째종아리근, 제3비골근
Peroneus tertius

긴발가락폄근, 장지신근
Extensor digitorum longus

앞정강근, 전경골근
Tibialis anterior

수준	횟수	지속시간
기본	2	20초
중급	2	25초
고급	2	30초

주의사항
발목의 움직임에 집중하고 원래 지탱하고 있던 다리를 이동시키지 않는다. 점진적인 형태로 힘을 가하고, 만약 스트레칭으로 인한 긴장과 다르게 발목에서 통증이나 불편함이 느껴질 경우에는 견인 강도를 줄인다.

지시사항
이 운동은 전체 필드를 걸어서 이동하거나, 앞정강근(Tibialis anterior, 전경골근)에 쉽게 과도한 부담을 느끼거나 건염과 같이 과도한 근육 사용과 관련된 문제를 겪을 가능성이 높은 골퍼들에게 특히 적합하다.

앞정강근 / 하지 스트레칭 | **96**

서서 양쪽 다리 교차하기

시작 위치

앞정강근, 전경골근
Tibialis anterior

긴발가락폄근, 장지신근
Extensor digitorum longus

긴엄지폄근, 장무지신근
Extensor hallucis longus

셋째종아리근, 제3비골근
Peroneus tertius

발끝으로만 지탱한다.

시작
서서 한 손으로 골프채의 그립을 붙잡고 몸통을 지지하여 골프채와 몸이 수직이 되게 한다. 스트레칭할 엉덩이를 외회전시킨다. 같은 쪽 무릎을 굽히면서 다리를 반대쪽 다리 앞으로 교차시키고, 발끝으로만 지탱한다.

기술
뒤쪽에 있는 다리의 무릎을 굽혀 다른 쪽 무릎의 굽힘을 유도하면서 자세를 낮춘다. 스트레칭할 부분의 발은 발끝으로 계속 지탱해야 하며, 그 결과로 발목은 움직임이 진행되면서 발바닥굽힘을 증가시켜간다. 앞에 나와 있는 다리 안쪽 면에서 스트레칭으로 인한 팽팽함이 느껴질 것이다.

수준	횟수	지속시간
기본	2	15초
중급	2	20초
고급	2	25초

주의사항
이 운동은 자세가 불안정하므로 천천히 그리고 통제된 상태로 움직이고, 안정성을 유지하기 위해 골프채의 도움을 받아야 한다. 만약 여전히 불안정함이 느껴진다면 동료에게 도움을 요청한다.

지시사항
필드를 걸어서 이동하고, 특히 라운드가 매우 길거나 경기를 매우 자주 하는 골퍼들에게 처방된다. 걸을 때 앞정강근의 움직임이 활성화된다.

골프 워밍업 · 정적 스트레칭 / 145

97 하지 스트레칭 / 종아리근

의자에 앉아 무릎 위에 다리 올리기

시작
의자나 걸상 위에 걸터앉아서 엉덩이를 외회전시키고, 같은 쪽의 무릎을 굽히면서 다리를 반대쪽 허벅지 위에 교차되게 하여 그 위에서 지탱한다. 한 손을 굽힌 무릎 위에 두고 다른 손으로는 발바닥을 붙잡는다. 스트레칭할 발목은 중립 위치에 있어야 한다.

기술
발목을 위쪽으로 끌어당기면서 내번을 일으키고, 지탱하고 있는 다리를 이동시킨다. 발바닥이 위쪽을 향하면서 다리 바깥면에 스트레칭으로 인한 팽팽함이 느껴질 것인데, 설사 느낌이 약하더라도 스트레칭은 되고 있다.

시작 위치

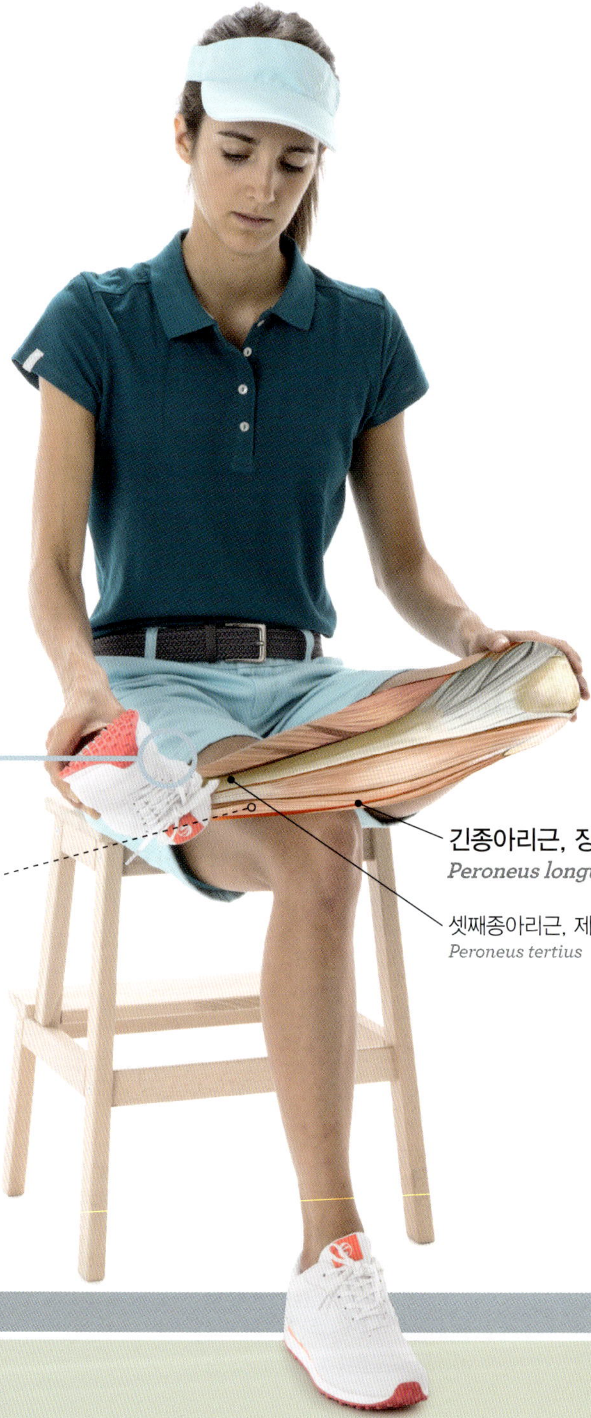

발목을 내번 위치에 둔다.

짧은종아리근, 단비골근
Peroneus brevis

긴종아리근, 장비골근
Peroneus longus

셋째종아리근, 제3비골근
Peroneus tertius

수준	횟수	지속시간
기본	2	15초
중급	2	20초
고급	2	25초

주의사항
스트레칭되는 느낌이 들지 않는다고 해서 과도한 힘을 주거나 주어진 스트레칭 시간을 넘기지 않는다. 이 근육이 발목의 안정성에 기여하고 과도한 스트레칭은 역효과를 낼 수 있다는 점을 생각한다.

지시사항
이 운동은 전반적인 스트레칭 프로그램의 일부로, 이 근육이 걸어서 이동할 때와 스윙동작 시, 특히 백스윙과 폴로스루의 마지막 부분에서 발목의 안정성에 미치는 영향으로 인해 모든 골퍼들에게 처방된다.

종아리근 / 하지 스트레칭 **98**

클럽 잡고 발목 꺾기

시작 위치

긴종아리근, 장비골근
Peroneus longus

짧은종아리근, 단비골근
Peroneus brevis

셋째종아리근, 제3비골근
Peroneus tertius

발목을 내번 위치에 둔다.

시작
한쪽 발을 다른 쪽 발 앞에 두고 양쪽 무릎을 신장시킨다. 일단 동작이 다음 단계에서 요구하는 안정된 위치에 있게 되면, 골프채의 손잡이 끝을 앞에 나와 있는 발 쪽 손으로 붙잡는다. 골프채를 단단하게 지탱시켜 수직이 되게 하고 균형을 유지한다.

기술
앞에 나와 있는 발목을 내번 상태에 두고, 그 발을 점진적으로 발바닥 바깥쪽으로 지탱한다. 대부분의 무게는 바깥쪽 지탱 부분 위에 놓이게 하고 나머지는 스트레칭하는 발과 골프채 사이에 분배한다.

수준	횟수	지속시간
기본	2	15초
중급	2	20초
고급	2	25초

주의사항
외번 상태에서 발목으로 지탱하는 것은 염좌의 주요 원인 중 하나이며, 설사 그 움직임이 통제되더라도 스트레칭할 발목에 지나친 무게를 싣는 것은 피해야 한다. 종아리근은 발목의 안정성을 유지하게 해주는 근육이므로 주어진 시간을 초과하지 않아야 한다는 점을 기억한다.

지시사항
걸어서 이동하거나 스윙동작을 할 때 이 근육들이 발목의 안정성을 유지하는 데 미치는 영향으로 인해 모든 골퍼들에게 처방된다.

골프 워밍업 · 정적 스트레칭 / 147

99 하지 스트레칭 / **발바닥근막**

무릎 굽혀 발바닥 펴기

시작
매트나 푹신한 표면 위에서 무릎과 엉덩이를 거의 90°로 굽힌다. 팔꿈치는 신장되어 있어야 하고 발가락은 지면에 붙이지만, 그 위에 압력을 가하지는 않는다. 몸통은 수평을 유지한다.

기술
무릎을 굽힌 채 점진적으로 체중을 뒤로 이동시킨다. 허벅지와 장딴지의 바깥 부분이 닿고 볼기근이 발뒤꿈치와 접촉할 때까지 계속한다. 이때 두 발은 발허리발가락관절 높이에서 그 안쪽 면에 의해 지탱되어야 하며, 손가락은 신장되어야 한다. 몸통을 발뒤꿈치 위에 두고 곧게 세운다.

수준	횟수	지속시간
기본	2	25초
중급	3	25초
고급	3	30초

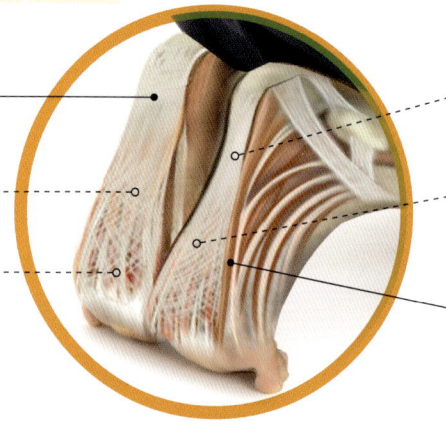

발바닥근막, 족저근막
fascia plantaris

짧은발가락굽힘근, 단지굴근
Flexor digitorum brevis

벌레근, 충양근
Lumbricalis pedis

발바닥네모근, 족저방형근
Quadratus plantae

짧은엄지굽힘근, 단무지굴근
Flexor hallucis brevis

짧은새끼발가락굽힘근, 단소지굴근
Flexor digiti minimi brevis muscle

발가락은 신장되어야 한다.

시작 위치

주의사항
발가락에서 통증이 느껴지는 경우, 압력을 이완시키면서 엉덩이를 앞쪽으로 이동시킴으로써 대부분의 하중이 무릎 위에 놓이게 한다.

지시사항
걸어서 골프코스를 이동하는, 특히 경기를 매우 자주 하고 발바닥에 통증을 느껴본 적이 있는 골퍼들에게, 그리고 발바닥근막염(plantar fasciitis, 족저근막염)을 예방하기 위해 처방된다.

발바닥근막 / 하지 스트레칭 **100**

발바닥으로 공 굴리기

시작 위치

시작
이 운동을 하기 위해서는 골프공이 필요하다. 신발을 벗고 골프공을 지면에 놓은 뒤 발을 발허리발가락관절 높이에서 그 위에 지탱시킨다. 체중의 대부분은 골프공 위에 지탱시키지 않은 발에 둔다.

기술
골프공 위에 발을 놓고 발허리발가락관절에서 발뒤꿈치까지 미끄러뜨린다. 그러기 위해서는 골프공을 천천히 앞뒤로 굴려야 한다. 발바닥근막 전체에 팽팽함을 만들어내기 위해서는 움직일 때 골프공 위에 특정 압력이 가해지는지 확인한다.

벌레근, 충양근
Lumbricales

짧은발가락굽힘근, 단지굴근
Flexor digitorum brevis

발바닥네모근, 족저방형근
Quadratus plantae

짧은엄지굽힘근, 단무지굴근
Flexor hallucis brevis

발바닥근막, 족저근막
fascia plantaris

수준	횟수	지속시간
기본	2	25초
중급	3	25초
고급	3	30초

주의사항
이 운동은 골프공 외에도 테니스, 야구, 스쿼시 및 그 외 유사한 공을 이용할 수 있는데, 크기가 작아질수록 접촉 표면도 작아지며, 그로 인해 압력을 많이 가하지 말아야 한다는 점을 고려한다. 공이 단단할수록 압력을 적게 가한다.

발바닥을 골프공 위에서 양방향으로 미끄러뜨린다.

지시사항
걸어서 골프코스를 이동하는 선수들에게 처방된다. 또한 발바닥 통증과 그 외 족저근막염이나 저림 같은 문제들을 예방하기 위해 적용할 수 있다.

근육 찾아보기

짧은엄지벌림근 *Abductor pollicies brevis*, 단무지외전근　114
새끼발가락벌림근 *Abductor of little finger*, 소지외전근　133
긴엄지손가락벌림근 *Abductor pollicis longus*, 장무지외전근　98, 117
짧은모음근 *Adductor brevis*, 단내전근　44-46, 118, 119, 126, 127
엄지손가락모음근 *Adductor hallucis*, 무내지전근　113
긴모음근 *Adductor longus*, 장내전근　8, 44-46, 118, 126, 127
큰모음근 *Adductor magnus*, 대내전근　9, 23, 24, 44-46, 118, 119, 126, 127
팔꿈치근 *Anconeus*, 주근　99
위팔두갈래근 *Biceps brachii*, 상완이두근　8, 39, 40, 57, 82, 98-101
넙다리두갈래근 *Biceps femoris*, 대퇴이두근　9, 23-26, 47, 118, 132, 133, 137-139
위팔근 *Branchialis*, 상완근　8, 98-101
위팔노근 *Branchioradialis*, 상완요근　8, 98, 99
부리위팔근 *Coracobrachialis*, 오훼완근　57, 82, 87, 93, 100, 101
넙다리네모근 *Quadratus femoris*, 대퇴방형근　118
허리네모근 *Quadratus lumborum*, 요방형근　37, 38, 41, 54, 73, 77, 78, 80, 81
발바닥네모근 *Quadratus plantae*, 족저방형근　148, 149
넙다리네갈래근 *Quadriceps femoris*, 대퇴사두근　8, 9, 20, 132
어깨세모근 *Deltoid*, 삼각근　8, 37, 39-41, 55, 57, 58, 60-62, 65, 83-87, 93, 94, 97-104
넓은등근 *Latissimus dorsi*, 광배근　9, 40, 41, 54, 55, 71, 73, 83, 95-98, 102-104
어깨올림근 *Levator muscle of scapula*, 견갑거근　25, 54, 56, 61-64, 83
척추세움근 *Erector spinae*, 척추기립근　20-23, 80
앞목갈비근 *Anterior scalene*, 전사각근　82
중간목갈비근 *Scalene medius*, 중사각근　82
목갈비근 *Scalene*, 사각근　8, 36, 63, 64
가시근 *Muscle spnalis*, 극근　36
가슴가시근 *Muscle spinalis thoracis*, 흉극근　55, 68, 69
머리널판근 *splenius muscle of head*, 두판상근　9, 36, 55, 56, 66, 67, 83
목널판근 *Splenius muscle of neck*, 경판상근　36, 66, 67
목빗근 *Sternocleidomastoid muscle*, 흉쇄유돌근　8, 9, 36, 63, 64
짧은발가락폄근 *Extensor digitorum brevis*, 단지신근　133
짧은엄지손가락폄근 *Short extensor muscle of thumb*, 단무지신근　98, 117
자쪽손목폄근 *Extensor carpi ulnaris*, 척측수근신근　9, 42, 98, 99, 108-110

손가락폄근 *Extensor digitorum*, 지신근　9, 42, 99, 115
집게폄근 *Extensor indicis*, 검지신근　115, 116
새끼손가락폄근 *Extensor digitorum minimi*, 소지신근　9, 99, 115, 116
긴손(발)가락폄근 *Extensor digitorum longus*, 장지신근　49, 132, 144, 145
엄지손가락폄근 *Extensor hallucis*, 무지신근　99, 117
긴엄지발가락폄근 *Extensor hallucis longus*, 장무지신근　144, 145
짧은노쪽손목폄근 *Extensor carpi radialis brevis*, 단요측수근신근　99, 108-110
긴노쪽손목폄근 *Extensor carpi radialis longus*, 장요측수근신근　9, 99, 108-110
짧은발가락굽힘근 *Flexor digitorum brevis*, 단지굴근　133, 148, 149
짧은엄지발가락굽힘근 *Flexor hallucis brevis*, 단무지굴근　148, 149
짧은새끼발가락굽힘근 *Flexor brevis of little finger*, 단소지굴근　148
짧은엄지손가락굽힘근 *Flexor brevis of thumb*, 단무지굴근　99, 113, 114
자쪽손목굽힘근 *Flexor carpi ulnaris*, 척측수근굴근　9, 42, 99, 105-107, 112
긴손가락굽힘근 *Flexor longus of fingers*, 장지굴근　8
긴엄지손가락굽힘근 *Flexor longus of thumb*, 장무지굴근　99, 113, 114
깊은손가락굽힘근 *Flexor digitorium profundis*, 심수지굴근　111, 112
노쪽손목굽힘근 *Flexor carpi radialis*, 요측수근굴근　8, 42, 98, 105-107, 112
얇은손가락폄근 *Superficial digital flexor*, 천지굴근　98, 99, 111, 112
손가락폄근 *Flexor of fingers*, 지굴근　42
장딴지근 *Gastrocnemius*, 비복근　8, 9, 132, 133, 140-142
아래쌍동이근 *Gamellus inferior*, 하쌍지근　118, 125, 130, 131
위쌍동이근 *Gamellus superior*, 상쌍지근　118, 125, 130, 131
큰볼기근 *Gluteus maximus*, 대둔근　20, 23-25, 47, 55, 70, 118, 119, 123-125, 131
중간볼기근 *Gluteus medius*, 중둔근　25, 26, 41, 43, 44, 47, 70, 118, 119, 123-125, 128, 129, 131
작은볼기근 *Gluteus minimus*, 소둔근　41, 43, 44, 118, 119, 123-125, 128, 129, 131
두덩정강근 *Gracilis*, 박근　8, 9, 44-46, 118, 132
엉덩근 *Iliacus*, 장골근　47, 119-122
엉덩갈비근 *Iliocostal muscle*, 장늑근　55
허리엉덩갈비근 *Illiocostal lumbar*, 요장늑근　70-73
등엉덩갈비근 *Illiocostal thoracic*, 흉장늑근　68, 69, 72

엉덩이허리근 *Iliopsoas*, 장요근　8, 54
가시아래근 *Infraspinatus*, 극하근　9, 26, 55, 83-85, 88, 89
속갈비사이근 *Internal intercostal*, 내늑간근　82
등쪽뼈사이근 *Interosseous dorsal*, 배측골간근　98, 99
오금줄 *Hamstring*, 햄스트링　20-23
머리가장긴근 *Longisimus capitis*, 두최장근　56, 66, 67
목가장긴근 *Longissimus cervicis muscle*, 경최장근　66, 67
가슴가장긴근 *Longissimus thoracic muscle*, 흉최장근　55, 68, 69, 71, 72
벌레근 *Lumbrical*, 충양근　148, 149
뭇갈래근 *Multifidus spinae*, 다열근　38, 70-73, 78, 79
배바깥빗근 *Obliquus externus*, 외복사근　8, 9, 21-23, 25, 26, 37, 38, 41, 54, 55, 73-81, 84, 96, 97, 118.
배속빗근 *Obliquus internus*, 내복사근　37, 38, 54, 55, 73-81, 84, 96, 97.
속폐쇄근 *Obturator internus*, 내폐쇄근　118, 123, 125, 130, 131
어깨목뿔근 *Omohyoid*, 견갑설골근　8
긴손바닥근 *Palmaris longus*, 장장근　8, 42, 98, 105, 106, 107, 112
두덩근 *Pectineus*, 치골근　8, 44-46, 126, 127
큰가슴근 *Pectoralis major*, 대흉근　8, 20, 23-26, 37, 39, 40, 54, 57, 82, 87, 90, 92, 93-95, 98, 100, 101.
작은가슴근 *Pectoralis minor*, 소흉근　37, 39, 40, 59, 82, 92-95
짧은종아리근 *Peroneus brevis*, 단비골근　49, 133, 140-143, 146, 147
긴종아리근 *Peroneus longus*, 장비골근　8, 9, 49, 132, 133, 140-143, 146, 147
종아리근 *Peroneus*, 비골근　133
궁둥구멍근 *Piriformis*, 이상근　118, 123, 125, 130, 131
장딴지빗근 *Plantaris*, 족척근　9
원엎침근 *Pronator teres*, 원회내근　98
큰허리근 *Psoas major*, 대요근　47, 74, 119-122
작은허리근 *Psoas minor*, 소요근　74, 119-121
배곧은근 *Rectus abdominis*, 복직근　8, 54, 55, 74-76
넙다리곧은근 *Rectus femoris*, 대퇴직근　47, 132, 134-136
큰원근 *Teres Major muscle*, 대원근　9, 41, 55, 71, 83, 90-93, 95-97, 102-104
작은원근 *Teres Minor muscle*, 소원근　9, 55, 83, 85, 88, 89, 93
마름근 *Rhomboid*, 능형근　23, 24, 37, 39, 54
큰마름근 *Rhomboid major*, 대능형근　54, 55, 60-62, 65, 83-85, 88
작은마름근 *Rhomboid minor*, 소능형근　54, 55, 60-62, 65, 83-85, 88

돌림근 *Rotator*, 회전근　55
짧은돌림근 *Short rotator*, 단회전근　38
긴돌림근 *Rotator longus*, 장회전근　38
넙다리빗근 *Sartorius*, 봉공근　8, 54, 120, 132
반가시근 *Semispinalis*, 반극근　55
목반가시근 *Semispinalis cervicis*, 경반극근　55, 66
가슴반가시근 *Semispinalis thoracis*, 흉반극근　55, 68, 69
머리반가시근 *Semispinalis capitis*, 두반극근　55, 56, 64, 66, 67
반막모양근 *Semimembranosus*, 반막양근　9, 36, 47, 118, 133, 137-139
반힘줄근 *Semitendinosus*, 반건형근　9, 47, 118, 132, 133, 137-139
앞톱니근 *Serratus anterior*, 전거근　8, 20-25, 37, 39, 40, 54, 57-59, 82, 86, 87, 92-96, 98, 102-104.
가자미근 *Soleus*, 넙치근　8, 9, 132, 133, 140-143
어깨밑근 *Subscapularis*, 견갑하근　21-23, 26, 59, 83, 87, 90-92, 94
가시위근 *Supraspinatus*, 극상근　55, 58, 83, 86
넙다리근막긴장근 *Tensor fasciae latae*, 대퇴근막장근　8, 9, 41, 43, 44, 54, 55, 118, 119, 128, 129, 132, 133.
셋째종아리근 *Peroneus tertius*, 제3비골근　49, 133, 144-147
앞정강근 *Tibialis anterior*, 전경골근　8, 49, 132, 133, 140, 141, 144, 145
뒤정강근 *Tibialis posterior*, 후경골근　133, 142, 143
등세모근 *Trapezius*, 승모근　8, 9, 21-24, 36, 54-56, 60-67, 83-85, 88
위팔세갈래근 *Triceps brachii*, 상완삼두근　8, 9, 55, 83, 98, 99, 101, 103, 104
중간넓은근 *Vastus intermedius*, 중간광근　47, 132, 134-136
넙다리네갈래근의 가쪽넓은근 *Vastus lateralis of the quadriceps femoris*, 대퇴사두근의 외측광근　23-26, 47, 132-136
넙다리네갈래근의 안쪽넓은근 *Vastus medialis of the quadriceps femoris*, 대퇴사두근의 내측광근　47, 132, 134-136

참고문헌

Baker T. et al. *Consejos de golf de los profesionales*. Editorial Paidotribo, 2009.

Batt M. E. A survey of golf injuries in amateur golfers. *Sports Medicine* 1992; 26(1).

Brown E. K. *Golf basics, intructions, equipment and tips for beginners*. Amazon Fulfillment Poland.

Campbell J. D. *Golf injuries*. Obtenido el 6 de julio de 2016 de http://www.carlsonmd.com/pdf/golf-injuries.pdf

Cano C. *Lesiones deportivas en el golf: el hombro*. Obtenido el 21 de junio de 2016 de http://www.fortefis.com/fileadmin/user_upload/articles/2000.09_SotaPar_Nr7.pdf

Carrasco D., Carrasco D. *Juegos y deportes tradicionales*. Obtenido el 9 de junio de 2016 de http://futbolcarrasco.com/wp-content/uploads/2014/08/futbolcarrascoinef3curso12.pdf

Gatz J. *Golf Specific Strengthening and Stretching Exercises*. Obtenido el 6 de julio de 2016 de https://www.bnl.gov/bera/activities/golf/golf/golf_exercises.pdf

Gifford C. *Golf, del tee al green, guía esencial para jóvenes golfistas*. Ediciones Susaeta.

Hardy J., Andrisani J. *Swing de golf. Análisis del swing de uno y de dos planos para descubrir el mejor para ti*. Editorial Paidotribo, 2007.

Hongling L. *Verification of the fact that golf originated from chuiwan*. Obtenido el 10 de julio de 2016 de http://www.library.la84.org/SportsLibrary/ASSH%20Bulletins/No%2014/ASSHBulletin14c.pdf

Jiménez F., Barriga A., Puentes A. *La medicina y la traumatología en el golf*. 2013.

Knight D. *Evaluation of the Full Swing and Injuries in Golf*. Obtenido el 17 de junio de 2016 de http://www.uwhealth.org/files/uwhealth/docs/pdf2/golfbiomechanics3.pdf

Maddalozzo J. An anatomical and biomechanical analysis of the full golf swing. *NSCA Journal* 1987; 9: 4.

McHardy A., Polland H. Muscle activity during the golf swing. *Sports Medicine* 2003; 39:799-804.

McHardy A., Polland H. Golf and upper limb injuries: a summary and review of the literature. *Chiropractic & Osteopathy* 2005; 13:7.

McHardy A., Polland H., Luo K. Golf injuries a review of the literature. *Sports Med* 2006; 36 (2): 171-187.

Pajares F. E. *Dolor de espalda y golf*. Obtenido el 13 de julio de 2016 de http://www.golfspainfederacion.com/page/actualidad_leer_noticia.asp?idNoticia=7726&idCategoria=29

Pearson J. *Golf*. Shire Publications, 2013.

Shephard J., Marsh N. *Golf*. Tikal Ediciones.

Taiariol E. B. *Prevención de lesiones del miembro superior en jugadores de golf*. Obtenido el 14 de julio de 2016 de http://redi.ufasta.edu.ar:8080/xmlui/bitstream/handle/123456789/774/2015_K_001.pdf?sequence=1

Tsai C.L. *Golf injuries and rehabilitation*. Obtenido el 6 de julio de 2016 de http://ortho.clmed.ncku.edu.tw/~emba/9613%20Health/Sport%20injury.pdf

Uchacz G. P., Macdonald D. (2004). *Golf mechanics and injury rehabilitation: how to improve your patients game through chiropractic care*. Obtenido el 3 de junio de 2016 de http://www.elitesportperformance.com/ieadmin/files/Golf-MechanicsInjuries.pdf

Wind H. W. *Las cinco lecciones de Ben Hogan. Los fundamentos modernos del golf*. Editorial Paidotribo, 2009.

Won J. *The Biomechanics of the Golf Swing*. Obtenido el 6 de julio de 2016 de https://web.sas.upenn.edu/biol438/files/2016/09/the_biomechanics_of_the_golf_swing-1sxyvlf.pdf

역자 소개

김재환 *KIM JAE HWAN*
- 서경대학교 인성교양대학 교수
- 싸이프레스골프아카데미 대표원장
- 골프다이제스트 위대한 교습가 30인 선정

김정훈 *CHEONG HOON KIM, DPT*
- TPI Korea 지사장
- 삼육대학교 물리치료학과 교수
- 무브에듀(주) 대표

원진규 *WON JIN KYU*
- 국민대학교 평생교육원 레저산업실기 지도교수
- 스포츠한국 골프지도자연맹 사무국장
- 전넥센세인트나인 프로구단소속 프로

박지윤 *PARK JI YOON*
- AIO필라테스 대표원장
- 대한필라테스연합회 상임이사
- 한국무용학회 이사

손선화 프로 *SON SUN HWA*
- SPGA마스터 프로
- 서경대 경영문화대학원 골프경영 석사과정
- 골프아나토미 메인모델

동작 시범 지도자 소개

골프 스윙 **손선화** 프로   골프 스트레칭 **유하나** 트레이너

역자 추천 실전 꿀팁 영상

골프 실력 향상을 위한
데이터 분석

골프스코어 줄이기
완전정복

골프 비거리 확실히 늘려주는
필라테스 10동작

골프 초보자들을 위한
꿀팁 10